KB149403

기업과 정의

글로벌 기업경영을 위한 전략적 준법관리

기업과 정의

글로벌 기업경영을 위한 전략적 준법관리

초판 1쇄 펴낸날 | 2021년 6월 30일

지은이 | 김은환
펴낸이 | 류수노
펴낸곳 | (사)한국방송통신대학교출판문화원
03088 서울시 종로구 이화장길 54
대표전화 1644-1232
팩스 02-741-4570
홈페이지 http://press.knou.ac.kr
출판등록 1982년 6월 7일 제1-491호

출판위원장 | 이기재
기획·책임편집 | 이두희
편집·교정 | 명수경
본문 디자인 | 티디디자인
표지 디자인 | 김민정

값 18,000원

기업과 정의

글로벌 기업경영을 위한 전략적 준법관리

김은환 지음

지식의날개

일러두기

1. 조문화되어 명칭으로 찾을 수 있는 법률, 규정, 조약 등은 「」를 사용했고(예 「상법」, 「소비자기본법」 등), 실제 존재하는 법률은 아니나 관련된 법률 등을 통틀어 이르는 말은 그대로 두었다.(예 노동법, 회사법 등)

2. 외래어 표기법을 최대한 준수하였으나, 일부 업체명 등은 회사에서 한국에서 사용하는 표기를 존중하였다.(예 맥도날드, 폭스바겐 등)

머리말

오늘날 기업경영에서 법은 매우 중요한 화두 중 하나다. 기술이 더 중요하지 않을까. 물론 기술은 중요하다. 그러나 기술도 법과 깊이 얽혀 있다. 법이 중요한 이유 중 하나는 새로운 기술로 법이 변하고 더욱 복잡해지기 때문이다. 「상법」은 기업체와 같은 인간집단에 '법인'으로서의 인격을 부여하고 있다. 또한 인공지능이 나날이 발달함에 따라 오늘날 사람들은 법인에 이은 또 하나의 인공인격 '전자인electronic personhood'의 인정 여부를 논의 중이다. 이것은 기술이 법에 어떤 파장을 일으키는가를 상징적으로 보여 준다.

　법의 중요성이 나날이 커지고 있는 상황에서 현장의 경영자들은 얼마나 법에 관심을 쏟고 있을까. 법적 문제를 검토하는데 자신의 시간과 에너지의 상당 부분을 사용하는 경영자는 아마도 예외적인 그룹에 속하지 않을까.

'법 없이 살 사람'이라는 말은 칭찬으로 통한다. 많은 사람이 그런 생각으로 법을 신경 쓰지 않고 살아간다. 그러나 '평온한 일상은 법과 무관하다'는 통념은 상당히 위험할 수 있다. 기업은 일상적으로 수많은 이해관계자들과 다수의 계약을 맺고 있으며 대부분의 사업 영역이 법적 감시의 대상이다. 아무리 무던하고 신중하더라도 '법 없이 살 기업'이 되기란 쉬운 일이 아니다. 기업을 둘러싼 헤아릴 수 없는 계약의 그물은 모두 각자의 이익을 매개로 얽혀 있는 것이지 친목이나 공동 목표를 도모하기 위한 것이 아니다. 조금 과장해서 표현하면, 살짝만 어긋나도 모든 것이 법적 분쟁으로 비화할 수 있는 지뢰밭과 같다. 위험의 강도에 견주어 볼 때 법에 대한 기업의 관심과 노력은 아직까지 부족해 보인다.

법적 문제가 생기면 비용을 아끼지 않고 우수한 변호사를 선임하면 되지 않을까. 법을 공부할 시간에 사업에 더욱 전념하여 변호사 비용을 벌어 두는 게 낫지 않을까. 이런 생각이 틀렸다는 것이 이 책의 결론 중 하나다. 경영의 성공은 단순히 재무적 성과만으로 이루어지지 않는다. 법적 다툼에 휘말리지 않고 합법적으로 성과를 거두는 것이 중요하다. "의롭지 않게 얻은 부귀는

뜬구름과 같다不義而富且貴 於我如浮雲"는 공자의 말씀은 물정 모르는 도덕군자의 넋두리가 아니다. 앞으로 기업이 지속가능한 성장을 하려면 합법성뿐만 아니라 한 걸음 더 나아가 사회적으로 인정받고 시대정신에 부응하는 도덕적 근거를 갖춰야 한다.

법을 전공하지 않았고 「민법」, 「상법」 한 줄 읽어 본 적 없다고 법을 두려워할 필요는 없다. 오늘날 법은 널리 공유되고 개방된 지식이다. 모든 법조문과 해설, 심지어 기존의 판례까지 인터넷에서 쉽게 열람할 수 있다. 법에 관심을 갖고 알고 싶다고 생각하는 것이 출발점이다. 출발점에 서기만 하면 법적 소양을 갖추는 데 큰 장애물은 없다. 한 줄의 법조문, 한 건의 판례를 읽음으로써 법적 소양이 자라난다. 지식이 축적되고 현실에 적용하면서 시너지 효과가 일어난다. 전문용어의 위세에 주눅 들기 일쑤인 법적 지식은 사실상 나지막한 진입장벽을 넘어가 보면 우리들 사는 이야기다. 모든 법조문의 배후에는 우리가 겪고 있는 일상의 스토리가 쌓여 있다. 드라마를 보듯이 법을 알아 가면 된다.

이 책에서는 법과 경영전략에 대한 논의를 대표적인 기업 사례들을 중심으로 풀어 본다. 50편의 흥미로운 단막극 모음집이라고 생각해도 좋다. 흥미와 의미를 갖춘 내용을 찾다 보니 세월이 제법 지난 사례와 외국 사례도 적지 않게 포함되었다. 최신 법적 사례는 상황이 종결되지 않아 최종 판단을 내리기 어려운 경우가 있다. 외국 사례는 국내법과 환경이 다르긴 하지만 법은 계속 변하며, 특히 우리나라 법은 점점 더 선진국 법제로 수렴해 가는 경향을 보이고 있다. 설령 수렴되지 않는다 해도 글로벌 시장을 대상으로 활동하는 기업이 늘어나면서 이제는 외국법을 나 몰라라 할 수 없게 되었다.

이 책은 1부 4개 장을 총론, 2부 6개 장을 각론으로 구성하였다. 총론에서는 최근 변화하는 경영과 법의 관계에 대한 트렌드를 다룬다. 키워드로 요약하면 법과 경영의 '관련성', '역동성', '글로벌화', '디지털화'이다. 법과 경영의 '관련성'을 다루는 제1장에서는 이제 경영전략을 다루면서 법적 문제를 부수적으로 여길 수 없음을 강조한다. 법은 전략 계획의 말미에 부기되는 유의사항이 아니라 그 핵심이 되기도 한다. 제2장의 키워드인 '역동성'이란 법이 계속 변하고 폐기되고 새로 생긴다는 것이다. 불안정성 때문에 리스크가 증폭되지만 그만큼 법에서 기회를 포착할 가능성도 커진다. 제3장 '글로벌화'는 기업의 활동이 글로벌화되어 감에 따라 이제는 국내법과 외국법의 차이가 중요하지 않다는 것, 머나먼 이국에서 이루어진 법 개정이 국내 기업에 직접적인 영향을 미친다는 점을 강조한다. 제4장 '디지털화'는 최근의 IT 기술이 e-디스커버리와 같은 소송 프로세스에서부터 '전자

기업과 정의 — 글로벌 기업경영을 위한 전략적 준법관리

인'의 등장과 같은 법적 책임에까지 가져온 입체적 변화의 진상을 소개한다.

각론은 기업 활동의 근간인 계약(제5장)에서 출발하여, 경쟁법(제6장), 소비자 보호(제7장), 지배구조(제8장), 노동법(제9장), 환경 규제(제10장)를 다룬다. 이것만 해도 방대한 내용이지만 기업 관련 법을 본격적으로 다루는 교재에 비하면 극히 일부의 발췌에 지나지 않는다. 이 책을 읽고 나서 참고문헌에 소개된 자료들을 참조한다면 경영과 법의 관계를 좀 더 깊이 이해하는 데 도움이 될 것이다.

필자는 변호사도 법학자도 아니다. 다만 조직과 전략을 공부하면서 '비시장전략', 즉 성과와 효율의 문제가 아닌, 기업의 정당성을 인정받는 문제를 다루면서 법적 대응 전략에 관심을 갖게 되었다. 이 책은 법의 이야기를 판사, 변호사가 아닌 경영자의 관점에서, 즉 전략을 입안하고 추진하는 입장에서 다뤄 보려고 애썼다. 법적 리스크에 어떻게 대응할 것인가를 고민하는 모든 기업인, 그리고 경제 및 기업 관련 법 전문가가 되기를 희망하는 청년들에게 한번 읽어 보기를 권하고 싶다.

2021년 6월
김은환

차례

사례 차례

법이라는 게임의 규칙

법은 경영이라는 게임의 규칙이다

경영전략은 흔히 다양한 제약하에서 이익을 최대화하는 활동으로 이해된다. 이용 가능한 기술의 한계, 인구 및 구매력에 의한 시장의 한계 등이 중요한 제약이다. 여기에 최근 들어 또 하나 점점 더 중요해지는 제약 조건이 바로 법이다. 법은 자원이나 기술의 제약과는 달리 게임을 하는 방법, 즉 경쟁 행위의 규칙을 규정한다. 게임에는 야구나 미식축구처럼 규칙이 복잡한 게임이 있는가 하면 이종격투기처럼 규칙을 최소화한 게임도 있다. 분명히 말할 수 있는 것은 현대의 기업경영은 갈수록 야구나 미식축구처럼 복잡해져 간다는 것이다.

기업과 정의 — 글로벌 기업경영을 위한 전략적 준법관리

축구는 비교적 규칙이 단순한 게임이다. 1998년 프랑스 월드컵은 네 가지 새로운 규칙을 발표했다. 그중 하나가 백태클 금지로 위반 시 예외 없이 퇴장시킨다는 강경한 입장이었다. 선제골을 넣고도 백태클로 퇴장당함으로써 멕시코전 패배의 책임을 뒤집어쓴 하석주 선수의 아픔은 20년이 넘은 지금까지도 기억에 생생하다.

규칙이 많아진다는 것은 경영자의 머릿속을 복잡하게 한다. 인간의 두뇌는 다루는 대상이 많아지면 집중력을 잃는다. 기술 변화에 대응하고 조직을 재편하는 것만으로도 경영은 충분히 어렵다. 여기에 사사건건 부과되는 법적 규제는, 경영자의 의사결정 문제를 답이 있는지조차 알 수 없는 고차연립방정식으로 바꿔 버린다.

법은 넓고 촘촘하다

기업이 신경 써야 할 법은 다양하다. 「상법」, 회사법을 필두로 경쟁법, 「소비자기본법」, 지식재산권 관련 법, 지배구조 관련 법, 금융 관련 법, 노동법, 환경보전법 등이 있다. 특히 최근 디지털 기술 발달과 함께 「전자금융거래법」, 데이터법 등의 중요성도 커지고 있다. 맹자는 전국戰國시대 각국의 법이

백성들을 과도하게 통제하고 무거운 부담을 지우려 하는 세태를 "백성을 그물로 잡는다 罔民"라고 표현했다. 오늘날의 법 또한 광범위하고도 촘촘한 그물을 연상시킨다. 기업들이 마음 놓고 경쟁력을 높이도록 이러한 법망을 걷어 주어야 한다는 의견도 적지 않다.• 그러나 기술, 경제, 사회적 요구에 따라 기업에 대한 법적 규제를 획기적으로 완화하는 것은 기대하기 어렵다.

기업은 재화와 서비스를 생산하고 판매하는 능동적 경제주체로서 현대사회의 중심적인 기관의 하나이며, 그 활동은 사회의 전 부문과 깊이 연결되어 있다. 우리는 소비자, 근로자, 투자자, 공급업자, 때로는 세금을 징수하고 정책을 추진하는 공직자로서 기업과 연결된다. 기업은 사회로부터 똑 떼어 분리할 수 있는 부분이 아니라 사회라는 네트워크 중심부에 깊이 얽혀서 존재한다.

기업은 사회 전 부문과 수없이 다양한 파트너십을 형성하므로, 이로부터 수많은 법적인 문제가 발생한다. 법은 일단은 제약조건이지만, 익숙해지고 내재화하면 그때부터는 행위의 표준이

• 그러나 기업이 법의 피해자가 아니라 법을 활용하는 가해자라는 시각도 분명 존재한다. 월등한 자금력으로 시간과 비용이 많이 드는 법적 분쟁에서 기업이 개인보다 우위에 선다는 점은 기업사 초기부터 지적되었다. 실제로 대기업들이 소송을 남발하면서 갈등 대상을 압박하는 사례가 적지 않다. (톰 하트만, 이시은 옮김, 2014, 《기업은 어떻게 인간이 되었는가 Unequal Protection: How Corporations Became "People"—And How You Can Fight Back》, 어마마마)

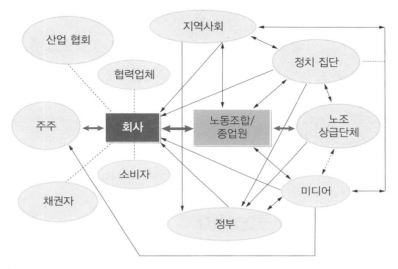

기업을 둘러싼 이해관계자 네트워크

자료: Philip Cheng-Fei Tsai, 2005, "An empirical test of stakeholder influence strategy models: Evidence from business downsizing in Taiwan", *The International Journal of Human Resource Management.*

되어 상호작용을 원활하게 한다. 우측통행이 처음에는 불편하지만 시간이 흐르면 통행을 원활하게 하는 것과 같은 이치다. 복잡한 예절도 알고 보면 불편과 애매성을 없애기 위한 배려에서 나온 것이 많다. 수없이 다양하고 복잡한 기업과 사회의 상호작용을 법이 규제하지 않는다면 오히려 더 큰 혼란과 부작용이 빚어질 수 있다.

물론 의도와 달리 기업 활동을 과도하게 간섭하는 과잉 규제가 나올 가능성은 늘 존재한다. 그런 경우 문제 제기와 이해관계자와의 논의를 거쳐 문제점을 고쳐 나가야 하는 것은 당연하다. 단, 규제로 인한 불편과 손해가 있다고 해서 기업 관련 법을 기업을 옥죄고 경쟁력을 침해하는 백해무익한 시장 개입으로 단정하는 것은 성급하다. 법의 목적은 기업으로부터 사회를 보호하기 위한 것만이 아니다. 기업도 법이 필요하다.

법은 시장과 산업의 토대가 된다

우리는 쓸데없는 규제가 기업의 발목을 잡고 산업 발전을 저해한 사례를 숱하게 들어 왔다. 자동차 개발 초기 영국의 「붉은 깃발법」은 유명하다. 자동차의 속도를 마차의 속도에 맞추려 했던, 시대착오적이고 근시안적인 규제의 대명사다.•

《국부론》의 저자 애덤 스미스는 오늘날 시장주의 도그마가 된 '자유방임' 사상을 설파했다. 아무런 규제 없이 개인들이 이기적으로 행동하면 사회가 저절로 최적에 도달한다는 것이다. 유

• 물론 이 법의 적용 대상은 자동차 이전 증기트랙터로 소음, 매연이 심했고 당시 주교통수단이던 마차의 말을 놀라게 해서 사고를 일으키는 경우가 많아 불가피한 조처였다는 반론도 있다.(강인규, 2020.1.6., 〈붉은 깃발법이 한국에서 고생이 많네 — 공유경제의 민낯, 타다 때문에? 기업-정치-언론의 부끄러운 역사왜곡〉, 《오마이뉴스》)

일한 예외가 있다면 절도, 사기, 강도 등의 범죄 단속이다. 이후 시장옹호론자들은 국가가 오직 경찰 역할만 해야 한다는 의미로 '야경국가론'을 내세웠다.

그러나 야경국가가 과연 최소국가일까? 경찰은 재산권을 보호하는 역할을 한다. 재산권의 보호야말로 법의 가장 중요한 임무 중 하나다. 근대 산업혁명이 가능했던 이유 가운데 하나로 발명, 발견 등 지식재산의 권리를 인정하고 보호하는 「특허법」을 빼놓을 수 없다. 특허를 보호하는 법률과 관련 제도가 혁신을 촉진하고 지식과 정보가 거래되는 시장을 발전시켰다. 법은 시장의 방해물이 아니라 오히려 토대가 될 수도 있다.

법은 또한 공정한 경쟁 질서를 보장하여 시장을 발전시킨다. 시장경쟁을 육상 트랙경기에 비유해 보자. 400미터 달리기를 할 때 원형 트랙은 바깥쪽이 불리하므로 출발선이 비스듬하게 조정되어야 한다. 출발선을 정확하게 그리고 출발을 공정하게 관리하지 않는다면 이 경기는 지속될 수 없다. 선수들은 서로 안쪽 트랙을 차지하려고 다투게 되고 바깥쪽 트랙에 배정된 선수들은 참가를 포기할 것이기 때문이다.

흔히 동네 축구나 야구 경기를 하다가 심판이 없거나 권위가 약하면 반칙에 대한 다툼으로 시합 자체가 중단되는 경우를 본다. 게임의 규칙을 확립하고 이를 통해 권위 있는 판단을 내려

| 육상 트랙경기의 출발점

주는 심판이 없다면 제대로 된 게임 진행이 불가능하다. 이것은 시장도 마찬가지다. 시장은 운동경기보다 훨씬 더 복잡하고 미묘한 게임이며, 규칙이 미비하거나 탄탄한 행정력이 없을 경우 질서가 무너지고 결국 소멸해 버린다.

시장은 저절로 생겨나는 것이 아니라 복잡하고 정교한 법제에 기반을 둔 제도다. 시장에서 활동하는 기업은 법을 전제 조건으로 받아들이고 이를 정확하게 이해하고 적응해야 한다. 법이 없는 시장이란 약육강식의 정글이며, 이는 곧 시장의 와해를 뜻한다.

'뉴욕타임스 룰'이 현실이 되었다

　　　　　　　　　　　　법을 경원시하거나 도외시해서는 향후 기업의 경쟁력을 유지하기란 불가능하다. 평판과 고객의 신뢰 등 무형자산이 갈수록 중요해지고 있다. 아무리 고도의 경쟁력을 유지하는 기업이라도 고객으로부터 친밀감과 호응을 불러일으키지 못한다면 이제는 살아남기조차 힘들다. 그런 면에서 불법행위는 기업의 평판을 무너뜨리는 가장 치명적인 실수다.

　이제 준법만으로는 부족하다. 많은 기업이 이미지를 높이기 위해 다양한 사회공헌 활동을 벌인다. 오늘날 기업은 단지 '돈벌이의 화신'이 아니라 세상을 더 좋은 곳으로 만들고 인간에게 더 좋은 가치를 제공하는 존재로 기대되고 있다. '불법'은 이런 기대를 정면으로 파괴하는 행위다.

　별도의 사회공헌이나 자선이 아니라 본업에 집중하여 이익을 내는 것이 최고의 사회공헌이라는 생각은 오늘날 설득력을 얻기 힘들다. 사회적 가치를 강조하던 SK그룹은 최근 경영자 성과 평가에 사회적 가치를 50% 반영하기로 했다. 이것은 SK가 치열한 경쟁에서 벗어나 있거나 특별히 더 도덕을 중시해서가 아니다. 시대의 흐름이라고 할 수 있다.

　개발도상국에서 출발한 한국이 빈곤과 실업 등 원초적인 문제점을 극복하고 삶의 질을 높이기 위해서는 성장과 이윤이라는 기업 본연의 목표를 가장 중시할 수밖에 없었다. 서구 선진 경제 역시 전후 고도성장기에는 마찬가지였다. 그러나 경제가 성숙화 되고 인구 대부분이 절대 빈곤을 벗어난 20세기 후반부터 경제 에서 단순히 이익만을 유일한 가치로 받아들일 수는 없다.

더구나 기업 활동에 대한 정보가 많아지고 기업의 속사정을 꿰뚫는 소비자들이 늘어나면서 기업의 진정성이 점점 더 중요해 지고 있다. 최근의 기업과 소비자는 스타와 팬을 닮아 간다. 스 타의 작품을 기다리듯 기업의 제품을 기다리고, 콘서트장에서 줄을 서듯 출시일에 매장 앞에 늘어선다. 이러한 관심과 열정이 반갑기만 한 것은 아니다. 기대가 크면 실망도 크며, 기업에 대 한 애정이 언제든 비난과 공격으로 변할 수 있다. 특히 광고와 내실이 어긋날 경우 쉽게 알아채기 어려운 내용에도 실망감과 배신감을 토로한다. 혁신의 아이콘이었던 애플은 최근 일련의 제품에서 경이적인 변화를 보여 주지 못했다는 이유로 "혁신은 사라졌다", "잡스를 버렸다" 등의 날 선 비난을 받았다. 그러나 이 시기 애플은 잡스 전성기를 능가하는 엄청난 이익을 올렸다.

윤리경영이나 준법경영이 의례적인 인사말인 시대가 지나가 고 있다. 폭스바겐Volkswagen은 친환경기업임을 대대적으로 내세우 다가 배기가스 위조 사실이 밝혀지면서 평판이 땅에 떨어졌다.

기업과 정의 — 글로벌 기업경영을 위한 전략적 준법관리

더욱 큰 문제는 이제는 정보 통제가 불가능하다는 것이다. 최근 임직원들이 익명으로 소통하는 블라인드 앱이 화제다. 기업의 내밀한 정보까지 실시간으로 대외에 알려진다. 대한항공의 회항 사건이나 물컵 갑질도 최초로 알려진 채널이 이러한 블라인드 앱의 하나라고 한다. 회사의 내부 사정까지 언제 어디서 노출될지 알 수 없는 상황에서 회사의 일거수일투족은 어떻게 보면 감시의 대상이다.

미국 기업의 행동 규칙으로 '뉴욕타임스 룰'이라는 것이 있다. 어떤 의사결정을 할 때 그 내용이 《뉴욕타임스》 1면에 실려도 괜찮은가를 생각해 보라는 것이다. 이것은 현실보다 더욱 엄중한 가정하에서 신중하게 의사결정하라는 말이지만, 오늘날에는 이것이 더는 가정이 아닐지도 모른다. 실제로 회의실 깊숙한 곳에서 벌어진 일들이 전 사회로 실시간 공개되고 있다.

싸우지 않고 이기는 자가 진정한 승자다

법이 항상 옳고 정당한 것은 아니다. 기업 입장에서는 부당할 때도 있고 현실을 도외시한 무리한 규제를 가하기도 한다. 그렇더라도 기업은 이러한 법에 군말 없이 순응해야만 할까. 기업은 법에 적극적인 영향력을 행사할 수 있고 또 그렇게 하고 있다. 입법이 이루어지기 전은 물론 이후에라도 기업은 로비를 통해 법안의 최종 형태를 최대한 원하는 방향으로 변경하기도 한다.

현실세계의 법은 모세의 율법처럼 완전무결하고 변화 불가능한 것이 아니다. 부당한 경우에는 문제점을 지적하고 이를 개선하고자 노력해야 한다. 법에 대한 기업의 대응을 '투쟁과 회피 fight or flight'로 요약하기도 한다. 본문에서 법에 정면으로 맞서는 적극적 전략의 사례를 언급할 것이다. 순응만이 능사는 아니다.

그러나 법에 맞설 때는 신중할 필요가 있다. 단순히 준법이 회사의 평판이나 수익에 악영향을 준다는 이유만으로 법과 대립하는 것은 그리 현명하지 못하다.

사례 1 맥도날드의 그린피스 소송이 남긴 것[1]

1990년 맥도날드는 런던 그린피스가 맥도날드를 비판한 팸플릿이 사실과 다르다는 이유로 제작에 참여한 다섯 명을 고소했다. 이들 중 세 명은 잘못을 인정하고 회사에 사과했지만 두 명은 버텼다. 실업자와 파트타이머였던 두 사람은 이후 12년간 다윗과 골리앗의 싸움을 벌인다. 결국 맥도날드는 승소하여 이들에게 9만 8천 달러의 벌금을 물리는 데 성공했다.

기업과 정의 — 글로벌 기업경영을 위한 전략적 준법관리

그러나 이것은 치명적인 상처로 가득한 승리였다. 그린피스의 포괄적이고 광범위한 비판이 사실인가를 가려내기 위해 맥도날드의 경영이 전면적인 조사 대상이 되었고, 그 결과 그린피스가 정확하게 사실을 기술한 것은 아니지만, 일부 사실이라는 점이 인정되었다. 변호사 비용이 없었던 피고소인들은 스스로 변호하면서 악에 맞서는 투사가 되었고 맥도날드는 악덕 대기업의 이미지로 추락했다. 12년간의 소송비용만 1천 6백만 달러가 들었다.(이것은 피고소인들이 유럽 인권법원에 호소해서 사건이 이관되기 전까지의 비용이다.)

사건이 진행될수록 상황이 악화되자 맥도날드는 판결과 무관하게 배상금도 받지 않고 그린피스의 팸플릿 배포도 막지 않겠다고 물러섰다. 그러나 그린피스는 맥도날드가 자신의 활동을 감시했다는 이유로 반격에 나섰고 맥도날드는 협조 혐의가 있는 런던 경찰과 함께 다시 법정에 서야 했다.

아군의 손실이 막대한 승리를 '피로스의 승리'라고 하는데 맥도날드의 승소는 그 극적인 사례라고 할 수 있다.* 돌이켜 생각하면 대응하지 않는 것이 최선이었다. 기업의 명성과 이익을 보호하는 수단으로 법을 이용할 때는 대단히 신중해야 한다.

---

* 《플루타르코스 영웅전》에 등장하는 그리스 도시국가의 지도자 피로스는 천신만고 끝에 승리한 후 "한 번만 더 이런 식으로 승리했다가는 우리는 망한다"고 말했다고 한다.

기업에 비용 상승을 유발하는 새로운 규제 도입이 예고되었다고 가정하자. 해당 업계의 기업들이 일치단결하여 갖은 노력 끝에 어떻게든 이를 막아 냈다. 업계는 승자일까? 물론 당장의 비용 상승 요인은 사라졌다. 그러나 법은 일반 규제다. 특정 기업을 타깃으로 하지 않는다. 법 앞에 만인이 평등하다는 것인데, 이는 곧 법에 의한 효과가 기업 간 경쟁에서는 상쇄됨을 뜻한다.

열심히 노력한 결과는 현상유지다. 물론 업계 전체가 이익을 보았으니 괜찮은 것이 아닐까. 꼭 그렇다고는 할 수 없다. 규제로 인한 비용 상승을 막으면 높은 이익률이 유지되어 신규 기업의 진입을 자극하고 경쟁이 심화되어 이익률은 원래 상태로 돌아올 가능성이 높다. 규제를 막기 위한 각종 로비나 집단행동에는 비용이 든다. 모든 기업이 똑같이 나눈다고 해도 이 비용은 업계를 주도해서 규제에 맞서는 대표기업들이 더 많이 부담하게 된다. 일반 기업들은 미온적인 참여로 무임승차 효과를 누릴 수 있다. •

이런 점을 고려한다면 법에 맞서기 전에 신중할 필요가 있다. 단기적 이익을 지키기 위한 과도한 로비는 특히 업계의 대표기업에 장기적으로 불리할 수 있다.

• 이 문제는 제10장 〈지속가능한 기업, 지속가능한 환경〉에서 좀 더 자세하게 논의한다.

기업과 정의 — 글로벌 기업경영을 위한 전략적 준법관리

규제의 취지와 다른 이해관계자의 입장을 고려해서 판단할 필요가 있다. 만약 명분이 분명하고 이해관계자와의 상생을 위해 의미가 있다고 본다면 선제적으로 준법에 나서는 것이 최선이 될 수 있다. 말로만이 아닌 진정한 윤리경영을 추진하는 셈이다. 윤리경영은 기업 이익과 충돌한다는 끈질긴 관념에서 벗어나는 것이다. 예일대의 경영법 교수 콘스턴스 배글리는 "오늘날의 경영은 법률의 바다에서 헤엄치는 것과 같다"고 말한다.[2] 벗어날 길이 없으니 수영을 즐기라는 것이다.

　누군가 법의 영향을 효과적으로 극복한다면 도리어 경쟁우위를 확보할 기회를 얻는다. 비유하면 곰을 만났을 때 곰보다 빨리 뛸 필요는 없고 옆 사람보다 빨리 뛰면 된다. 법을 준수하느라 비용이 증가해도 경쟁 기업보다 그 충격을 잘 감당할 수 있다면 경쟁력이 높아지는 것이다. 업계의 리더로서 기업들을 이끌고 규제에 맞서는 것은 이와 반대의 효과를 가져온다.

　앞서 법이 시장을 형성하는 기반이 될 수 있다고 했다. 마찬가지로 법은 잘 알고 효과적으로 적응할 경우 구체적인 경쟁원천이 된다. 법은 잘 쓰기만 한다면 유용한 도구상자와 같다. 예를 들어 계약법은 거래 상대와의 관계를 개선하고 위험과 수익을 공정하게 배분하며 재산권을 보호하는 유력한 수단이다.[3] 잘 알기만 하면 법이 무기가 되는 것이다.

'약은 약사에게 법은 변호사에게?'— 기업의 법적 대응력을 높여라

준법관리compliance는 최근 기업경영 관련 주요 쟁점 중 하나다. 법과 규제에 부적절하게 대응할 경우, 기업은 직접적인 법의 제재는 물론 사회적인 평판 실추 등 커다란 리스크에 직면한다. 따라서 준법관리 인력의 확보와 이에 따른 준법경영 강조 등 다양한 노력을 전개하고 있다. 그러나 국내 기업의 법적 대응력은 이제 걸음마를 뗀 것에 불과하다.

본문에서 언급하겠지만, 기업 경영자들은 법을 경원시하거나 모든 경영 활동의 맨 마지막에 점검해야 하는 '유의사항' 정도로 여긴다. 그러나 '법률의 바다를 헤엄쳐야' 하는 오늘날의 상황에서 튜브에 매달려 있거나 구조 요원에게 끌려다녀서는 마음껏 경영전략을 구사할 수 없다.

미국의 기업법 학계에서는 '법적 대응력legal astuteness'이란 개념을 제시하고 있다.[4] 이는 법적 문제에 대한 기업의 포괄적인 대응력을 의미한다. 조직 내부에서 불법의 소지를 사전에 감지하고 예방 조치를 한다거나, 법적 문제가 발생했을 때 다툴 만한 것인지, 시급히 사과 메시지를 발신해야 하는지 등 감각과 판단력을 갖추는 것이다. 이는 수동적으로 변호사의 자문에 따르는 것과는 다르다.

기업과 정의 — 글로벌 기업경영을 위한 전략적 준법관리

준법관리라는 말은 단어 자체의 뉘앙스로 인해 '수동적 준수'의 인상을 풍긴다. 물론 준법관리의 본질은 법을 준수하는 것이지만, 실정법을 지키기만 하면 괜찮다는 것은 아니다. 이 책에서 '전략적 준법관리'라는 용어를 제시한 것은 준법관리가 단순히 수동적·기계적 준법에 그치지 않음을 강조하기 위해서다.

법조문에만 집착하는 준법관리는 이제 경영의 안전판이 되기 어렵다. 기술과 사회가 놀라울 정도로 빠르게 변화하는 오늘날, 기업은 법조문의 문구를 방패 삼을 수만은 없다. 자신이 처한 상황과 의사결정 과정에서 스스로 생각하고 판단해야 한다. 이제는 '어떻게 하는 것이 더 **효율**적인가'에 머물지 않고 '어떻게 하는 것이 더 **정의**로운가'에까지 확장해야 한다.

전 세계적으로 기업의 불법행위에 대한 감시와 규제가 강화되는 추세다. 기업들의 엄살과는 달리 한국이 서구 선진국에 비해 기업 규제가 더 엄격하다고는 할 수 없다. 본문에서 자세히 언급하겠지만 무과실 책임, 법인격 부인, 증거개시 의무, 공익제보 포상 등 이미 선진국에서 보편화된 규제 사항이 한국에는 도입되지 않았거나 도입되었어도 실제 적용이 미흡한 경우가 많다. 이런 규제들이 선진국 수준으로 실행될 경우 녹록지 않은 파괴력을 미칠 것은 분명하다. 경제가 성숙해 감에 따라 이것은 앞으로 피해 갈 수 없는 현실이 될 것이다.

이 책의 사례들은 깊이나 적용 가능성에서 한계를 지니고 있지만 앞으로 전략적 준법관리를 구현하기 위한 최초의 작은 계기나 자극이 될 수 있지 않을까 생각한다. 앞서가는 기업들은 이미 법과 정의에 대해 혁신적인 사고와 전략을 구사하고 있다. 이미 글로벌 수준에 도달한 국내 기업들도 적지 않지만, 준법관리에 대해서는 더욱 많은 노력이 필요하다. 향후 진지한 논의와 연구가 활성화되기를 바라는 마음 간절하다.

BUSINESS & LAW

제1부

기회인가,
족쇄인가

21세기 기업과 법의 관계

기업을 둘러싼 법적 환경의 변화 트렌드를 네 가지 키워드로 정리하면 사법화judicialization, 역동성dynamism, 글로벌화globalization, 디지털화digitalization로 볼 수 있다.

사법화란 모든 경영 활동이 점점 더 법적 이슈와 연결되고 법적 판단의 대상이 되어 감을 의미한다. 기업 활동이 미치는 사회적 영향이 넓어지고 깊어지는 것은 물론 글로벌화, 기술 발전의 가속화 또한 지속적으로 법적 이슈를 만들어 낸다.

역동성은 기술과 전략, 비즈니스 모델의 빠른 갱신으로 말미암아 법 역시 변화의 속도가 과거와 비교되지 않을 정도로 빨라짐을 의미한다. 변화하는 법에 대응하려면 준법관리의 새로운 전략과 역량이 필요하다.

기업과 정의 — 글로벌 기업경영을 위한 전략적 준법관리

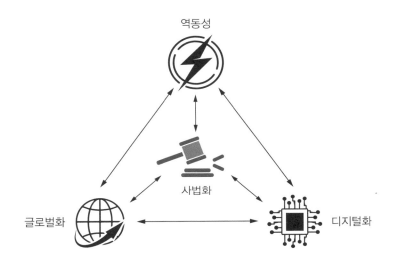

역동성

사법화

글로벌화

디지털화

글로벌화는 기업에 새로운 숙제를 안길 것이다. 기업 활동이 글로벌화하면서 많은 기업이 외국의 법적 환경에 직면하게 되는데 각국의 법제가 차츰 엄격한 방향으로 수렴하고 있기 때문이다. 이질적일뿐더러 기업 활동을 점점 더 폭넓게 또 촘촘히 규제하는 글로벌 법망이 기업을 기다리고 있다.

마지막으로 디지털화이다. 디지털 기술은 종래에 없던 플랫폼 등 새로운 비즈니스를 수없이 만들어 내고 있다. 그 과정에서 개인정보 보호, 해킹 방지 등 다양한 법적 이슈가 발생하고 있으며, 블록체인, 디지털 포렌식 등 법의 규제 역량 또한 발전하고 있다.

제 1 장

법 앞에 선 경영전략

21세기 기업경영의 법적 리스크

■■

법은 어렵고 까다롭다.
법은 변호사가 전담하는 전문 영역이다.

법이라는 말을 들을 때 일반인에게 자연스럽게 떠오르는 생각이다. 기업 경영자들도 크게 다르지 않다. 경영자들은 법을 골치 아픈 일로 여기고 문제가 생기기 전까지는 관심을 갖지 않으려고 한다. 그러나 유감스럽게도 경영과 법은 날이 갈수록 더욱더 긴밀해지고 있다. 법은 사업을 운용하는 데 지켜야 할 규칙의 핵심이다. 앞으로의 시대는 규칙이 변하는 시대, 즉 게임 체인징의 시대이며 법의 변화는 전략의 성패를 좌우하는 승부처가 될 것이다. 법을 무시하고 경영전략을 논의한다는 것은 이제 불가

제1부 기회인가, 족쇄인가―21세기 기업과 법의 관계

능하다고 해도 과언이 아니다.

'법 없이 산다'는 착각

우리는 법을 특별히 신경 쓰지 않아도 나쁜 의도 없이 상식대로만 살면 불법을 범하지 않으리라 생각하는 경향이 있다. 범죄를 저지를 의도가 없고 의식적으로 법의 경계를 넘지 않는 한 불법에 연루될 일은 없다는 것이다. 그러나 불법은 생각보다 우리 가까이에 있다. 특히 치열한 경쟁 속에서 이윤을 추구하는 기업은 합법과 불법의 모호한 경계선에 부딪히는 경우가 의외로 많다. 즉, 적극적인 준법관리를 실천하지 않으면 정상적인 기업도 어느 틈에 불법 시비에 말려들 수 있다.

개인의 경우에도, 법을 어겨서 얻는 이득이 적발당했을 때 물게 될 손실보다 크다면 불법행위의 유혹을 받을 수 있다. 다만 개인의 윤리 의식, 평판에 대한 고려, 사회적 규범의 압력 등이 이를 억제할 것이다. 기업의 경우 사회적으로 평판이나 이미지 저하에 대한 우려가 크고, 의사결정 과정도 체계화되어 있어 일부 임직원의 충동이나 판단 착오로 인한 불법행위를 통제할 수 있을 것으로 기대되지만, 실제로는 적지 않은 기업에서 임직원 개인 또는 조직 차원의 불법행위가 끊이지 않고 있다.

치열한 경쟁 속에서 생존해야 하는 기업은 모든 수단과 방법을 동원해야 하는 절박한 상황에 자주 맞닥뜨린다. 이런 환경에서 사업을 벌이다 보면 법의 제약에서 벗어나고픈 유혹이 일어날 수밖에 없다. 더구나 규제가 허술하거나 법 적용이 엄격하지 않은 환경이라면 유혹은 더욱 강해질 것이다.

　　그러나 한국은 물론, 선진국을 필두로 대부분의 나라에서 법적 환경은 점점 더 엄격해지고 있다. 설령 법 규정이 허술한 개발도상국이라고 해도, 글로벌 기준에 걸맞지 않은 비윤리적 경영 활동을 벌인 기업이라면 회사의 명성에 치명적인 상처를 입게 된다. 최근 스웨덴에서 발간된 《패션 노예들》[1]이라는 책은 선진국의 의류업체들이 개발도상국 납품업체의 아동 노동을 방조해 왔음을 폭로했다.[2] 해당 국가의 실정법으로는 문제가 되지 않는다고 해도 이는 국제 노동기준의 위반일뿐더러 기업의 브랜드에 오점을 남기는 행위이다. 경영의 어려움을 핑계로 정부와 사회의 관용을 기대할 수 있는 시대는 지나갔다. 이제 기업의 불법행위는 기업의 명성은 물론 기업 자체를 파괴하는 자해와 다름없다. 기업은 회사 곳곳에서 불법적 충동이 고개를 내밀 수 있음을 인식하고 이를 예방하는 데 최선을 다해야 한다.

기업에 만연한 불법행위 리스크

사람의 생명, 인권, 재산에 막대한 피해를 주고 사회의 지탄 대상이 되는 기업의 불법행위가 국내외를 막론하고 끊임없이 일어나고 있다. 법 없이 살 선량한 사람들이 모인 선량한 기업에서 왜 이런 일이 일어날까? 그러나 이런 일이 일어날 기업이 특별히 정해져 있는 것은 아니다. 불법행위는 마치 교통사고처럼 어느 날 갑자기 다가온다. 포드Ford의 핀토Pinto가 그 좋은 예다.

사례 2 기업 범죄 ― 포드의 핀토

포드는 1970년 소형차 핀토를 출시했다. 디자인이나 승차감에서 좋은 평을 받아 초기에는 인기가 있었지만 얼마 되지 않아 차량의 결함이 속속 노출되기 시작했다. 특히 가장 심각한 것이 차량 충돌 시 안전 문제였다. 후방 범퍼와 연료탱크 사이에 충격을 지탱할 만한 구조물이 없어 후방 충돌 시 연료탱크가 폭발할 위험이 컸던 것이다. 실제로 1978년 8월 10일 핀토를 타고 가던 모자가 사고를 당해 어머니는 사망, 아들은 중상을 입는 사건이 발생했는데, 이를 조사하는 과정에서 놀라운 사실이 밝혀졌다. 회사가 연료탱크 위험을 이미 알고 있었으며 그뿐 아니라 사전에 차량 결함을 시정하는 것과 사고 발생 후 대처하는 것 사이의 비

```
BENEFITS:
Savings - 180 burn deaths, 180 serious burn injuries, 2100 burned
          vehicles.
Unit Cost - $200,000 per death, $67,000 per injury, $700 per vehicle.
Total
Benefit - 180x($200,000)+180x($67,000)+2100x($700) = $49.5 million.

COSTS:
   les - 11 million cars, 1.5 million light trucks.
Unit Cost - $11 per car, $11 per truck.
Total Cost - 11,000,000x($11)+1,500,000x($11) = $137 million.
```

핀토 메모: 사망자당 20만 달러, 부상자당 6만 7천 달러, 차량당 7백 달러라는 추정과 그에 따른 총비용이 적혀 있다.

자료: 2020.3.19., "Crash the economy or let people die? The Pinto Memo", livingstingy.blogspot.com

용/효익을 분석했다는 것이다. 폭발 방지 부품을 장착하면 대당 11달러로 연간 1억 3,700만 달러가 드는데, 사고 발생 후 그에 따른 소송비용, 수리비용 등 총비용은 4,950만 달러로 훨씬 적다는 계산을 한 것이다. 이 계산 과정을 담은 '핀토 메모'가 증거로 채택되었고 결국 회사에 1억 3천만 달러에 달하는 벌금이 부과되었다.

이 사건은 사람의 생명을 비용으로 환산하여 최적화한 것으로 불법행위를 하나의 경영전략으로 선택한 사례였다. 많은 사람들이 이 사건에 경악했지만 그렇다고 핀토 메모를 작성한 직원들이 인면수심의 사이코패스였다고 단정할 수 있을까. 인명을

제1부 기회인가, 족쇄인가 — 21세기 기업과 법의 관계

핀토에 부착된 경고문 "내 차로부터 떨어지세요, 차가 폭발합니다!"

자료: Jonathan Turley, 2014.4.14., "Has GM pulled a Pinto?", *Los Angeles Times*.

결코 돈으로 환산해서는 안 된다는 윤리가 기업 현장에서 설득력을 갖지 못했던 것은 아닐까. 경쟁업체, 주주, 경영진으로부터 가해지는 압력에 쫓긴 직원들로서는 순간적으로 판단이 흐려지는 일이 언제든 일어날 수 있다.

핀토 사례는 하버드 대학의 정치학 교수 마이클 샌델이 그의 베스트셀러인 《정의란 무엇인가》에서 다루었다.[3] 포드 직원들이 핀토 메모를 작성할 당시 사망자당 20만 달러라는 금액은 어떻게 나온 것일까? 그것은 놀랍게도 미국 정부기관의 계산을 인용한 것이었다. 1970년 미국 고속도로교통안전국NHTSA에서 교통사고 사망 보상금으로 산출한 금액이 20만 달러였다. 계산 근거는 생산성 손실, 의료비, 장례비, 희생자의 고통 등이었다.

샌델은 묻는다. 천인공노할 대상이 사람의 목숨을 돈으로 환산했다는 사실 자체인가, 아니면 20만 달러라는 금액인가. 금액이 너무 적어서라면 핀토 메모가 그토록 놀랍고 충격적인 일은 아닐지도 모른다. 또한 현대의 법과 윤리에 비추어 볼 때 이렇게 모든 가치를 금액으로 환산하는 것이 절대로 용납될 수 없는 비윤리적인 일은 아니다. 이러한 계산은 알게 모르게 우리 사회를 운영하는 하나의 기준으로 작동하고 있으며, 찬반양론이 따르지만 절대 있어서는 안 될 악도, 전근대적이고 비인간적인 관행도 아니다. 이런 기준을 옹호하는 목소리도 있다.

모든 것을 금액으로 환산할 수 있다는 사고는 이윤을 추구하는 기업에는 특히 익숙한 '합리적 사고'에 가깝다. 돈으로 환산할 수 없는 인간만의 수많은 가치가 있지만 비즈니스를 하면서 그러한 정서적 또는 질적 사고에만 의존할 수는 없다. 모든 것을 수익과 비용으로 판단하는 사고방식은 지금 이 순간에도 핀토 메모와 유사한 계산을 만들어 내고 있다. 핀토 메모가 정상적인 의사결정 절차에 따라 CEO에게 보고되었는지는 알 수 없다.(이러한 무자비한 손익계산서가 공식적 의사결정 경로를 거쳤을 가능성은 적다.) 법원 판결도 이 사건에 대해 사망자에게 250만 달러(핀토 메모의 12.5배)를 배상하고 3,500만 달러의 벌금을 부과하는 것으로 그쳤다.

여기서 생명의 가치에 대한 철학적 논의를 하려는 것은 아니다. 다만 이익을 내기 위해 필사적으로 노력하는 기업은 언제든 핀토 메모를 작성할 수 있다는 사실을 환기하고 싶다. 인면수심의 사악한 사람들이 하는 짓이 아니라 오히려 더 열심히 더 치열하게 일하는 사람이 이런 계산까지 하게 될 수도 있다. 공식적으로만 조직을 관리해서는 현장의 크고 작은 불법행위 리스크를 모니터링하고 관리하는 데 한계가 있다. 평소 직원들에게 준법경영을 강조하는 정도로는 부족하다. 치열한 경쟁이 펼쳐지는 현장은 잠재적 불법행위로 가득 찬 시한폭탄과도 같다. 범죄 성향을 지닌 일부 직원의 일탈이 문제가 아니다. 모든 비즈니스 활동은 합법과 불법의 경계에 놓인 좁은 길을 위태롭게 가는 것과 같다.

불법은 악당만 저지르는 것이 아니다

미국의 변호사이자 시사평론가인 필립 K. 하워드는 저서 《상식의 종말 _The Death of Common Sense_》에서 뉴욕에 노숙자 보호시설을 지으려던 테레사 수녀가 법과 충돌한 이야기를 전하고 있다.[4] 1988년 테레사 수녀와 사랑의 선교 수녀회 수녀들은 뉴욕 사우스 브롱크스South Bronx의 버려진 건물을 노숙자 보호시설로 개조하려고 했다. 1년 반 동안 수많은 절차와 공청회를 거쳐 개조 승인을 받은 후 건설 진행 도중 뉴욕시는 새로운 건축 규정을 통보했다. 신축 또는 개조하는 2층 이상의 건물에 승강기를 설치해야 한다는 것이다.● 사랑의 선교 수녀회는 승강기를 설치하려면 10만 달러가 추가된다며 예외로 적용해 달라고 요청했으나 뉴욕시는 거부했고 테레사 수녀는 보호시설을 포기했다. 노숙자들에게 전혀 절실하지 않은 시설을 위해 그런 거액을 사용하는 것을 받아들일 수 없었기 때문이다. 수녀회는 뉴욕시에 보내는 서한에 다음과 같이 썼다.

> 수녀회는 그 비용을 수프나 샌드위치 등을 제공하는 데 쓰는 것이 훨씬 유용하다고 생각합니다.

● 한국의 「건축법」은 현재 6층 이상의 건물에 추가적인 몇 가지 조건을 붙여 승강기 설치를 의무화하고 있다.

당시 뉴욕에 승강기 없는 2층 이상의 건물은 100만 채도 넘었을 것이다. 그러나 법이 개정된 이후 신축 또는 개조하는 건물은 모두 승강기를 설치해야 했다. 가난한 이들에게 머물 곳을 마련해 주려는 선의로 가득 찬 시도가 법의 장벽에 부딪혀 좌절되었다.

미국은 본래 판례를 기초로 한 불문법주의를 채택한 나라다. 법조문이 미리 정해져 있는 것이 아니라 개별 사건의 재판 결과들, 즉 판례를 기초로 하여 법이 형성되어 간다. 여기서는 주어진 법조문을 적용하는 것보다 사안에 따라 구체적으로 상황을 검토하고 판단을 내리는 것이 더 중요하다. 그러나 20세기 후반부터 이러한 전통이 약화되고 판사의 판단력보다 상세하게 규정된 법조문을 정확하게 적용하는 것이 더 중시되고 있다. 하워드는 이러한 경향에 따라 다양성을 무시하는 일률적 법 적용이 확산되고 그로 인해 자주 부조리한 결과가 빚어지고 있다고 주장한다. 악당만 불법을 저지르는 것이 아니라 선한 사람이 악법에 걸릴 수도 있는 것이다.

이것은 준법을 더욱 복잡미묘하게 만든다. 악법이라도 지켜야 할까? '악법도 법'이라는 명언은 소크라테스가 한 말이 아니라고 한다.● 법조문을 교조적으로 철저하게 준수하는 것은 실리

● 소크라테스의 발언 중 그런 취지로 해석할 수 있는 것이 존재하긴 하지만 명확한 것

적이지 않을 수도 있다. 앞으로 여러 사례에서 살펴보겠지만 법은 최종 판단이 아니다. 또한 하워드가 걱정한 법의 기계적 해석에 대항해서 법조문의 정확성보다 인간적 판단을 더 중시하는 움직임도 나타나고 있다. 이제 준법이란 법조문을 철저하고 치밀하게 준수하는 것보다는 의도의 진정성, 즉 양심과 윤리의 영역에 더 가까워지고 있는지도 모른다.

체계적인 준법관리가 필요한 이유 [5]

　　　　　　　　　"기업이 법을 어긴다."라고 말하지만 사실 불법을 행하는 주체는 기업의 구성원이다. 임직원은 일상적으로 불법의 유혹에 노출되지만 그것을 실행에 옮기기까지에는 플러스알파가 필요하다. 유혹이 실제 범죄로 이어지는 조직 환경은 다음과 같다.

　① 기업이 성과를 최우선 목표로 제시하고 그 외의 요구들을 중시하지 않을 때 구성원은 흔들린다. 말로만 준법을 강조하는

은 아니며, 최후 변론에서 "부당한 법적 명령에 불복하겠다."라는 의지를 표명한 바 있어 그의 사상이 담긴 인용구로 인정하기 곤란하다. 교과서에도 실렸던 이 말은 2004년 헌법재판소의 시정 권고로 삭제되었다.(박강수, 2019.12.20., 〈[가짜명언 팩트체크] 소크라테스의 명언으로 알려진 '악법도 법' 사실인가 아닌가〉,《뉴스톱》)

것은 의미가 없다. 법적 리스크가 따르더라도 성과만 좋으면 보상받는 조직 관행 등은 실제로 직원들에게 분명한 메시지를 준다. 핀토 메모에서 고객의 위험은 단지 비용으로만 취급되었는데, 이는 기존의 기업 문화나 분위기에서 그 원인을 찾을 수 있을 것이다. 경쟁이 치열할수록, 대안이 없을수록, 목표 달성이 어려울수록, 승패의 결과가 매우 중대할수록 범법의 가능성이 높아진다. 이러한 상황에서는 경영진이 불법은 안 된다는 의지를 분명하게 표명하지 않는다면, 불법 리스크는 크게 부각될 것이다.

② 의사결정 과정에서 집단 사고와 책임의 분산이 있는 경우 개인의 책임감이 저하된다. 전체적으로는 범죄라도, 업무가 분화되고 각자의 역할이 실제 범죄와 거리가 멀어짐으로써 책임감이 낮아진다. 또는 상명하복의 군대식 조직 문화가 기업의 잘못된 관행에 대한 문제 제기를 조직적으로 차단하고 그 결과 조직 전체가 불법 리스크에 둔감해지는 결과를 초래하기도 한다. 핀토 메모에서 사람의 목숨을 비용으로 취급하는 데 문제의식을 느낀 직원들이 있었더라도 이들이 의견을 표명할 수 있는 조직 분위기가 마련되지 않았을 수 있다.

이러한 환경에서는 기업의 불법행위가 일어날 위험이 증폭된다. 회사의 성과를 달성하는 과정에서 벌어지는 눈에 보이지 않는 위법, 편법 등은 외부에 노출되지 않은 채 점점 더 자라난다. 이를 막기 위해서는 의식적이고 체계적인 주의와 관리가 필요하다.

법적 리스크 관리는 점점 더 어려워진다

현대사회는 점점 더 복잡해지고 법과 규제는 까다로워진다. 미국에서 담배 회사를 상대로 흡연 피해 관련 소송이 처음 제기되었을 때, 담배 회사들은 흡연이 개인 선택이라는 점에서 별다른 걱정을 하지 않았다. 그러나 이들은 결국 유죄 판결을 받았다. 2000년대 초 햄버거가 비만을 유발한다는 이유로 맥도날드에 제기된 소송에서는 맥도날드가 이겼지만, 패스트푸드의 건강 문제로 언제 다시 법적 논란이 벌어질지는 아무도 모른다. 시간이 갈수록 기업 활동에 대한 잣대는 엄격해진다. 컴퓨터 게임이 청소년의 정신건강이나 학업에 미친 영향에 대한 소송이 제기될 것이라는 예상도 나오고 있다.

제조물 책임은 물론 기업 활동과 연관된 법 규제는 점점 더 촘촘해지고 있다. 노동, 경쟁, 환경 보호, 지식재산권, 기술특허 등등이 날이 갈수록 기업의 활동을 전방위적으로 옥죄고 있다.

제1부 기회인가, 족쇄인가 — 21세기 기업과 법의 관계

언제 어디서 위험이 닥칠지 가늠하기조차 어려울 지경이다.

　반면 이런 와중에 기업의 대응 체제는 약해지고 있다. 경영 상황이 어려워지면서 법적 리스크를 전담할 법무팀을 보유한다는 것은 웬만한 대기업이 아니고서는 불가능하며, 대기업이라 하더라도 역시 큰 부담이다. 또한 기업의 조직과 구성원 측면에서도 상황이 좋지 않다. 장기근속 관행이 약화되면서 종업원의 근속 연수는 짧아지는 동시에 업무의 외주화, 고용의 비정규화가 진행되고 있다. 연대감이나 공감대를 갖기 어려운 비정규 인력을 대상으로 조직의 윤리관이나 준법의식을 교육하고 공유하는 것은 쉬운 일이 아니다. 조직 내에 약한 고리가 많아지면서 법적 리스크가 증폭되고 있다.

법적 환경에 대한 적극적 대응의 필요성

　　　　　　　　　　　　　법적 리스크 관리에 더 많은 노력을 투입해야 하지만 이를 위한 자원과 여력이 점점 줄어드는 상황에서 해결책은 무엇인가. 최근 연구자들은 법을 제약 조건으로만 여기지 말고 더욱 적극적으로 법과 경영을 연결시켜야 한다고 말한다. 즉, '불법만 저지르지 않으면 된다'는 식의 소극적 태도로는 불법을 막기 어려우므로 훨씬 더 적극적으로 법을 모니터링하고 법에 대해 한발 앞선 대응을 해야 한다는 것이다.

물론 이것은 자원과 노력이 드는 어려운 일이다. 그러나 법을 좀 더 가까이해야 하는 데는 몇 가지 이유가 있다.

① 혁신을 하거나, 산업의 패러다임이 변화할 경우 대부분 법적 문제가 끼어든다. 최근의 공유경제를 보더라도 이것은 자명하다. 법적 리스크를 고려하지 않고 새로운 비즈니스 모델, 제품, 시장을 다루는 것은 매우 위험하다.

② 법이란 일반 환경으로 모든 기업에 똑같이 적용되는 조건이다. 따라서 모두에게 부담이 된다. 만약 선제적으로 법제를 연구하고 그에 대응할 수 있는 역량을 갖춘다면, 이로 인해 비용이 상승한다고 해도 이에 대비하지 않은 다른 많은 기업 대비 경쟁우위를 갖게 된다. 오늘날 제품의 범용화, 품질의 평준화로 원가나 품질에서 지속가능한 비교우위를 갖기는 점점 더 힘들어지고 있다. 법적 환경은 새로운 경영의 승부처가 될 것이다.

이제 법을 떠난 경영이란 존재하지 않으며 법적 리스크의 검토는 필수다. 그렇다면 차라리 회피적으로 대하기보다 선제적으로 대응하는 것이 더 바람직하다. 법적 이슈가 불거진 이후에 미봉책으로 대응하거나 또는 변호사 등 전문가에게 일임하고 법적으로만 문제를 해결하려고 하면 비용은 비용대로 들고 원하는 효과를 거두지 못할 가능성이 크다.

법적 분쟁이 발생한 뒤에는 이미 늦다

　　　　　　　　　　　법적 분쟁이 발생한 뒤 이를 해결하는 일은 쉽지 않으므로 사전에 대응할 필요가 있다. 이것은 법적 대응 전략에서 대단히 중요한 포인트다. 분쟁이 발생한 뒤 최고의 변호사를 선임해서 문제를 해결한다는 것은 이미 요점을 빗나간 것이다. 법적 분쟁 자체가 막대한 비용을 초래할 뿐더러 설령 엄청난 시간과 노력을 들여 승소한다고 해도 그 과정에서 회사의 평판이 회복 불가능할 정도로 실추되는 경우가 많다. 그러므로 기업의 법적 대응 전략은 법적 분쟁에 대한 대응 전략이라고 보아서는 안 되며 법적 분쟁을 사전에 방지할 수 있는 예방 전략이 되어야 한다.

　문제는 오늘날의 법적 환경이 매우 복잡해서 자신이 합법의 영역에 있는지 불법의 영역에 있는지 분간 자체가 쉽지 않다는 것이다. 지속해 오던 당연한 관행조차도 어느 순간 불법인 경우가 있다. '인도로만 다니면 결코 차에 치이지 않겠지'라고 막연하게 생각해서는 안 된다. 한 번도 인도를 벗어나지 않았다고 생각했는데 어느 순간 차도에 서 있는 자신을 발견하게 될 수도 있다.

사례 3   포털 사이트 명예 훼손 사건

인터넷상에서 심각한 명예 훼손을 당했다고 주장하는 한 개인이 이에 대한 소송을 제기했다. 그런데 그 대상은 기사를 쓴 언론사나 이를 옮긴 게시글 또는 댓글 작성자가 아니었다. 원고는 이러한 기사들이 대량 유포된 책임을 물어 인터넷 포털업체를 상대로 소송을 제기했다. 포털업체로서는 뜬금없는 공격이라고 여길 법도 했다. 포털 측은 언론사가 제공하는 기사를 받아 분류하는 등 최소한의 작업만을 할 뿐 기사 내용에 대한 책임은 기사를 작성한 언론사에 있는 것이 아닌가. 또한 일반인의 게시글, 댓글에 대해서도 사적 인터넷 공간은 누리꾼들이 자발적으로 활동하는 영역이므로 포털이 관리해야 할 의무는 없다.

얼핏 보아 타당한 주장이었다. 그러나 법원은 이 주장을 받아들이지 않았다. 가장 중요한 이유는 포털을 통한 정보의 유포는 기존의 오프라인 언론이나 개인들의 입소문과는 차원이 다른, 빠르고 광범위한 확산을 통해 개인에게 중대한 피해를 줄 수 있다는 사실이다. 포털은 바로 이러한 네트워크 운영을 통해 이익을 얻고 있으므로, 이러한 피해가 발생하지 않도록 주의하고 관리해야 할 의무가 있다는 것이다.[6] 불법적이거나 반사회적인 정보들이 포털에서 유포되어서는 안 된다는 것에는 누구나 상식적으로 동의할 것이다. 그러나 특정 개인에 대한 명예 훼손 정보에 대해서는 애매한 점이 있다. 포털로서는 지금까지 그렇게 해 왔다는 통념, 그리고 '명예 훼손의 가해자는 명예를 훼손한 자'라는 너무나 당연한 상식에 기대어 이를 방치한 것이 결국 심각한 법적 리스크를 초래한 셈이다.

한 걸음 더 나아가기 — 적극적인 법적 대응 전략을 구사하라

법적 리스크의 예방이 중요하지만 아무리 주의해도 경영을 하다 보면 분쟁에 휘말릴 때가 있다. 분쟁에 대한 대응도 중요하지만 문제는 그다음이다. 포털 사이트는 예기치 않은 명예 훼손 패소로 향후의 경영 방침에 중대한 시사점을 얻었을 것이다. '소 잃고 외양간 고치는 격'이지만, 오늘날과 같은 복잡하고 역동적인 법적 환경에서 무사고 운전자가 되기를 기대하긴 어렵다. 중요한 것은 작은 사고로부터 더 큰 사고를 예방할 수 있는 체제 정비의 기회를 얻는 것이다. 이것은 당면한 법적 분쟁에서 승소하는 것보다 더 중요하다. 전투에서 지더라도 전쟁에서 이기는 지혜가 필요하다.

사례 4 도미노피자 '배달 지연 시 무료' 정책

도미노피자는 서비스 개선의 하나로 배달 주문 시점으로부터 30분 내 배달을 보장하고, 만약 실패할 경우 피자값을 받지 않는다는 강력한 정책을 시행했다. 그러나 1989년 도미노피자 배달 차량에 의한 교통사고가 발생하고 사망 피해자가 나오면서 이것이 수백만 달러 규모의 소송으로 번져 미 전역의 이슈가 되고 말았다. 실제로는 두 명의 성인 여성이 사고를 당했으나 아직도 많은 사람이 어린아이가 사망했다고 믿고 있다. "도미노피자가 배달 지연 시 발생하는 손해를 직원의 임금 삭감에 연동시켰고, 그 결과 무리한 과속 운전으로 어린아이까지 사망했다."라는 이야기가 퍼져 나갔기 때문이다. 게다가 실은 손해를 직원에게 부담시키지도 않았고, 도미노피자의 주장으로는 사고 역시 무리한 과속 운전 때문이 아니었으나, 한 번 사회에 준 인상을 바꾸기에는 무리였고 회사의 평판은 크게 실추되었다.[7]

결국 도미노피자는 두 명의 사망자에 대해 1천만 달러 규모의 보상금을 지급하는 것으로 합의했으나, 이로 인해 회사 이미지에 큰 타격을 입

도미노피자의 30분 배달 보장제 철회 보도 기사

자료: 1993.12.26., *Ann Arbor News*.

었다. 서비스를 개선하겠다는 좋은 의도가 전혀 예상치 못한 리스크로
이어진 것이다. 회사는 여러 사실 관계를 방패 삼아 끝까지 재판을 해서
회사의 무고함을 주장할 수도 있었겠지만, 이미 달라진 여론 아래에서
는 좋은 선택이 아니었다. 승소보다 더 중요한 것은 전략의 수정이다.
합의를 통해 사건을 마무리한 도미노피자는 서비스 전략의 방향을 전면
재검토했다.

그 결과 30분 배달 보장제는 폐지하고 서비스 개선을 위한 다른 전략
을 세웠다. 소비자가 빠른 배달을 원하는 것은 시간을 중시하기 때문이
기도 하지만 그에 못지않게 피자가 조리 직후의 따뜻함과 바삭함을 유
지하길 원하는 이유도 크다. 즉, 시간에 연연하기보다는 피자의 품질을

유지하는 방안을 마련할 필요가 있었다. 1998년 도미노피자는 보온배달 시스템heat wave delivery system을 도입하고 코일이 내장된 코팅 박스를 사용해서 피자의 온도를 유지했다.

물론 처음에는 기술적으로 몇 가지 단점이 있어 실용적이지 못한 측면이 있었지만 문제점은 차츰 개선되었다.[8] 무조건 시간 내 배달을 보장하는 정책에서 기술적으로 피자의 품질을 보장하는 방식으로의 변경이 법적 리스크를 줄여 준다는 점에서, 이미 발생한 법적 분쟁을 통해 올바른 전략 방향을 찾아간 사례로 볼 수 있다.

21세기의 기업경영은 기술, 사회 문화, 경쟁 판도 등 수많은 환경 변화로 혼란스럽다. 그러나 그중에서도 가장 불확실성이 높고, 기업경영에 결정적 영향을 미칠 조건은 법과 규제라고 할 수 있다. 효율성을 기준으로 하는 경영성과는 나빠지거나 좋아지더라도 점진적 성격을 띤다. 그러나 정당성을 기준으로 하는 준법경영은 합법이냐 불법이냐의 이분법이므로 불법으로 낙인 찍히면 성과 하락과는 비교할 수 없는 위협으로 다가온다. 법과 규제가 심각한 리스크를 발생시키기도 하지만, 선제적으로 법적 문제를 예측하고 대응한다면, 이를 소홀히 한 경쟁 기업들과 차별되는 파격적인 경쟁우위를 확보할 기회의 원천이기도 하다.

그러나 법은 기술 못지않게 까다롭고 골치 아픈 영역으로 여겨진다. 기업은 자사의 주요 기술을 다루는 전문 인력을 당연히 확보하고 있지만, 그에 반해 법률 전문가, 즉 대규모의 법무팀을 거느리는 것은 규모가 큰 기업이 아니고서는 엄두도 못 낼 일이다. 따라서 많은 기업이 법적 리스크에 충분한 대응 체제를 갖추지 못하고 있는 것이 현실이다.

그러나 기업이 법적 환경에 대응하기 위해 반드시 뛰어난 법무팀을 보유해야 하는 것은 아니다. 법에 대한 기본 개념을 익히고 전략 설계 자체에 항상 법을 고려하는 역량을 키운다면 남보다 한발 앞선 적극적·선제적 준법경영을 실천할 수 있다. 필요한 법률 지식은 외부로부터 도움받을 수 있다. 중요한 것은 법에 대한 감각, 그리고 법과 전략을 연계시킬 수 있는 역량이다. 이것은 경쟁우위를 위해 고민하는 모든 기업인들이 의외로 쉽게 접근하고 익힐 수 있는 역량이라고 볼 수 있다. 거부감을 버리고 남보다 먼저 뛰어들어 볼 만한 가치가 충분히 있다.

제 2 장

흐르는 물, 흐르는 법

법적 환경의 역동성

법을 지키는 것도 쉽지 않다

　　　　　　　　　'법적 환경에 전략적으로 대응해야 한다'는 말은 이상하게 들릴 수도 있다. 준법을 전략적으로 하라 니…. 법은 정해져 있고, 정한 대로 따르면 되는 것 아닌가? 그 러나 복잡한 현대사회에서는 준법도 간단한 일이 아니다. 아무 런 불법 의도 없이 늘 해 오던 관행대로 해도 어느 틈에 불법을 저지를 수 있다. 법이란 고정된 것이 아니라 시간과 장소에 따라 변하기 때문이다. 준법 자체가 '유동적'이 되며 영미권의 일부 학 자는 이를 'Liquid Legal'이라고 부른다.[1] 이렇게 유동적인 법적 환경을 어떻게 예측하고 어떻게 선제적으로 대응할 것인가. 가 장 먼저 해야 할 일은 법에 대한 우리의 관점을 바꾸는 것이다.

먼저 재고해야 할 것은 법과 법조문의 동일시다. 법은 법조문이 아니다. 법조문은 끊임없이 변하기 때문에 이에 집착해서는 곤란하다. 또한 법조문은 현실에 적합하게 해석되어야 한다. 해석은 기계적인 번역이 아니다. 상황에 따라, 판단자에 따라 재량이 끼어든다. 아무리 법률 전문가라도 법조문만 보고 실제 상황에 대해 논란의 여지가 없는 판단을 내리기란 쉽지 않다. 법조문에 정통하다고 해서 완벽한 법적 대응을 할 수 있는 것은 아니다.

법과 현실 사이의 회색지대

오늘날과 같이 환경의 변화가 빠를 때는 법이 현실을 따라오지 못한다. 즉, 새로운 현상에 적용할 해당 법 규정이 아직 마련되어 있지 않은 경우가 많다. 제1장에서 살펴본 포털 사이트 명예 훼손 사례 역시 해당 규정이 없는 상태에서 포털에 책임이 부과된 경우이다.

법의 지체로 인해 발생하는 불확실성은 기업을 곤란하게 만든다. 법이 확실하고 변화가 없다고 해도 준법은 만만치 않은 일이다. 그런데 법이 불완전하고 불확실하다면, 이로 인해 생기는 불확실성과 불안감은 감당하기 어렵다. 21세기 기업경영의 두드러진 특징 중 하나는 법과 규제가 완벽하지 않은 상황에서 사업을 전개해야 한다는 것이다. 기업은 육법전서만 믿고 갈 수는 없다. 실정법이란 마치 오류와 공백이 많은 길도우미navigation와 같다. 길도우미가 안내하는 대로 순순히 따라가기만 하면 목적지에 도착할 것이라고 마음을 놓아서는 안 된다.

길도우미의 안내를 참고하면서도 긴장을 풀지 말고 목적지와 주변 환경에 집중하면서 자신의 판단으로 길을 찾아가야 한다. 준법관리에서도 법의 변화 추이를 감지하면서 자사의 경영철학과 지향점을 견지하려면 근본적인 고민이 필요하다. 단순히 법조문에 의지해서 불법 여부를 판단한다면 법적 리스크는 커질 수밖에 없다. 새로운 시대의 비전을 갖고 폭발적 성장을 달성했던 냅스터의 몰락이 그 좋은 예다.

사례 5 냅스터의 음악 저작물 복제 금지

냅스터는 노스이스턴 대학의 학생이던 숀 패닝Shawn Fanning이 친구와 음악을 공유하기 위해 생각해 낸 아이디어를 사업화한 것이다. 그는 일반인들이 자신이 소장하고 있는 음악 파일을 서로 교환P2P: peer to peer 할 수 있는 시스템을 만들었다. 냅스터는 자신의 서버에 음악 파일을 보유하지 않고, 단지 중앙 시스템에서 개인들이 가진 음악 파일의 리스트를 모아 검색과 다운로드를 할 수 있도록 했다. 서로 다른 음악을 가진 개

| 냅스터 로고

인들이 점점 모여들면서 냅스터는 엄청난 규모의 음악을 다운로드할 수 있는 사이트가 되었고 한때 회원 수가 6천만 명에 달했다.

그러나 참가자가 기하급수적으로 늘어나면서 음반업계는 중대한 위협을 느끼고 2000년 소송을 제기했다. 이들의 주장에 따르면 파일 공유는 허울 좋은 포장이고 냅스터는 해적판의 유통망에 불과했다. 소송이 시작되면서 P2P 공유 논란으로 음악계가 양분되었다. 저작권 침해라는 음반업계의 주장에 대해 냅스터와 그 지지자들은 비상업적인 음악의 자유로운 공유라고 항변했다.

냅스터는 소송 결과에 낙관적이었다. 첫 번째 이유는 냅스터가 일반인들 간의 음악 공유로 상업적 목적이 없다는 점이었고, 두 번째는 과거 소니 대 유니버설 간 소송의 판례였다. 1984년 소니의 비디오테이프 리코더에 미국 방송 대표로 유니버설이 소송을 제기했다. 비디오테이프 리코더는 방송의 불법 복제와 유통을 조장할 수 있다는 것이었다. 그러나 당시 미국 법원은 유니버설의 주장을 받아들이지 않았다.

그러나 소니의 재판과 달리 냅스터는 패소했다. 수천만 명이 마음대로 음악 파일을 무료로 다운받을 수 있다는 것은, 음반업계의 수익에 미치는 엄청난 영향을 고려할 때 상업적 목적과 무관하다고 볼 수 없다는 이유에서다. 또한 법원은 비디오테이프 리코더 제조가 방송의 녹화와 유통을 의도한 것이 아니라고 본 소니-유니버설 판례와 달리, 냅스터의 파일 공유 시스템은 저작권 침해를 의도하지 않았다고 볼 수 없다고 판결했다. 논리만으로 본다면 소니 판결과 일관성이 없다고 생각할 수도 있다.

소니와 냅스터 사이의 엇갈린 운명은 어쩌면 1984년과 2000년이라는 시간의 차이 때문인지도 모른다. 엄청난 비디오 콘텐츠 대여 시장이 생겨날 것을 예상하지 못했기에 소니는 면책될 수 있었다. 그러나 냅스터의 경우에는 상황이 달랐다. 아무리 냅스터가 의도의 순수함을 주장해도 주변 상황이 너무 달라져 있었다. 이전의 판례만을 믿어서는 안 될 일이었다.

혁신의 파급에 대한 책임

냅스터는 자신들의 서비스가 가져올 파급효과를 좀 더 진지하게 고민할 필요가 있었다. 기업은 국가가 아니며 공익보다는 영리를 우선하는 민간 부문임에는 틀림없다. 그러나 기업이 중대한 혁신을 주도할 때에는 혁신의 파급에 대한 책임이 생긴다. 이윤 동기만으로 모든 책임을 면할 수는 없다.

물론 혁신이 일으키는 다양한 부작용을 예측하는 것은 어려운 일이다. 그러나 합리적 예측은 가능하다. 냅스터는 발달된 정보기술을 통해 다양한 음악을 자유롭게 공유하는 세상을 꿈꿨다. 그렇다고 해도 그 과정에서 파일 공유가 갖는 부정적 측면에 대해서는 소홀했음을 부인할 수 없다. 단순히 실정법을 피해 갈 수 있을 것이라는 계산만으로는 부족했던 것이다.

냅스터는 결국 불법 판정을 받고 사라졌지만, 창설의 의도는 사라지지 않았다. 냅스터가 꿈꿨던 비전을 추구하되 법적 리스크를 회피할 방법이 형성되기 시작했다. 애플의 아이튠즈iTunes가 음악의 디지털화 흐름을 이어 갔지만 냅스터의 후계자라고 할 정도의 공유 플랫폼은 아니었다. 아이튠즈는 음악의 형태를 디지털화했을 뿐 그 파일을 개별 소유해야 한다는 관념에서 벗어나지 못했다. 새로운 기술과 비즈니스 모델에 입각한 한층 더 이상적인 음악 공유 모델이 나타났다. 그것이 바로 스포티파이 Spotify다.

사례 6 스포티파이의 비즈니스 혁신, 프리-미엄* 모델

스웨덴 출신 다니엘 에크Daniel Ek는 IT 공학을 전공했지만 음악가 집안 출신이었다. 그는 애드버티고Advertigo라는 인터넷 광고회사를 창업해 성공을 거둔 후 자신의 음악적 배경을 활용해 음악 스트리밍 공유 사업이라는 새로운 비즈니스를 시도한다. 그는 냅스터의 비전과 저작권 문제를 해결할 대안을 모색했는데, 그것이 바로 프리-미엄Freemium이라는 비즈니스 모델과 스트리밍이라는 테크놀로지의 결합이었다.

인터넷 환경이 좋아지면서 이제는 음악을 다운로드하지 않고도 '렌트'해서 듣는 스트리밍이 가능해졌다. 스트리밍은 다운로드된 음악이 해적판이 될 가능성을 차단한다. 음악 애호가들이 자신이 좋아하는 음악을 평생 소장할 필요도 없다. 따라서 스트리밍은 냅스터의 발목을 잡았던 해적판 문제를 기술적으로 피할 수 있는 방법이었다. 여기에 더하여 그는 당시 디지털 콘텐츠 유통에 활용되던 프리-미엄 모델을 접목한다.

---

* 무료(free)와 프리미엄(premium)의 합성어인 freemium은 f와 p를 모두 ㅍ으로 표기하는 현 외래어 표기법에서는 premium과 구별되지 않는다. 일부 '후리미엄'으로 표기하는 사례가 있으나 여기서는 줄표를 넣는 표기를 사용했다.

프리-미엄 모델이란, 일부 제한을 둔 콘텐츠는 무료로, 제한이 없는 완벽한 정품은 유료로 공급하는 모델이다. 만화방에서 시리즈의 처음 몇 권을 무료로 보게 한 후 전체 시리즈를 보려면 돈을 내라는 것과 같은 원리이다. 이것은 방대한 콘텐츠를 자유롭게 공유하면서 저작권 문제를 해결할 수 있는 묘안이었다. 불법 해적판보다 더 질 좋은 무료판을 제공하기만 한다면 이는 공권력을 동원하지 않고서도 시장에서 해적판을 몰아낼 수 있는 현실적인 대안이었다.

다니엘 에크는 이 모델을 스트리밍 기술에 적용했다. 음악 공유의 가장 큰 문제점은 저작권 침해다. 저작권료를 지급하려면 재원이 마련되어야 하는데 그는 두 가지 방법을 사용했다. 스트리밍으로 무료로 감상할 경우 광고를 보게 함으로써 광고료를 확보하고, 광고가 붙지 않는 감상의 경우에는 구독료를 내도록 한 것이다. 과거 냅스터의 무제한 파일 공유를 능가하는 무한대의 무료 콘텐츠 세계가 열렸으나, 이제 모든 콘텐츠에 대한 저작권료는 정상적으로 지급된다.

준법에도 아이디어가 필요하다

스포티파이의 비즈니스 모델은 법적 문제를 기술과 비즈니스 모델로 해결한 사례라고 할 수 있

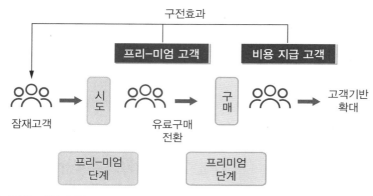

프리-미엄 모델

자료: Gary Fox, "Freemium business model-Why companies fail & 5 examples", www.garyfox.co.

다. 정보화와 디지털화가 진전될수록 콘텐츠의 저작권은 더욱 중대한 이슈가 될 수밖에 없다. 과거와 같은 해적판의 범람은 이 제 용인될 수 없다. 그러나 저작권의 엄격한 보호가 디지털화가 갖는 광범위한 콘텐츠의 자유로운 공유를 저해할 우려도 커졌다. 스포티파이의 프리-미엄 스트리밍 모델은 이러한 문제를 해 결할 수 있는 절묘한 아이디어임이 분명하다.

오늘날에는 합법과 불법의 영역 사이에 넓은 회색지대가 있 으며 이곳에서 비즈니스 모델과 기술을 통해 합리적인 경계를 새롭게 설정할 수 있다. 법은 인간과 사회에 대한 위협을 제거하 기 위해 특정 행위를 금지하지만, 여러 가지 한계로 금지의 정도 가 의도치 않게 도를 넘을 수 있다. 그러나 기술의 발달은 꼭 필요한 규제를 해당 영역에 정밀 조준할 수 있도록 만든다. 이런 과정에서 과거 불법으로 선언되었던 많은 영역에서 비즈니스 기회를 찾아낼 수 있다.

인터넷 악플을 억제하기 위해 댓글러들의 개인정보를 공개하도록 하는 인터넷 실명제가 이슈가 된 적이 있다. 악플은 심각한 사회 문제지만 이를 막기 위해 실명제를 적용하는 것은 과도하다고 볼 수도 있다. 악플을 억제하는 효과가 크리라 예상되지만 자유롭게 정보와 아이디어를 공유한다는 인터넷의 근본을 훼손할 우려 역시 크다. 실제로「정보통신망 이용촉진 및 정보보호 등에 관한 법률」에 규정된 인터넷 실명제는 2012년 헌법재판소에 의해 위헌 판정을 받았다. 그럼에도 실명제의 필요성에 대한 논의는 악플의 피해가 불거질 때마다 화제로 떠오르곤 한다.

포털업체들은 여러 기술과 아이디어를 통해 도를 넘는 개인정보 공개의 필요성을 완화했다. 그 대표적인 예가 악성 댓글러들의 과거 이력을 조회할 수 있도록 한 것이다. 댓글러의 신상을 드러내지 않으면서도 그가 과거에 썼던 댓글들을 공개하는 것만으로도 상당한 억제 효과가 나타날 수 있다. 실제로 대표적 포털에서 댓글 이력을 공개하면서 규정을 위반한 댓글의 수효가 3분의 1 수준으로 감소했다고 한다.[2] '최소 규제'의 정신이 구현된 사례로, 이 역시 규제기관이 아니라 민간 부문의 아이디어가 제

역할을 했다고 평가할 수 있다.

법이 일방적으로 기업의 행위를 규제하는 것이 아니라, 기업의 경영전략이 법의 작용과 변화에 영향을 미친다. 규제가 불가피하다고 여겨지는 상황에서도 기업의 참신한 비즈니스 모델이 규제를 불필요하게 만들 수 있다. 인터넷을 둘러싼 사생활 보호, 특히 빅데이터를 둘러싼 개인정보 보호 등에서 경영전략과 법률 간의 관계는 더욱 긴밀하고 복잡하게 얽히게 될 것이다. 법은 이제 법의 영역에서만 결정될 수 없으며 기업의 전략과 분리해 생각할 수 없다.

법이라는 자의 눈금은 넓다

법과 현실 간의 괴리는 날이 갈수록 점점 더 벌어져 법조문만을 맹신할 수 없는 상황이다. 그렇다면 어떻게 해야 하는가. 다소 거창하게 들리긴 하지만 '시대정신'을 생각할 필요가 있다. 법의 변화 방향을 스스로 가늠해 봐야 한다.

과연 인터넷 신상공개법이 발효될 것이지, 온라인 P2P 공유사업이 불법화될 것인지, 포털에 명예 훼손 책임이 부과될 것인지 등등 앞에서 살펴본 예들은 법적 환경의 역동성을 잘 보여 준다. 정해져 있는 것은 없다. 현대사회는 거의 매일같이 새로운 문제에 부딪히고 그때마다 갑론을박 끝에 새로운 사회적 합의와 입법을 이루어 간다. 현재의 육법전서를 하늘이 내린 권위로 인정해서는 대응이 곤란하다. 우리가 나침반을 믿는 것은 그것이 어떤 상황에서도 자침이 북쪽을 가리킬 것이라고 믿기 때문이다. 그런 면에서 오늘날 실정법은 나침반이 아니다. 일정한 방향을 가리키지 못하고 요동치기 때문이다.

사례 7 브라조스의 개인정보 유출 사건[3]

브라조스Brazos Higher Education Service Corporation는 텍사스 소재의 학자금 융자 회사다. 이 회사의 직원인 존 라이트는 자택에서 자신의 노트북으로 고객의 대출정보를 분석하는 일을 했다. 어느 날 그의 집에 강도가 들어 노트북을 훔쳐 갔고, 노트북에 담긴 고객 개인정보, 즉 이름, 주소, 사회보장번호, 재정정보가 유출되었다는 정황이 드러났다. 라이트는 사건 발생 직후 해당 고객 모두에게 이메일로 이 사실을 알렸으며 피해가 발생하면 즉시 알려 달라고 요청했다. 이때 고객이었던 스테이시 귄이 브라조스의 과실 책임을 묻는 소송을 제기했다.

귄은 ① 직원이 안전하지 않은 개인의 집으로 고객정보를 가져가는 것을 방치한 것과 ② 라이트의 노트북에 암호와 같은 보안장치를 설치하지 않은 채 방치한 것이 모두 회사의 과실이라고 주장했다. 미국의

「GLB법Gramm-Leach-Bliley Act」은 기업이 고객의 신상정보를 보호해야 할 의무를 규정하고 있다. 문제는 고객정보를 집으로 가져간 것, 그리고 직원이 사용하는 노트북에 보안장치를 설치하지 않은 것이 이 법에 위반되는가였는데, 최종 판결은 회사 측의 무죄였다. 강도를 당할 가능성에까지 대비하는 것이 적절한 주의 단계인가에 대해 법원이 회사의 책임을 인정하지 않은 것이다.

이것은 법의 회색지대를 잘 보여 주는 사례다. 고객정보를 보호하기 위해 직원이 목숨까지 버려야 한다고는 아무도 주장하지 않을 것이다. 아마도 라이트는 강도를 당하지 않기 위해 어느 정도의 노력과 주의를 기울였을 것이다. 강도 당하길 원하는 사람은 없다. 현관문에 잠금장치를 달고 문단속을 하는 등 통상적인 주의는 했을 가능성이 크다. 여기서 판단의 어려움이 있다. 소홀한 것과 목숨처럼 지키는 것 사이에는 넓은 스펙트럼이 있다. 실제 일어난 사건이 과연 이 스펙트럼의 어느 부분에 존재하는가는 그야말로 판단의 영역이다. 사소한 정황도 판결에 영향을 미쳤을 것이다. 라이트가 즉시 사후대처를 했던 점, 또 그의 집이 강도의 침범에 어느 정도 대비가 되어 있었다는 점이 중요한 고려사항이었을 것이다. 이 사건에서 이것은 모두 회사에 유리하게 작용했다.

브라조스 사례에서 이런 판결이 내려졌어도 차후에 발생하는 유사 사건의 판결은 다를 수 있다. 그때도 여러 세부 정황을 고려해야 할 것이다. 또는 법원의 태도가 변할 수도 있다. 판사의 성향에 따라 기업에 엄격할 수도, 유연할 수도 있다. 누구도 법조문이나 이전 판례를 근거로 판사의 판단을 예측할 수 없다.

객관적이고 일관되어야 할 법이 이렇듯 세부적인 여러 요소들에 좌우된다는 것이 답답하게 느껴질 수도 있으나, 거꾸로 생각해서 만약 판결도 하기 전에 누구든 정황과 법만으로 판결을 예측할 수 있다면 판사가 왜 필요한가라는 질문도 나올 수 있다. 법과 판결 사이에 판사가 있으며 판사의 존재감은 대단히 크다. 이것은 판결이 판사의 재량이나 변덕에 맡겨져 있다는 뜻이 결코 아니다. 법이라는 자의 눈금이 너무나 커서, 예를 들어 미터 단위라면, 실제 사건의 불법성은 밀리미터로 재는 것에 비유할 수 있다. 밀리미터 단위의 정밀 측정은 법조문이 아니라 오직 판사만이 할 수 있는 것이다.

기업이 법적 이슈를 다루기가 점점 더 까다로워진다. 이런 회색지대 때문에 기업은 법에 명시된 규정이 아니라 스스로의 판단에 의존해야 할 상황이 점점 더 많아진다. 법률 전문가인 로저 밀러는 궁극적으로 의사결정자가 윤리적 관점에서 행동을 평가하고 판단할 수밖에 없다고 말한다.[4]

주요 사안마다 윤리적 판단을 해야 한다는 것도 골치 아프지만, 더 심각한 것은 모든 것이 변하는 현대사회에서는 윤리 기준마저 변한다는 사실이다. 만고불변의 윤리나 가치관이란 존재하지 않는다. 이제는 윤리가 변하는 큰 흐름을 봐야 한다.

법조문보다 시대정신을 보라

그렇다면 무엇을 나침반으로 삼아야 하는가. 바로 시대정신이다. 시대정신은 법조문처럼 명시적으로 공표되는 것이 아니다. 권위 있는 누군가에게 물어 확인해 볼 수도 없다. 그것은 우리 모두가 생각하는 것, 옳다고 믿는 것들의 공통분모이며 영원불변의 것이 아니라 시간이 흐름에 따라 변해 가는 것이다. 그러나 눈에 보이지 않는다고 해서 실체가 없는 것은 아니다. 깊이 생각하고 열심히 관찰하면 현상을 관통하는 어떤 흐름이 있다.

오늘날의 기업 경영자는 이러한 흐름을 감지해야 한다. 큰 흐름을 파악하고 나면, 실정법이 유지될지, 강화될지, 또는 사라지거나 새로운 입법이 이루어질지 감을 잡을 수 있다. 법적 환경에 대응하기 위해 가장 중요한 것이 바로 이러한 감각을 갖는 것이다.

시대정신을 파악하고 기존의 법적 대응 전략의 방향을 선회한 좋은 사례를 디즈니의 저작권 전략에서 찾아볼 수 있다.

사례 8 디즈니의 미키마우스 저작권 연장 포기

저작권이란 개인이 창작한 문학, 예술, 학술 콘텐츠에 일정 기간 배타적 권리를 보호하는 장치다. 저작권이 처음 등장한 18세기에는 콘텐츠가 공표된 후 14년 동안만 권리가 인정되었다. 이 기간은 차츰 늘어나 최초의 유성 애니메이션 영화 〈증기선 윌리Steamboat Willie〉에 미키마우스가 등장한 1928년에는 공표 후 최대 56년이 되었다. 즉, 28년 인정 후 1회에 걸쳐 28년 연장이 가능했다. 반세기가 흘러 1976년이 되었고 저작권 만료 시점인 1984년이 다가왔다. 디즈니는 의회 로비를 통해 저작권 보호 기간을 '저작자 사후 50년'으로 늘려 기존 콘텐츠의 저작권 기한을 20년 연장한다. 이로써 미키마우스의 저작권 만료 시점은 2003년으로 늦어졌다. 다시 시간이 흘러 만료가 다가오던 1998년 디즈니는 전방위적인 로비 활동을 통해 또 한 번의 법 개정을 이끌어 낸다. 하원의원 소니 보노의 발의로 「소니보노법」이 통과되어 저작자 사후 50년이 70년으로 연장되었다. 그 결과 미키마우스의 저작권 만료 시점은 2023년으로 늘어났다. 많은 이들이 이것이 결국 디즈니를 위한 법이라고 생각했고 「소니보노법」은 「미키마우스법」이라는 별명을 얻었다.

미키마우스를 비롯한 디즈니 캐릭터의 저작권이 갖는 경제적 가치는 막대하다. 《포브스_Forbes_》가 집계한 10대 수익 캐릭터에서 미키마우스는 항상 1~2위에 랭크되며 미키마우스를 포함한 주요 캐릭터로부터 디즈니가 벌어들이는 수익은 연간 100억 달러에 육박하는 것으로 알려져 있다. 이러한 중요한 수익원을 보호하는 데 몇십만 달러 정도의 로비 자금은 문제되지 않을 것이다. 디즈니의 이러한 행보를 모두가 긍정적으로 보는 것은 물론 아니다. 회사의 이익에 직결되는 법 개정을 막대한 로비 자금을 쏟아부으며 되풀이한 것에 대해 독선과 탐욕이라는 비난의 목소리도 적지 않았다.

2023년이 다가오자 연간 100억 달러를 가져다주는 캐릭터를 쉽게 포기할 리 없다는 점에서 많은 사람들이 디즈니가 다시 워싱턴을 움직일 것이라고 예상했다. 그러나 이번에는 디즈니가 움직이지 않았다. 디즈니는 아무런 로비 활동도 벌이지 않은 채 특허 만료를 순순히 받아들이기로 한 듯 보였다. 디즈니는 왜 저작권 연장을 포기한 것일까.

저작권을 무한정 연장하는 데 한계가 있다고 생각한 것일까? 물론 그럴 수도 있다. 저작권이 연장될 때마다 적지 않은 여론의 반발이 있었다. 과도한 저작권 보호가 예술가의 창작 의욕에 반드시 도움이 되지 않는다는 반론도 거셌다. 그러나 그러한 논란은 늘 있었던 것이며, 동시에 저작권 보호에 시한을 두지 말아야 한다는 옹호론도 역시 만만치 않게 존재하고 있었다. 물적 재산은 영원히 후손에게 상속되는 반면 지식재산권에 대해서만 시한을 두어 권한을 박탈하는 것은 정부의 자의적 개입이라는 비판이 바로 그것이다. 이러한 주장에 편승해서 미키마우스의 저작권을 영속화하려는 시도가 진행 중이라는 추측도 있었다. 이런 상황에서 디즈니가 저작권 연장을 순순히 포기한 것은 뜻밖이다.

과거 오랜 기간 저작권 연장은 대중의 예민한 관심사는 아니었다. 이 것은 문화 산업 내부의 이슈로 여겨졌고 산업 내 소수 오피니언 리더들이 좌지우지할 수 있는 사안이었다. 그러나 「소니보노법」이 통과된 후 20년 사이에 세상은 근본적으로 변했다. 인터넷, 유튜브, SNS 등 디지털 네트워크의 확산은 콘텐츠의 유통과 가치에 엄청난 영향을 미쳤다. 20세기 말까지도 콘텐츠의 생산과 소비는 어느 정도 분리된 영역이었다. 그러나 수많은 개인이 콘텐츠 크리에이터가 된 오늘날 저작권은 많은 사람들의 관심사가 되었다. 인터넷상에서 해적행위를 막자는 법, 즉 SOPAStop Online Piracy Act가 2012년 발의되어 거의 통과되려 할 때 온라인상에서 예상하지 못한 대규모 저항운동이 일어났다. 다양한 블로거와 유튜버들은 법안이 자신들의 수족을 옭아맬 수 있음을 직감했다. 이들에게 플랫폼을 제공하던 구글을 비롯한 수많은 사이트도 홈페이지를 닫거나 대문을 검게 칠하면서 일종의 온라인 연대파업으로 동조했다. 이것은 대중이 저작권의 일방적 보호조치에 저항할 수 있음을 보여 준 사건으로 이를 통해 SOPA는 무기한 보류되었다.

이 사건은 온라인 공간에서 대중의 힘을 보여 주었다. 콘텐츠의 생산

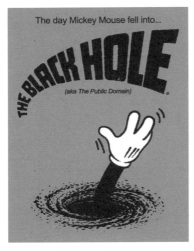

과 소비를 나누는 경계선은 흐려졌고 콘텐츠의 제작에 참여하는 대중은 기하급수적으로 늘어났다. 과거 디즈니 저작권과 무관하던 엄청난 수의 전 세계 네티즌이 잠재적 해적행위자가 되었다. 디즈니는 이러한 변화를 감지했다.

표현의 자유를 표방하는 국제 비영리 단체인 전자프런티어재단 Electronic Frontier Foundation의 변호사 다니엘 네이저Daniel Nazer는 "SOPA 투쟁 후 할리우드는 대중이 맞서 싸울 수 있음을 깨달은 것 같다."

공공 도메인으로 빠져 들어가는 미키마우스

자료: darkhorse_log, 2015.6.10., "「ミッキーマウス」の著作権を守るため、これまでどのような著作権法の変更が行われてきたのか？", Gigazine.

고 말한다. 하지만 그는 여전히 의구심을 표명한다. "대규모 콘텐츠 제작자들이 과연 패배의 가능성을 깨닫고 싸움을 포기할 만큼 현명해졌는지는 의심스럽다." 적어도 디즈니의 경우는 '싸움을 포기하는 지혜'를 발휘한 것으로 보인다. 그들은 이제 미키마우스 소유를 주장하지 않을 것이다. 2023년에는 미키마우스의 캐릭터를 누구나 자유롭게 사용할 수 있게 될 것으로 보인다.[5]

시대정신에 대한 감각과 법적 디테일에도 정통해야

디즈니는 20세기를 거치면서 강력한 로비를 통해 수차례 저작권을 연장시켜 엄청난 수혜를 입었다. 지금 이것을 포기한다는 것은 경제와 시장 규모로 볼 때 과거보다도 더욱 커다란 이익을 포기해야 함을 뜻한다. 그러나 디즈니는 시대정신을 읽은 것 같다. 환경의 변화를 예상하고, 과거에 큰 성공을 가져다준 전략을 과감히 포기한 것이다. 이는 법적 대응 전략을 설계하는 데 중요한 교훈을 준다. 법을 그대로 수동적으로 따르거나 또는 자신에게 유리한 방향으로 변형할 때 그 타당성을 결정하는 것은 시대정신이다. 정해진 답이 있는 것이 아니다. 세상이 어떻게 변하는지 사람과 제도가 어디를 향하고 있는지를 아는 것이야말로 전략의 방향 감각을 잃지 않는 방법이다.

물론 디즈니가 기존의 막대한 수익을 모조리 잃는 것은 아니다. 디즈니의 전략은 훨씬 더 정교하다. 미키마우스 캐릭터는 시대에 따라 여러 가지 버전이 있다. 2023년에 저작권이 해지되는 모델은 1928년 최초 공개된 〈증기선 윌리〉의 버전이다. 까만 몸뚱이에 흰자가 없는 까만 눈의 생쥐다. 그 이후 등장한 다양한 업그레이드된 버전에 대해서는 여전히 저작권이 유효하다. 또한 저작권과 상표권에는 차이가 있다. 별도 등록해서 획득한 상표

권으로 여전히 미키마우스의 상업적 이용을 제재할 수 있는 힘을 가진다. 이런 세부적인 법률 대응을 통해 저작권 해소로 인한 경제적 타격은 생각보다 크지 않을 것으로 보인다. 인터넷 시대를 맞아 그에 부응한다는 명분을 얻으면서 실질적인 이익에서는 크게 손실을 보지 않는, 영악하다고밖에 할 수 없는 노련한 대응이다.

이것은 콘텐츠 비즈니스의 강자로서 디즈니가 지식재산권에 대한 관리 역량을 꾸준히 축적해 왔음을 뜻한다. 법의 세부사항에 정통할뿐더러, 좀 더 높은 차원에서 시대정신의 변화를 조망하는 디즈니의 법률 전략은 오늘날 시사하는 바가 적지 않다. 해당하는 사업 분야에서 법과 제도가 어떤 방향을 지향할지를 감지하고 이를 바탕으로 전략을 구상해야 한다. 이는 변호사에게 물어서 해결할 일이 아니고 기업 경영자가 직접 고민해야 할 핵심 과제임이 분명하다.

제 3 장

로마든 아니든
로마법을 따르라

글로벌화 시대의 준법관리

기업의 글로벌화와 법적 리스크의 증가

오늘날 기업경영에서 글로벌화는 보편적인 추세라고 할 수 있다. 이러한 글로벌 경영의 확산은 준법관리에도 중대한 영향을 미친다. 가장 두드러진 현상이 국가마다 법이 달라서 기업 본사가 소재한 국가에서는 합법인 것이 진출한 타국에서 불법이 되는 경우다. 그런데 이것은 거꾸로 생각하면 기회가 되지 않을까? 즉, 어떤 전략이 국내법에 저촉될 때 그러한 법규가 없는 해외 지역으로 영업 기반을 옮겨 버리면 되지 않을까? 마치 세금이 없는 조세 천국을 찾아가듯, 규제가 없는 규제 천국을 찾아가는 것이다. 그러나 나쁜 소식은 법적 차이가 점점 줄어들뿐더러, 기업이 글로벌화하는 것

제1부 기회인가, 족쇄인가 — 21세기 기업과 법의 관계

처럼 규제도 글로벌화되어 가고 있다는 것이다. 영국의 록 밴드 주다스 프리스트Judas Prieset의 사례는 이 점을 잘 보여 준다.

사례 9 네바다 법원, 영국의 록 밴드 주다스 프리스트 기소

1985년 미국 네바다주에서 두 청년이 자살을 기도해서 한 명은 사망하고 한 명은 중태에 빠졌다. 유가족은 이들이 록 밴드 주다스 프리스트의 앨범 〈스테인드 글라스〉의 가사에 직접적으로 자극을 받아 이런 일을 저질렀다고 주장했다. 수록곡 중 일부가 '백마스킹', 즉 거꾸로 재생하면 특정한 메시지가 들리는 방식으로 녹음되어 청취자를 자극했다는 것이다. 네바다 법원은 바다 건너 영국에 있는 주다스 프리스트를 기소해서 법정에 세울 수 있었을까? 얼핏 비현실적인 이야기처럼 들리지만 이들은 결국 기소되어 1990년 네바다주 리노Reno의 법정에 섰다. 법원이 사법권을 주장한 이유는 명확했다. 주다스 프리스트는 "의식적으로 그리고 의도적으로 세계 시장을 대상으로 활동하고 있다"는 것이다. 재판 결과는 결국 이들의 무죄로 종결됐지만 이 밴드는 물론 하드록계 전체가 상당한 이미지 손상을 입고 말았다.[1]

이 사례는 기업 준법관리에서 이제 "로마에서는 로마법을 따르라"라는 금언만으로는 부족함을 보여 준다. 주다스 프리스트가 전 세계 음악 팬을 대상으로 음악 활동을 했던 것이 근거가 되었던 것처럼 오늘날 기

재판 중 잠시 휴식하는 주다스 프리스트 멤버들

자료: 2020.4.22., "How a suicide pact was almost the end of Judas Priest", *Metal Hammer.*

업을 제약하는 법률은 해당 국가에 소재하는 기업만이 아니라, 해당 국가 시장에서 상품을 판매하는 모든 기업을 대상으로 확장되는 추세다. EU에 상품을 수출하면 EU 법률을, 미국에 수출하면 미국 법률을 적용받는다.

"로마에서는 로마법"이라는 금언대로라면 "로마법을 따르기 싫으면 로마를 떠나라"라고 말할 수 있다. 그러나 기업의 활동 무대가 글로벌로 확장되면서 이렇게 말하는 것이 더욱 정확할 것이다.

"로마든 아니든 로마법을 따르라."

미국과 유럽은 뿌리를 같이하는 서구이면서도 사회, 문화, 제도상의 차이가 작지 않다. 특히 법의 철학이나 해석상의 차이가 엄존하는데, 여기서는 미국과 프랑스 사이에서 벌어진 불공정경쟁 행위에 대한 해석 차이를 다뤄 본다.

사례 10 　코카콜라의 경쟁적 교차 쿠폰 발행

코카콜라는 콜라 원액을 각 지역에 보내고 이를 병에 담고 유통하는 것은 각 지역 기업에 맡긴다. 이러한 지역 기업을 보틀러Bottler라고 한다. 페르노리카Pernod Ricard라는 회사는 원래 프랑스 지역의 코카콜라 보틀러였다. 그러나 양사의 신뢰가 깨지면서 코카콜라는 페르노리카와의 계약을 파기하고 보틀러를 변경했다. 파트너로부터 일방적 해지 통보를 받은 페르노리카는 독자적인 콜라 생산을 시도했으나 코카콜라의 상대가 되지 못했다. 이에 페르노리카는 방향을 전환해서 오렌지 향 탄산음료인 오랑지나Orangina를 인수하고, 더 나아가 코카콜라의 경쟁업체인 펩시의 보틀러가 되었다. 사건이 벌어진 1997년 당시 프랑스 소프트드링크 시장은 코카콜라, 오랑지나, 펩시가 1, 2, 3위를 차지하고 있었는데 페르노리카는 2, 3위 브랜드를 통해 코카콜라를 추격하게 된 것이다. 한때 파트너였던 두 회사는 최대의 숙적이 되어 치열한 경쟁을 벌였다.

문제의 발단은 바코드 스캐닝 기술의 도입이었다. 코카콜라의 마케팅

대행사인 카탈리나는 소속 매장에 스캐너를 통해 매출정보를 확인할 수 있는 시스템을 도입했다. 코카콜라는 이 기술을 경쟁 제품인 오랑지나를 공격하는 데 사용할 수 있으리라 생각했다. 카탈리나는 프랑스의 대형 유통업체인 카지노와 제휴해서 이른바 '경쟁적 교차 쿠폰'을 발행하기로 한다. 쉽게 말해 경쟁사 제품, 즉 펩시나 오랑지나를 구매하는 고객에게 코카콜라 할인권을 제공하는 것이다.

쿠폰은 고객의 성향에 따라 할인 혜택을 제공하는 것으로 효과적인 마케팅 수단으로 알려져 있다. 무차별적으로 모든 고객에게 할인권을 살포하는 것은 비효율적이다. 그러나 소비 성향이 높은 고객을 타기팅할 수 있다면 훨씬 바람직할 것이다. 바로 그런 점에서 경쟁 제품에 대한 교차 쿠폰은 매력적인 수단이었다. 펩시를 사려는 고객에게 코카콜라 할인 쿠폰을 주면 어떻게 될까. 펩시를 마시는 사람은 코카콜라를 마실 가능성도 높다. 두 제품의 품질 차이가 매우 크지 않다면 — 사람에 따라 취향이 다르긴 하지만 — 약간의 가격 인하로도 고객 유인 효과가 클 것은 분명하다.

문제는 이것이 불공정경쟁 행위인가이다. 까다로운 문제다. 경쟁 제품을 구매하는 소비자에게 자사 제품에 대한 할인 쿠폰을 부여하는 것은 공정한 거래인가 아닌가? 이것은 미국에서는 전혀 문제가 되지 않는 관행이었다. 경쟁사의 고객에게 접근해서 할인을 제안하는 것은 경쟁사에는 무척 거슬리는 일이겠지만 이는 그저 경쟁의 일환이라는 것이다.

미국은 전통적으로 기업의 행위를 판단할 때 그것이 경쟁을 촉진하는가 제한하는가만을 문제 삼는다. 다소 정상적이지 않거나 편법처럼 보이더라도 그것이 경쟁을 촉진해서 결과적으로 소비자에게 이익을 준다면 문제될 것이 없다.

유럽의 법제는 접근이 다르다. 경쟁하더라도 공정하게 경쟁해야 한다는 것이다.[2] 물론 카탈리나는 전적으로 오랑지나와 펩시만을 타깃으로 하지는 않았다. 그 대신 프랑스 소프트드링크 제품 18종의 구매자 모두에게 쿠폰을 발행했다. 경쟁사를 공격하려는 의도를 희석하려는 시도로 보이지만, 그 타깃이 2위와 3위인 오랑지나와 펩시를 조준하고 있다는 것은 쉽게 짐작할 수 있었다. 페르노리카는 이 교차 쿠폰이 치사하고 비겁한 술책이라고 비난하며 소송을 제기했다.

프랑스는 자유 시장보다는 중상주의 전통이 강한 나라이므로 소비자만 좋으면 좋다는 미국의 실용적 철학보다는 상거래 자체의 공정성을 강조하는 경향이 있었다. 마르세유에서 진행된 1심 재판에서 법정은 오랑지나의 손을 들어 주었다. 코카콜라가 오랑지나가 노력을 기울여 확보한 고객을 타깃으로 했다는 점에서 건전한 경쟁을 했다고 볼 수 없다는 것이었다. 그러나 엑상프로방스 고등법원에서 벌어진 2심에서는 판결이 뒤집혔다. 앞에서 언급한 대로 코카콜라는 오랑지나를 타깃으로 하지 않고 시중에 나온 모든 소프트드링크 제품 구매자에게 할인 쿠폰을 발행했다. 즉, 소비자는 오랑지나의 구매와 쿠폰 발행을 직접적으로 인식하기 어렵기 때문에 코카콜라가 경쟁업체에 기생한다는 결론을 내릴 수 없다는 것이었다.

삼세판, 결국 소송은 프랑스 대법원까지 올라갔다. 그리고 대법원은 결국 프랑스 「민법」 제1382조, "타인에게 손해를 야기한 자의 행위에 대해서는 … 그 발생에 대하여 귀책사유가 있는 자가 손해를 배상할 책임이 있다"에 의거해서 최종적으로 페르노리카의 승리를 선언했다. 즉, 코카콜라의 경쟁적 교차 쿠폰은 경쟁업체의 노력에 기생해서 그 결과를 탈취하려는 비신사적 경쟁행위로 규정된 것이다.

그러나 경쟁적 교차 쿠폰은 미국적 사고에서는 전혀 문제될 것이 없었을뿐더러 프랑스에서도 명문화된 금지 조항은 없었다. 경쟁사인 페르노리카가 이에 대해 소송을 제기함으로써 비로소 문제가 되었다. 대법원까지 올라갈 정도로 치열한 법정 다툼을 벌였다는 것이 이 문제의 미묘함을 보여 준다. 코카콜라가 프랑스의 법률을 면밀하게 검토했다고 해서 사전에 완벽하게 예방할 수 있는 일은 아니었다. 낯선 해외 시장에서 사업을 추진하다 보면 다양한 리스크에 직면할 수밖에 없지만, 그중에서도 법적 리스크는 치명적일 수 있다. 옳고 그름에 대한 윤리적 직관은 잠재의식에 뿌리를 내리고 있어 이국의 프레임워크와 만날 때 커다란 혼선을 빚는다. 이것은 글로벌 환경을 피할 수 없는 오늘날의 기업들이 풀어 가야 할 숙제다.

글로벌 법적 리스크에 대비하라

결국 프랑스에서 경쟁적 교차 쿠폰은 불법이 되었으며 코카콜라는 쿠폰 발행을 중단해야만 했다. 프랑스의 법을 잘 이해하지 못했기 때문이지만 그렇다고 진출국의 법률을 완벽하게 숙지하는 것만이 해결책은 아니다. 진출하는 여러 나라의 법과 해석의 경향까지 완벽하게 이해하는 것이 어려울뿐더러, 기술과 제도의 변화에 따라 모든 나라의 법이 변한다. 3년 전, 5년 전의 법 해석이 지금도 유지될지 장담할 수 없다.

글로벌 환경은 법적 리스크를 증폭시킨다. 특히 이국에서 법적 분쟁에 휘말리면 그 어려움은 가중된다. 외국에 진출한 기업은 그곳에서 이방인이다. 정착하고 적응하려면 지역사회와 어울리면서 좋은 인상을 줘야 한다. 법적 분쟁에 휘말리면 승패와 관계없이 말썽꾼의 이미지를 부각시킬 수 있고 평판이 훼손되며 당국과의 관계도 껄끄러워진다.

특히 영향력이 큰 대기업의 경우 정치·외교 상황과 미묘하게 얽힐 수도 있다. 최근 외교 관계에서 타국을 압박하는 효과적인 수단으로 활용되는 것이 자국에 진출해 있는 외국 기업을 선별적으로 규제하는 것이다. 정부는 직접적인 외교 충돌을 피하면서 경제적으로 타격을 입힐 수 있다는 점에서 이를 빈번히 사용하는 추세다. 이것은 법적 리스크에 정치·외교 리스크가 가중되는 것을 의미한다. 본국과 진출국 간에 외교 갈등이 빚어지는 경우 기업은 "고래 싸움에 새우 등 터지는" 곤란을 겪게 되는 일이 흔하다.

2021년 현재 세계는 미국-중국, 미국-EU 등 거대 선진 경제권 간의 무역 갈등을 겪고 있으며 이는 기업 활동에 커다란 부담을 주고 있다. 미국과 EU는 같은 서구이면서도 법에 대한 철학과 해석에 작지 않은 차이가 있어 갈등이 법적 문제로 비화될 가능성이 있다. 이것은 어제오늘의 일은 아니다. 특히 미국의 글로벌 기업이 유럽 시장을 공략하면서 유럽이 이들에 대해 엄격한 법의 잣대를 들이대는 사례가 늘어나고 있다. 미국의 정치인들은 경쟁력 측면에서 수세에 몰린 유럽이 이를 견제하기 위해 법을 활용한다는 의구심을 표현하기도 한다.

이러한 갈등으로 인해 경영전략상의 큰 타격을 입은 대표적인 사례가 있다. 쿠폰 발행과 같은 일상적 마케팅 활동이 아니었다. 그것은 한 시대를 이끈 경영자 잭 웰치_{Jack Welch}의 마지막 임무를 실패로 장식한 큰 사건이었다.

인수·합병의 경우 시장 경쟁 구도에 큰 변화를 일으키기 때문에, 이는 불공정거래 규제의 중요한 이슈가 될 수밖에 없다. 인수·합병의 불공정성을 판정하는 관건은 인수·합병이 경쟁을 제한하느냐 아니냐이다. 동일 업종 내에서 합병으로 탄생한 회사의 규모나 비중이 너무 크면 문제가 된다. 서로 업종이 다른 경우는 어떻게 될까? 영미권에서는 이런 경우를 '콩글로머리트 합병conglomerate merger'이라고 한다. 업종이 다른 회사끼리 합병을 한다면 각 시장 내에서의 비중에는 변동이 없을 것이다. 즉, 시장 내 비중이라는 기준만으로 본다면 별문제가 없는 셈이다. 하지만 업종이 다르더라도 합치는 두 회사의 위상이나 영향력이 경쟁에 영향을 줄 수 있다.

GE는 비행기 엔진을 만들고 허니웰Honeywell은 항행 및 통신 장비, 착륙 기어 등 비행기 관련 제품을 만드는 업체였다. 즉, 두 회사는 서로 밀접한 보완 관계를 맺고 있었다. 보완재를 생산하는 두 기업의 합병을 승인해야 하는가, 하지 말아야 하는가? 이것이 문제였다.

GE가 허니웰과의 합병을 추진한 것은 양사의 사업이 커다란 시너지를 창출할 것으로 기대했기 때문이다. 문제는 이것이 합병 회사에 좋은 만큼 다른 이해관계자들에게도 좋을 것인가였다.

두 회사의 제품은 서로 보완 관계에 있었다. 그런데 이런 경우 합병

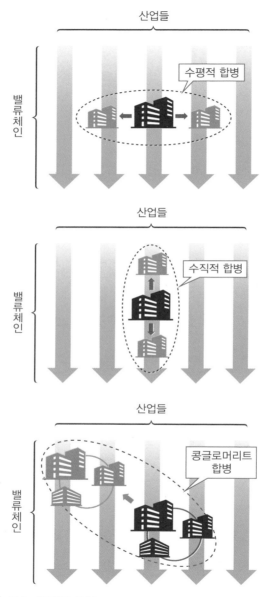

| 인수·합병의 유형

　　　　　　　제1부　기회인가, 족쇄인가 — 21세기 기업과 법의 관계

효과에 대한 이론적 연구가 있다. 바로 프랑스 경제학자 쿠르노A. Cournot가 제시한 쿠르노 효과이다. 쿠르노는 보완재를 생산하는 두 독점 기업이 합병할 경우 이들이 만들어 내는 결합 상품은 합병 전 두 상품의 가격을 합한 것보다 낮은 가격을 가질 것으로 예측했다. 즉, 두 회사의 합병은 소비자의 후생을 증진시킨다는 것이다.

두 회사가 분리되어 있을 때는 이들을 조율할 상위의 권위가 없으므로 서로 간의 협력이 원활하지 못하고 그 결과 각자 자기 스타일의 제품을 내놓기 때문에 소비자가 이들을 각각 구입해서 사용할 때 비효율이 발생한다. 그러나 이들이 합병해서 한 회사가 된 후 소비자의 편의성을 높인 결합 상품을 내놓으면 그것은 더 높은 가성비를 제공할 수 있다는 것이다.

이는 소비자 후생을 중시하는 미국적 사고에서는 설득력을 얻었다. 그러나 유럽적 시각이 여기에서도 파열음을 냈다. 유럽은 소비자를 유일한 판단 기준으로 생각하지 않는다. 유럽은 기업들도 고려 대상이 된다. 문제는 결합 상품이 등장할 때, 이것이 결합 상품을 갖지 못한 다른 생산자들에게 위협이 된다는 것이다. 엔진과 항법 장치가 잘 조율된 결합 상품이 시장에 나오면 엔진만 따로, 항법 장치만 따로 파는 업체들은 위협을 받게 된다. 이것을 문제 삼는가 아닌가는 근본적인 철학과 가치관의 문제였다. GE와 허니웰 합병에서는 이것이 결정적 요인으로 작용한다. 미국은 합병을 승인했으나 EU는 승인하지 않았다.

GE와 허니웰은 모두 미국 기업이다. 미국 기업끼리의 합병에 왜 EU가 끼어드는가? 산업에 영향을 미칠뿐더러, 두 기업은 모두 유럽 시장에서 판매를 하고 있었다. 영국 록 밴드 주다스 프리스트가 네바다주로 소환된 것과 똑같은 이치다. 회심의 프로젝트가 좌초된 GE는 물론이지만 미국의 조야도 들끓었다. 이에 대한 보복 조치로 미국이 EU에 강력한 보호주의 폭탄을 던져야 한다는 의견도 있었다. 2000년에 벌어진 이 사건은 미국 기업 간의 합병이 외국에 의해 좌절된 최초의 사례였다. 합병 심사가 진행되던 중 유럽을 방문한 조지 부시 당시 미 대통령은 EU 지도자들에게 특별히 원활한 진행을 부탁하기까지 했다. 그럼에도 두 회사의 합병은 최종적으로 좌절되었고, GE 회장이었던 잭 웰치는 은퇴 직전 커다란 실패를 맛봐야 했다.

로마든 아니든… 글로벌 차원의 규제 확산

미국과 EU의 규제 내용은 조문상으로는 그렇게까지 큰 차이가 없었다. 심지어 두 규제기관은 규제 심사 과정에서 의견을 교환하고 협의하기까지 했다. 잭 웰치는 미국에서 쉽게 승인을 얻어 합병의 성공을 의심하지 않았다. 그러나 이미 여러 번 강조했지만, 법조문은 법이 아니다. 비슷한 법조문이라도 현실에 적용할 때 전혀 다르게 해석될 수 있다. 유럽이 의도를 가지고 미국 기업을 견제한 것인가, 법리에 따라 심사를 한 것인가는 아마도 보는 사람에 따라 대답이 다를 것이다.

유럽 시장에서 기업 활동을 하고 돈을 버는 한, 어떤 나라의 기업이든 EU의 규제 대상이 된다. 많은 기업들의 밸류체인value chain이 글로벌 무대를 가로질러 만들어지고 있다. 오늘날 기업경영은 세계 시장 없이는 생각하기 어렵다. 밸류체인이 어느 나라를 통과하는 순간, 그 나라 법의 규제가 시작된다. 글로벌 기업의 생산기지인 제3세계 국가의 열악한 공장 상황은 곧바로 기업의 부당노동행위 시비로 이어진다. 마찬가지로 전 세계로 상품을 수출하는 한 세계 각국의 법적 규제를 감수하지 않으면 안 된다.

디지털 기술의 발달로 데이터의 중요성이 부각되면서 개인정보 보호에 관련한 EU의 강화된 규정이 미국의 IT 대기업들을 조준하고 있다. 2018년 5월 25일 EU는 GDPR, 즉 「일반 개인정보 보호 규제General Data Protection Regulation」를 발효했다. 이는 개인정보를 다루는 기업이 지켜야 할 표준화된 요건으로 전반적으로 과거보다 훨씬 더 엄격하게 정보처리 과정을 규제하고 있다. 데이터를 다루는 입장에서 모든 프로세스는 복잡하고 번거로워진다. EU는 이 규제의 적용 대상을 EU 거주자들의 데이터로만 국한했으나, 기업의 국적이 어디든, EU 거주자의 데이터를 다루는 한 이 규제에 구속될 수밖에 없다. 로마와 비즈니스를 하는 한, 로마가 아니라고 해도 로마법을 피해갈 수 없다.

법적 리스크의 글로벌화

미국 기업이 유럽에서 견제받는 일은 역사가 길다. 미국 본토에서는 문제가 되지 않았던 마이크로소프트의 윈도Windows 소프트웨어 끼워팔기는 2004년 EU 집행위원회의 반독점 위반 시정 명령이라는 철퇴를 맞았고, 지루한 항소 끝에 결국 2007년 5억 유로(약 6,500억 원)의 벌금을 부과받았다.

법적 위험의 글로벌화는 남의 나라 얘기가 아니다. 한국 기업들이 해외에서 피소당하고 유죄 판결을 받는 사례도 늘어나고 있다. 해외에서 특허 관련 피소 건수만 해도 2012년부터 5년간 1,300건을 넘고 있다. 이 외에도 가격담합 등 불공정거래 관련 피소도 늘어나고 있으며, 제3세계 국가의 경우에는 인권 침해, 노동법 위반 등의 법적 문제도 이슈로 떠오른다. 소송 건수만 늘어나는 것이 아니라 그에 따른 징벌 수위도 높아지고 있다. 미국의 반독점법 관련 법정형이 2004년에 조정되었는데, 법인의 경우 벌금 상한이 1천만 달러에서 1억 달러로 열 배 증가했으며,

개인의 경우 징벌 상한이 징역 3년에서 10년으로 세 배 이상 늘어났다.

특히 주목할 것은 미국이 단행한 「해외부패방지법Foreign Corrupt Practice Act, FCPA」이다. 이것은 미국과 전혀 무관한 외국 기업 임직원이 미국이 아닌 다른 나라 공무원에게 뇌물을 주었더라도 미국 통신망이나 미국 은행을 이용했을 경우 처벌할 수 있다는 것이다.[3] 2019년 11월 삼성중공업은 FCPA 위반 혐의로 약 890억 원의 벌금을 내기로 합의하고 기소를 모면했다.[4] 브라질 페트로브라스Petrobras에 시추선을 수주하는 과정에서 공여한 뇌물이 적발된 것이다. 뇌물을 수수한 페트로브라스의 경영자는 징역 12년을 선고받았다. 한국에도 「국제상거래에 있어서 외국공무원에 대한 뇌물방지법(약칭 국제뇌물방지법)」이 있지만 이 법이 실제 적용된 사례는 미미한 수준이다.[5] 글로벌 비즈니스에 대한 국내의 감시가 미온적인 동안 미국의 규제 칼날이 그 자리를 대신한 것이다.

미국과 같이 강력한 규제를 행사하는 국가와 달리 제3세계 개발도상국과 같이 법치가 덜 성숙한 나라에서는 상대적으로 규제가 덜하고 기업 활동이 자유로울 것이라고 생각해서는 곤란하다. 글로벌 사회에서는 국지적으로 해당 지역의 법만 지키면 되는 것이 아니다. 흔히 저임 노동력을 목적으로 개발도상국으로 진출한 경우 개발도상국의 노동법이나 기타 인권 관련 규정이 국내보다 미비하므로 사용자에게 더 유리한 노동 관행을 적용할 수 있다고 생각하기 쉽지만 오늘날에는 이조차도 상당한 제약이 따른다. 우선 국제적 합의, 특히 ILO 등에 의한 권고 규칙 등이 의외로 강한 효력을 발휘하며 적용되는 경우가 많다. 이러한 국제적 기준이 실정법만큼의 효력을 발휘하지 못한다고 해서 이를 무시할 경우 기업의 이미지 및 평판이 실추될 가능성이 높다.

국내 기업의 노사 관계 제3자 개입 관련 규정은 좋은 예다. 한국 노동법의 경우 제3자 개입을 상대적으로 엄격하게 규제하는 반면 ILO 기준에서는 상당히 넓은 범위에서 이를 인정하고 있다. 개발도상국 진출 기업 중에는 그 지역의 NGO나 상위 노조가 노사 관계에 개입할 경우 국내에서 하듯이 이들을 대화상대로 인정하지 않다가 소송에 휘말리고 결국 지역사회에서 반노동 이미지로 낙인 찍힌 경우가 많다.

어느 나라에서 재판할 것인가⋯ 국제 재판 관할권

미국의 FCPA는 자국과 관련된 외국 기업들을 규제하기 위한 법적 장치다. 외국 기업은 각자의 모국 법률에 구속받는다. 이웃 동네에 놀러 간

우리 집 아이가 물의를 일으켜 동네 사람들에게 벌을 받는다면 어떻게 해야 할까. 또는 이웃 동네 아이가 우리 동네에서 말썽을 일으켰을 때, 이웃 동네 어른들이 와서 아이를 그냥 데려가려고 한다면 어떻게 해야 할까. 이것이 '국제 재판 관할권'의 문제다. 이웃 동네 아이에게 우리 동네 법을 적용하는 것을 '국내법의 역외 적용'이라고 한다.

미국은 FCPA를 통해 강력한 역외 적용을 구현하고 있는데, 미국이 부패를 막으려고 세계 경찰 역할을 한다는 시각과 강대국 미국이 주변국 기업들로부터 수익을 거두는 횡포라는 시각이 공존한다. 역외 적용은 선진국만이 누릴 수 있는 권리는 아니다. 이제는 한국도 국력이나 법치의 수준이 높아졌으므로 역외 규정의 필요성도 높아졌다. 한국 역시 「국제사법」이라는 법률을 통해 국제 재판 관할권에 대한 규정을 두고 있으며 중요한 판례가 속속 등장하고 있다.

사례 12   '실질적 관련성'의 확립, 나우정밀 사건

해외 시장에 상품을 수출하는 것만으로 대상 국가 법률의 제재를 받을 수 있는 세상이다. 그러나 이러한 역외 적용이 무제한으로 이루어져서는 안 되므로 기준이 필요한데, 한국에서 이에 대한 성문법 조항은 오랫동안 존재하지 않았다. 이에 대한 기준이 최초로 마련된 것은 1995년의 한 판례였는데, 수출 주도 경제의 성격을 지닌 한국으로서는 늦은 감이 없지 않다.

1986년 미국으로 무선전화기를 수출하던 나우정밀은 최종 소비자가 플로리다주 법원에 제기한 제조물 책임 소송에 연루되었다. 플로리다주 법원은 나우정밀을 피고로 한 재판에서 원고의 주장을 대체로 인정하는 판결을 했고 한국 법원에 결과의 집행을 요구했다. 법원은 이를 검토하는 과정에서 국제 재판 관할에 대한 중요한 기준을 수립했는데, 이는 성문법 국가인 한국에서 판례를 통해 법을 확립한 흔치 않은 사례이다.

앞에서 주다스 프리스트가 네바다주 법정에 소환된 사례도 보았지만 미국과 영국은 영미권으로 언어라도 같다. 한국 기업이 다른 언어를 사용하는 미국 법정에서 재판을 받는다는 것은 보통 일이 아니다. 재판을 잘 받는 문제를 떠나 미국에서 소송에 대응한다는 것 자체가 시간과 비용만으로도 크게 부담스러운 일이다.

나우정밀 사건에서 한국 법원은 결국 이 재판의 관할권이 미국이 아니라 한국에 있다고 판결하고 이를 「국제사법」 제2조로 성문화했다. 여기서 법원이 제시한 기준이 '실질적 관련성'인데, 이는 소송의 당사자와 분쟁 대상이 어느 나라와 더 깊게 관련되어 있느냐를 뜻한다. 단순히 회사 본사의 소재지나 경영자의 국적이 문제가 아니라 벌어진 사건의 무대가 어딘가이다. 이 경우 무선전화기의 제조는 한국에서, 판매는 미국에서 이루어졌으므로 애매함이 있다. 법원은 소비자의 불만이 제조 과정에 기인한 것인지, 양심적 제조업자라면 소비자에게 문제가 될 수 있으리라고 예견할 수 있는지를 물었다. 그러나 제품의 하자가 유통 단계로 넘어간 뒤의 광고, 유통업자가 직접 고안한 디자인, 판매 조건 등에 의해 일어난 것이라면 제조업자로서는 이로 인한 소비자의 불만을 예견하기 곤란할 것이다. 바로 이 점에 주목해서 이 사안은 플로리다주와 제조업자인 나우정밀과의 '실질적 관련성'을 인정할 수 없다고 판단, 재판관할권을 한국이 가져야 한다고 결론 내렸다. 이제 한국 제품 소비자가 제조물 책임을 물려면, 한국 법원에 소송을 제기해야 한다.

<hr />

'실질적 관련성'이란 한국 정부가 국내 기업을 보호하기 위한 기준이 아니다. 역으로 아무리 한국에 소재한 국내 기업이나 내국인이라도 분쟁 사안이 외국을 무대로 한 것이 인정된다면 국내법의 테두리 안으로 들어올 수 없다. 중국에서 분쟁을 일으킨 개인이 이를 피하려고 한국으로 돌아온 경우도 분쟁이 대부분 중국에서 일어났고 관련 증거들도 모두 중국에 있다면 중국 법원에서 재판받아야 한다고 결정된 판례도 있다.[6] 여기서 중요한 것이 '예견 가능성'이다. 지금 자신의 활동이 외국에서 문제를 일으킬 가능성이 있다고 내다볼 수 있었다면 — 실제로 예견을 했는

가 아닌가의 문제가 아니다—관할권은 외국으로 넘어가게 된다.

또한 이 개념은 한국에서 분쟁을 일으킨 외국 기업을 국내법으로 심판할 수 있는 근거도 된다. 즉, 우리와 맞지 않는 해외법을 방패로 한국사회에 피해를 주는 외국 기업(또는 외국인)을 국내법에 의거해 처벌할 수 있다.

사례 13 중국국제항공공사 추락 사건 재판[7]

2002년 김해공항 인근에서 중국 민항사인 중국국제항공공사의 여객기가 추락해서 129명이 사망했다. 여객기의 승무원이었던 딸을 잃은 라모 씨는 항공사를 상대로 손해배상청구 소송을 국내 법원에 제기했으나 1, 2심에서 이 소송의 재판 관할권을 한국으로 볼 수 없다는 판결을 받았다. 항공 사건이 한국에서 발생한 것은 우연이므로 사고의 본질과 처리가 중국 내에서 일어난 사고와 다를 바가 없으며, 또한 사망 승무원의 도착지가 한국이라는 이유만으로 이 재판을 한국에서 해야 할 이유를 인정하기 어렵다는 것이다.

그러나 대법원은 이 결정을 뒤집었다. 대법원은 "이 항공사의 영업소가 한국에 존재하고 한국에 취항하여 영업을 하고 있으며 영업 활동을 하고 있는 한국에 자사의 항공기가 추락함으로써 충분히 한국의 법원을 통한 제소를 예견할 수 있다."고 판시하여 한국의 관할권을 인정했다. 유족 보상에 소극적인 항공사와의 법적 분쟁은 오랜 시간을 거쳐 유족 일부 승소로 마무리되었다. 보상을 회피하려는 항공사의 태도, 약관조차 제대로 갖추지 않은 관리 실태와 아울러 중국의 사법 제도 등을 고려할 때 한국에서 재판받으려고 한 유족의 입장이 어느 정도 이해가 된다. 소송을 제기한 라 모 씨는 중국인으로서 한국인도 아니었다.

2심까지도 중국의 관할권을 인정했던 것을 보면 '실질적 관련성'이란 기준이 현실에서는 그리 명쾌하지 않은, 논란의 여지를 지니고 있음을 알 수 있다. 법적 규제의 강도는 국가마다 다르다. 앞으로 기업과 관련된 소송에서 관할권 문제는 첨예한 이슈가 될 가능성이 높아 보인다.

철저하게 국내 시장에만 안주하겠다는 자세가 아니라면 이제 "로마에 가면 로마법을 따른다"는 지역적 민감성보다는 어느 지역에 가든 보편적으로 적용될 만한 최대한의 법규를 솔선해서 지키려는 태도가 필요하다. 전 세계를 대상으로 경영을 할 경우 세계 모든 법이 기업을 규제하며, 모든 정부가 기업의 규제자가 될 수 있음을 명심해야 한다. 시장이든 원자재든 기업 활동이 연루된 이상 해당 지역의 법규를 회피할 수 없다. 지금 당장은 국가 간 법적 차이가 기회처럼 보일지라도 규제 천국을 찾아다니는 행위는 결코 지속가능한 글로벌 경영전략이 될 수 없다.

국제법을 보완하는 글로벌 기업들의 자발적 규범

앞에서 살펴본 바와 같이 법제의 수준이 국가마다 다르고 이것이 상당 기간 그대로 유지된다면, 규제가 약한 지역으로 경영의 무대를 옮기려는 시도가 나타날 수 있다. 일부 기업들이 법의 차이를 악의적으로 활용함으로써 비판을 초래한 사례가 많다. 대표적인 것이 다국적 기업들이 개발도상국의 열악한 노동 상황을 이용해 제품의 원가를 낮추고 이익을 높이는 방식이다. 선진국과는 비교가 되지 않는 저임금으로 장시간 노동을 하는 이러한 공장들을 'sweatshop착취공장'이라고 부른다. 1992년 NGO 활동가인 제프리 밸린저는 나이키의 성장이 제3세계의 저임금 덕분이라고 폭로했다. 인도네시아의 나이키 공장에서 일하는 소녀 사디샤는 시간당 14센트의 임금을 받았다. 당시 미국 시급 6.94달러와 비교하면 50분의 1에 해당한다.[8] 나이키는 이러한 저임금을 활용해서 막대한 이익을 올리며 고속 성장했다는 비난을 피할 수 없었다.

국제법이 점차 발전하고 있기는 하지만, 국가라는 단위를 벗어나면 여전히 강력하고 일관성 있는 법적 규범을 적용하기가 만만치 않다. 노동법이 미비한 제3세계를 노린 다국적 기업의 행위를 제재하기가 쉽지 않다. 국제노동기구International Labor Organization, ILO라는 국제기구가 있지만 개발도상국 노동자를 보호하기 위한

개발도상국 공장의 노동자 착취를 풍자한 만화

자료: John Miller & Lucy Parker, 2013, *Everybody's Business: The Unlikely Story Of How Big Business Can Fix The World*, Biteback Publishing, p.13.

강력한 규범을 제정하고 실행하는 데 한계가 있다. 이에 덧붙여 무역에 미치는 영향을 고려해야 한다는 또 하나의 미묘한 문제가 있다.

노동 규제는 경쟁력이 취약한 개발도상국에는 비용 부담을 의미한다. 선진국 수준의 근로 조건을 보장하면 곧바로 수출품의 단가가 인상되어 수출경쟁력이 저하된다. 이는 국제무역이라는 게임에서 선진국이 개발도상국의 핸디캡을 인정하지 않고 공정성의 명분 아래 보호 무역 정책을 추구하는 것과 같다. 과도한 노동 규제가 자유 무역에 위협이 되는 것이다. 이 때문에 기본적

| UN 글로벌콤팩트 20주년 홍보 디자인

으로 개발도상국에 대한 노동 관련 규제는 '권고'에 그치고 각국의 자율적 판단을 존중하는 방식으로 적용된다.

그러나 예외가 있다. 국제노동기구는 네 가지 분야, ① 노동자의 교섭권과 조직권, ② 강제노동으로부터의 자유, ③ 아동착취로부터의 자유, ④ 기회의 균등을 핵심 규제로 정하고 이를 유엔의 글로벌콤팩트라는 자발적 이니셔티브에 포함시켰다.

글로벌콤팩트란 강제성을 띤 국제법이 아니라 전 세계 기업들이 자발적으로 참여하고 실천하는 운동이다. 전 세계 1만 1천 기업이 회원으로 참여하고 있다.[9] 국제법으로 강제하기 어려운 사항을 기업 자체의 노력과 상호 규율에 따라 접근하는 것은 바람직해 보인다.[10]

사례 14　순응compliance에서 협력collaboration으로
─아디다스 커넥션[11]

오스트레일리아 경영학자 스티븐 프렌켈은 제3세계 국가 생산기지를 다수 갖고 있는 다국적 기업 아디다스의 사례를 분석했다. 그는 '알파'와 '베타'라는 두 익명의 해외 사업장을 비교해서 규범의 준수와 경영전략 간에 중요한 관계가 있음을 밝혀냈다. 두 사업장은 외적인 조건에서는 비슷했으나 접근한 전략은 완전히 달랐다.

사업장 베타의 경우 국제노동기구의 규정들을 어쩔 수 없이 순응해야할 외적 규제로 받아들였다. 규정들은 내부적으로 또 외부 감사인에 의해 감시되었으며, 사업장은 이를 어기지 않으려고 성실하게 노력했다. 그러나 그 노력은 회사 본연의 업무, 품질 개선이나 경쟁력 강화 등과는 연계되지 않는 별도 업무였다. 요구된 조건들은 하나하나 지켜야 할 독립적인 규정이었으며 규정 간의 연관성이나 시너지는 고려되지 않았다. 규정을 준수했음이 승인되는 순간 상황은 종료되고 관심은 멈췄다. 쉽게 말하자면 본업과는 무관한 귀찮은 부수 과제가 하나 더 주어진 것에 불과했다.

그러나 사업장 알파는 달랐다. 알파는 경영전략과 노동자 보호를 연계했다. 노동자의 안전과 근로 조건 향상은 사업장이 추구하는 생산성 및 품질 향상 노력과 연결되어 있었다. 사고 감소나 복지 개선이 실제로 효율 향상 및 품질 개선으로 이어진다는 경험을 조직원들이 공유했다. 그 결과 국제적 규범은 감사 시기가 되면 부랴부랴 체크해야 하는 부수적 의무가 아니라 일상적인 경영 활동의 일부가 되었다. 또한 규범을 준수하는 것이 아니라 근로 조건, 작업 환경, 직장 내 공정성 등 다양한 변수들이 지속적으로 개선되어야 할 항목으로 자연스럽게 인식됐다. 사람들은 이런 문제에 대해 의견을 교환하고 함께 해결책을 찾기도 했다.

이렇게 협력적 분위기가 조성될 수 있었던 것은 사업장 알파가 꾸준히 혁신을 시도해 왔다는 배경도 작용한 것으로 보인다. 알파는 품질은 유지하면서 단위생산비용을 줄이기 위해 '린Lean 생산체제'를 도입했는데, 이는 라인 작업자에게 더 많은 자율권과 책임을 부여하는 방식으로 진행된다. 이러한 시도가 성과를 거두면서 직원들의 조직 몰입이나 직무 만족에도 긍정적 영향이 있었을 것으로 추측된다. 이것은 전반적으로 직원들의 참여의식을 높이고 회사 내 상하 간 동료 간 의사소통을 활성화시켰을 것이다.[12] ●

이 사례가 보여 주는 것은 강화되는 규제와 규범은 단기적으로 기업에 커다란 제약 조건과 비용 요인으로 다가오지만, 이것

● 법적 규제에 대한 대응을 전략과 연계시키는 방안에 대해서는 제9장 〈근로자와 더불어 발전하는 기업〉 중 〈사례 46〉 링컨 일렉트릭의 고용 전략에서 다시 살펴본다.

을 적극적으로 포용하고 전략 실행에 연계시킬 경우 오히려 경쟁력을 향상할 기회가 될 수 있다는 것이다. 법을 준수하고 순응하는 수동적 자세로만은 이러한 기회를 포착할 수 없다. 플러스 알파가 필요하다.

글로벌 감각을 키워야

글로벌화를 통해 낮은 임금, 풍부한 자원, 유리한 입지 등등 더 나은 경영 환경을 찾아가는 것을 글로벌 최적화라고 한다. 어떤 면에서는 느슨한 법이나 규제 환경이 '기업하기 좋은 환경'의 하나일 수 있다. 그러나 기업이 글로벌 최적화를 추구하는 것과 동시에 정부 및 사회의 기업에 대한 기대 수준과 요구도 높아졌으며, 법제의 글로벌화도 함께 진행되었다. 이에 따라 국가 간 법제의 차이는 점점 줄어드는 추세이며, 설령 법적 환경의 차이가 있다고 해도, 기업의 국적이나 진출 지역과 무관하게 가장 강한 법규가 효력을 발휘하는 상황이 자주 발생하고 있다. 외교 관계에서 어떤 나라가 다른 나라와 조약을 맺을 때, 그 조약 내용 중 지금까지 다른 나라에 부여한 대우 중 최고의 대우를 그 나라에 부여하는 것을 최혜국 대우most favored nation treatment, MFN라고 한다. 기업의 입장에서 보면 현재의 기업 규제법은 어떤 나라의 법이라도 기업에 가장 적대적인 내용을 적용하는 정반대의 대우라고 볼멘소리를 할 만하다.

더구나 법의 해석에는 어느 정도 융통성 또는 자의성이 있으므로 외국 기업에 법 적용을 할 때는 그 의도의 순수성에 의문이 제기되기도 한다. GE-허니웰 합병 불허에 대해서도 미국의 정치인들은 유럽이 미국 기업에 딴지를 건 것으로 노골적으로 비난했으며, 「일반 개인정보 보호 규제GDPR」 역시 미국 IT 플랫폼에 안방을 내준 유럽이 이들을 길들이려 한다는 의혹의 시각이 존재한다. 우리 기업들이 미국에서 몇 년간 1천 건이 넘는 특허 침해 소송을 당한 것도 기업의 부주의 때문만이 아니라 IT 산업에서 한국의 빠른 부상을 제어하려는 의도로 보는 견해도 있다.

한 가지 분명한 것은 법적 리스크의 글로벌화가 기업에 커다란 부담으로 다가온다는 것이다. 그러나 불평만으로는 아무 소용이 없다. 기업은 이에 능동적으로 대응해야만 한다. 사고를 적극적으로 전환할 필요가 있다. 법제의 글로벌화는 커다란 위협이지만, 이는 글로벌화를 추구하는 모든 기업에 동일한 사항이다. 따라서 사전 준비를 철저히 하고 예방책을 마련한다면, 이 점에 소홀한 다른 기업 대비 경쟁우위를 잡을 수 있는 기회가 된다. 기술과 품질로 경쟁우위를 잡기가 날이 갈수록 치열해진다. 이런 상황에서 법적 리스크는 의외의 승부처가 될 수 있다.

많은 경영자들이 법적 리스크를 골치 아픈 일, 비용 요소, 경영과는 무관하며 변호사에게 맡겨야 하는 일로 생각한다. 그러나 경영자가 글로벌 법제의 동향과 진출국 규제 환경에 관심을 갖고 다른 기업보다 한발 앞서 대응한다면, 엄청난 연구개발, 마케팅, 제조 혁신으로도 달성하지 못할 승기를 포착할 수 있음을 명심해야 할 것이다.

글로벌 법제 환경과 국제정세

법이 글로벌화할 때 모든 것이 하나로 수렴되는 것은 아니다. 보편적인 입법, 즉 인권, 환경 보호, 소비자 보호 등에서는 수렴의 성향이 뚜렷하다. 그러나 국제정세 문제, 특히 국가 간 갈등이 법에 미치는 영향은 또 다른 이야기다. 이 문제는 글로벌 플랫폼 기업인 구글과 중국 정부 간의 긴장 관계에서 잘 드러난다.

사례 15 구글차이나의 중국 철수

구글은 세계를 지배하는 플랫폼 기업이지만 세계에서 가장 인구가 많은 중국 시장에서는 자리를 잡지 못하고 있다. 2010년 구글은 중국에서

미 하원의원 톰 랜토스

자료: Kara Swisher, 2010.1.13., "Does it matter why Google did it? The real point is China's appalling internet behavior", All Things.

철수하고 홍콩에 둥지를 틀었다. 2006년 처음 중국에 진출한 구글차이나는 중국 정부의 인터넷 검열 정책을 수용했다. '천안문 사태'와 같은 단어는 검색되지 않았고 정부에 대한 비판적인 기사들도 마찬가지였다.

홀로코스트의 생존자이기도 한 미국의 하원의원 톰 랜토스는 2006년 2월 구글의 이러한 타협적 행보를 통렬하게 비판했다. 표현과 언론의 자유를 짓밟는 중국의 정책을 아무런 비판 없이 수용할 수는 없다는 것이었다. "사악해지지 말라Don't be Evil"라는 슬로건을 내세우고 있던 구글로서는 난감한 상황이었다. 구글은 해명에 나섰다. 적어도 구글차이나 사이트에서는 검열 대상 콘텐츠를 무조건 보여 주지 않는 것이 아니라, "검열 때문에 접근할 수 없다"는 메시지를 띄운다는 것이다. 구글은 인터넷 기술이 장기적으로 사회를 개방하고 민주화한다는 점에서 이러한 타협이 의미가 있다고 주장했다. 자신의 고매한 슬로건을 의식해서, 두 개의 악 중에서 덜 나쁜 악lesser of two evils을 선택한 것이라는 옹색한 변명까지 덧붙였다.

중국에서 줄타기하는 구글의 풍자화

자료: Dipayan Ghosh, 2018.10.16., "The tightrope Google has to walk in China", *Harvard Business Review*.

중국 당국은 항변한다. 세계의 어느 국가라도 특정 사이트를 차단한다는 것이다. 일종의 문화상대주의 논법이다. 프랑스는 아동 포르노와 나치 관련 사이트를, 미국은 테러 관련 사이트를 차단한다. 어떤 나라든 자신들이 부적절하다고 생각하는 콘텐츠에 국민들이 접근하지 못하도록 규제할 권리가 있다.

구글은 중국의 규제에 따르자니 미국과 서방 세계 여론의 비판을 받고, 서구화된 가치 기준에 따라 사업을 하자니 중국 정부로부터 철퇴를 맞는 딜레마에 빠졌다. 결국 2010년 구글은 더는 자체 검열을 할 수 없다며 중국에서 철수, 홍콩으로 옮겼다. 홍콩을 통한 우회 검색은 가능하지만 여전히 기존의 금지 단어는 검색되지 않는다. 검열하지 않는다는 명분을 지키고 중국 시장도 포기할 수 없는 구글의 궁여지책으로 보인다.

___

글로벌 무대는 이제 하나의 옵션이 아니라 반드시 고려해야 하는 필수 조건이 되었다. 산 설고 물 선 해외 시장의 어려움은 이미 잘 알려져 있다. 그러나 법에 관한 글로벌 리스크는 독특한 성질이 있다. 그것은 법이 글로벌 차원에서 수렴하고 있다는 것이다. 나라마다 제각각 다른 법규로 인한 어려움이 감소하고 있다는 것일까. 그렇게만 보기 어려운 것은 수렴의 방향이 대부분 기업에 불리한 방향, 즉 엄격해지고 있다는 점이다. 이제는 나라마다 독특한 법제에 적응하는 것보다는, 선진국에 비해 다소 느슨하던 개발도상국의 법규가 빠르게 엄격화되는 것에 적응하는 것이 더 문제다.

글로벌 법적 환경의 리스크는 기업이 이 속도에 따라가지 못할 때 가장 커진다. 국가별로 느슨한 법규에 안주하고 있다가 갑작스러운 법제의 선진화에 발목을 잡힐 수 있다. 글로벌화는 법적 환경의 역동성을 가속하는 매우 강력한 동력 중 하나다.

제 4 장

자율주행차 사고의
법적 책임은

디지털 기술 발전과 법적 환경 변화

디지털 기술과 법—e-디스커버리의 함정

　　　　　　　　　　　　　디지털 기술의 놀라운
발전은 우리의 삶을 경이로운 속도로 변화시키고 있다. 그것은
법에서도 예외가 아니다. 여기서는 기술 변화가 기업의 법적 리
스크에 미치는 영향의 몇 가지 예를 살펴보고자 한다. 가장 먼저
생각할 수 있는 큰 변화는 소송 과정 자체에서 일어난다. 주목할
만한 것 중 하나가 e-디스커버리e-discovery다.

　　디스커버리discovery란 국내에서는 아직 도입되지 않은 소송 절
차로 '증거개시'라고 번역되며 소송 전에 당사자들이 보유한 모
든 증거를 공개, 교환하는 것을 말한다. 이는 소송 기간과 비용
을 단축하는 효과가 있을뿐더러 전문가 대 비전문가의 소송과

같이 증거가 일방적으로 편재된 경우 공정성을 회복하는 중요한 조치다. 현재 국내 도입이 활발하게 논의되고 있으며 궁극적으로는 도입이 확실시된다.

오늘날 대부분의 법적 증거물은 이메일이나 워드 문서 등 전자 형태를 띤다. 따라서 증거개시는 자연스럽게 e-디스커버리로 진화하고 있다. 전자 문서는 엄청난 분량의 증거를 효율적으로 다룰 수 있게 하지만 동시에 그것이 진짜인지 변조된 것인지를 확인해야 하는 단점이 있다. 따라서 진짜 정보를 원래의 모습 그대로 보존하는 것이 중요하다. e-디스커버리는 소송 당사자들이 자신이 보유한 전자적 증거를 변질 없고 빠짐없이 보존할 것을 요구한다. 만약 자신이 보유한 전자 증거를 어떤 방식으로든 훼손하거나 파기하면 이는 그것이 불리한 증거임을 스스로 인정한 것으로 본다.

전자 증거 보존에 익숙지 못한 한국 기업이 국제적인 소송에서 크게 낭패를 보는 경우가 적지 않았지만 거꾸로 이로 인해 법적 분쟁을 반전시킨 사례도 있다. SK하이닉스는 램버스로부터 특허 침해 소송을 당한 후 1심에서 패소했으나, 램버스에 대한 증거 공개 요구를 통해 램버스가 상당수 증거를 파기했음을 밝혀냈다. 이로써 1심 판결이 파기되는 개가를 올렸다.[1] 디지털 시대에는 어떠한 증거라도 함부로 다뤄서는 안 된다는 것을 보여 준다.* 모든 의사소통과 의사결정이 온라인상에 흔적을 남기는 오늘날의 업무 환경에서는 아무리 사소하고 가벼운 편법적 행동이라도 후일 커다란 법적 리스크로 번질 가능성이 있다.

디지털 시대의 저작권─말도 많고 탈도 많은 DRM

디지털 기술은 정보의 공유와 확산을 상상할 수 없을 정도로 편리하고 효율적으로 만들었다. 반면에 지식재산권 보호는 좀 더 까다로워졌다. 콘텐츠를 보유한 기업은 두통이 더욱 심해질 수밖에 없다. 이 문제에 대한 기업의 대응은 기술에는 기술로 맞선다는 것이었다. 즉, 콘텐츠나 이를 구동하는 하드웨어를 제어해서 콘텐츠를 제공자 의도대로만 사용할 수 있도록 하는 기술을 구사하는 것인데, 이를 통칭해서 디지털 저작권 관리Digital Rights Management, DRM라고 한다. 콘텐츠의 해적들이 고도의 디지털 기술을 사용하니 방

* 램버스에 승리한 SK는, 2021년 거꾸로 LG에너지솔루션과의 영업비밀 침해 소송에서 10년간 미국에서의 생산과 수입을 전면 금지당하는 판결을 받았다. 이러한 판결이 내려진 결정적 이유는 SK의 증거훼손 행위라는 것이 LG 측의 해석이다. 소송과정에서 증거개시 절차에 따라 관련 문서 제출이 요구되었는데 SK는 컴퓨터 휴지통에 남아 있던 일부 문서를 제출하지 않았다는 것이다. 영업비밀 침해 행위 자체를 따지기 이전에, 증거개시 절차의 준수 여부가 판결을 좌우할 정도의 위력을 발휘한다는 것은 이번 사건의 가장 중요한 교훈이다.(연선옥, 2020.9.8., 〈'세기의 배터리전쟁'… LG가 전장으로 미국 선택한 까닭은〉, 《조선비즈》)

어 측도 디지털 기술을 쓰겠다는 것이다.

그러나 DRM은 여러 측면에서 비판을 받는다. 우선 해적들의 공격을 완벽하게 막아 내는 DRM을 만든다는 것은 불가능에 가깝다. 결국 DRM을 우회하는 기술이 개발되고, 그 결과 정품을 구매한 양심적 사용자들은 DRM 통제에 따라 여러 불편을 감수하는 반면, 해적판 사용자들은 싼값에 자유롭게 콘텐츠를 이용하는 역차별이 발생한다. DRM이 소비자의 선택권을 제약하고, 또한 하드웨어를 제어하는 과정에서 소비자를 해킹 등 위험에 빠뜨린다는 주장도 있다. 반면 DRM을 옹호하는 측은 콘텐츠의 무한 복제가 가능한 시대에 저작권을 지킬 다른 방법이 없다고 항변한다.

여기서 핵심 이슈는 디지털 이전 시대와 동일하다. 지식재산권이 과연 경쟁을 저해하는가 촉진하는가이다. DRM을 반대하는 측은 DRM이 해적을 막는 선을 넘어 경쟁을 막고 있다고 비판한다. 콘텐츠에 아무런 제약을 걸지 않고 이를 판매한다면 소비자들의 지지를 얻을 수 있을 것이다. 그러나 그러면서도 수익성의 유지가 가능할까. 과거의 복제는 아무리 탁월해도 원본만 못한 부분이 있었다. 그러나 오늘날의 디지털 복제는 원본과 차이가 없다. 완벽한 복제가 가능하다면 정상적인 기업 운영으로는 콘텐츠의 제작, 공급이 불가능할 수도 있다. 그러나 이러한 명분에 기대어 과도한 콘텐츠 제어로 자신의 독점적 이익을 강화하려는 움직임도 분명히 존재한다. 디지털 시대의 지식재산권은 해적은 막되 경쟁은 촉진하는 최적의 선을 찾아야 한다.

당분간 이 논란은 지속될 것으로 보인다. 그리고 어쩌면 이 문제는 기술 자체의 진화에 의해 돌파구를 찾을지도 모른다.

사례 16 소니의 루트킷 사건

비교적 초기의 DRM으로서 소니는 자사의 음반을 컴퓨터에서 복제하지 못하게 하는 기술을 도입했다. 소니의 음악 CD에 내장된 복사 방지 소프트웨어는 CD가 컴퓨터에서 재생할 때 자동으로 컴퓨터에 이식되어 여기서 컴퓨터를 제어한다. 이렇게 컴퓨터에 이식된 소프트웨어들을 루트킷rootkit이라고 한다. 문제는 루트킷이 자리 잡은 컴퓨터가 바이러스 침투나 해킹 위험에 취약해진다는 것이었다. 전문가들이 먼저 이를 밝히고 소니의 루트킷은 그 자체가 하나의 악성코드이며 컴퓨터의 안티-바이러스 기능을 결정적으로 약화한다고 주장했다.

소니는 루트킷을 삭제할 수 있는 프로그램을 배포했으나 이것은 소프트웨어를 보이지 않게 할 뿐 실제 삭제하지 않았다. 이것이 여론을 더욱 악화시켰다. 정부의 리콜 명령이 떨어졌으나 소니는 문제점을 인정하지 않았다. 결국 텍사스주 정부가 소니를 제소했고, 뉴욕과 캘리포니아에서 소니에 대한 집단 소송이 제기되었다. 마침내 소니는 150만 달러의 벌금을 물고 피해 고객에게 배상하기로 합의했다. 뉴욕과 캘리포니아에서 시작된 집단 소송은 다른 주로 번져 소니의 배상 규모는 상당한 수준에 이르렀을 것으로 보인다.

소니의 피해는 벌금과 배상이라는 금전적인 차원에 그치지 않는다. 자사의 콘텐츠를 보호하기 위해 소비자의 컴퓨터를 위험에 빠뜨리는 데 망설임이 없었다는 사실이 회사의 평판, 더 나아가 회사에 대한 소비자들의 마음에 상처를 입혔다. 재산권의 위협이 디지털 기술로 인해 광범위해짐에 따라 이를 막기 위한 노력도 단순히 소수의 경쟁자뿐 아니라 다수 고객을 겨냥하게 된다. 만약 이 보호 노력이 이러한 부작용을 낳을 때, 그 효과는 순식간에 엄청난 수의 고객에게까지 영향을 준다. 디지털 기술의 핵심은 네트워크 효과, 즉 증폭에 있다. 회사의 행동 하나가 돌이킬 수 없는 결과를 초래한다.

빅데이터 시대의 개인정보 보호

앞에서 제조물 책임 등 오늘날 소비자 보호의 문제가 더욱 중요해진다는 점을 언급한 바 있다. 제조물 책임과 함께 디지털 시대 소비자 보호의 또 하나 커다란 화두는 개인정보 보호다. 프라이버시는 언제나 중요한 것이다. 특히 "데이터는 21세기 산업의 원유"라고 할 정도로 데이터의 중요성이 커지면서 동시에 개인정보 보호의 중요성도 높아졌다. 미국 대형 마트 '타깃'이 상품 검색 기록만을 보고 한 소녀가 임신했음을 알았다는 《뉴욕타임스》의 보도는 유명하다. 이것은 빅데이터의 힘을 드러냄과 동시에 프라이버시 침해의 위험을 함께 보여 주는 것이다.

빅데이터 시대에 데이터가 갖는 잠재력은 무궁무진하다. 이를 활용함으로써 인간에게 무한한 기회가 열린다는 것은 누구도 부정할 수 없다. 다만 여기서 극복해야 할 문제는 개인정보의 보호, 즉 방대한 개인정보를 다루되 익명성을 유지하는 것이다. 이것은 매우 까다로운 문제다. 개인정보를 집계할 때, 익명성을 위해 식별정보, 즉 이름, 주소, 전화번호 등등을 제거하는 것은 간단한 일이다. 문제는 이러한 식별 지표를 모두 없앤 일반 정보만을 가지고도 그다지 어렵지 않게 개인 확인이 가능하다는 것이다. 누군가의 다양한 행동정보만을 가지고도 얼마든지 그 사람을 역추적할 수 있다.

이러한 역추적 가능성을 근본적으로 차단할 방법은 마땅치 않아 보인다. 이것은 빅데이터의 자유로운 활용을 통한 가치 창출과 개인정보 보호 간에 해소하기 어려운 트레이드오프가 존재하는 것을 의미한다. 이 문제에 대한 접근은 현재 국가마다 다르다. 특히 미국과 EU는 서로 다른 행보를 보인다. EU는 개인정보를 강화하는 방향으로, 반면 미국은 빅데이터의 활용에 좀 더 중점을 두고 있다. 그러나 통합된 글로벌 시장에서 EU의 규제는 곧바로 전 세계 대부분의 기업에 심각한 영향을 미친다. 따라서 당분간은 개인정보 보호를 중시하는 흐름이 영향력을 행사할 것이다. 특히 최근 몇몇 빅데이터의 악용 사례는 상당한 경각심을 불러일으켰으며 프라이버시 중시 진영에 더 힘을 실어 주는 계기가 되었다. 가장 대표적인 페이스북의 개인정보 유출 사건을 살펴본다.

🔒 사례 17 케임브리지 애널리티카의 여론 조작
— 페이스북의 개인정보 유출

선거전이 한창이던 2016년 트럼프 캠프는 케임브리지 애널리티카라는 데이터 분석업체에 유권자 성향 분석을 의뢰한다. 이들은 대학교수에게 의뢰한 성향 분석 앱을 통해 유권자 데이터를 수집했다. 문제는 이 앱이 단순히 공개된 질문의 답만이 아니라 페이스북에 저장된 응답자의 거의 모든 정보, 특히 친구·지인의 리스트까지 몽땅 빼냈다는 것이다. 이 거대한 데이터는 곧바로 다양한 선거운동의 근거 자료가 되었다.

이들은 5천만 유권자의 다양한 개인정보를 이용해서 정치적 성향을 분석, 중간 지대의 부동층을 타깃으로 삼았다. 그리고 다양한 매체를 활용해서 이들의 마음을 움직일 수 있는 온갖 정보와 선전 콘텐츠, 특히 페이크 뉴스를 집중적으로 전송했다. 이것이 실제 선거에 얼마나 영향을 주었는가는 논란이 있지만 과정 자체만으로 엄연한 불법 선거운동이었고 프라이버시에 대한 중대한 침해였다. 이 사실은 케임브리지 애널리티카 직원의 공익제보로 밝혀졌다. 그리고 관심의 초점은 곧바로 페이스북으로 옮겨졌다. 개인정보를 빼낸 것은 케임브리지 애널리티카였지만, 그 정보를 소유하고 부실하게 관리한 것은 페이스북이었기 때문이다.

조사 결과 페이스북은 이러한 정보 유출에 대비할 수 있는 대책을 제대로 갖추지 못한 것으로 드러났다. 먼저 영국의 정보위원회가 100만 명의 정보 유출에 대한 책임을 물어 50만 파운드(약 7억 원)의 벌금을 부과했고 이어 미국의 일부 주 정부가 페이스북을 기소했다. 그러나 결국 미국 공정거래위원회의 50억 달러(약 6조 원) 벌금 부과로 사건은 종결되었다. 이 금액은 페이스북 전성기의 분기 순이익에 해당하는 금액으로 적지 않은 금액이었으나 처벌이 약하다는 의견도 많았다. 페이스북은 프라이버시 보호를 위한 시스템을 전면 재구축하기로 했으며, EU의 개인정보 보호법인 「일반 개인정보 보호 규제GDPR」를 준수하겠다고 약속했다.

영화 〈캡틴 아메리카〉에서 아르님 졸라의 알고리즘. 위성지도상에 향후 위험 인물의 데이터와 소재가 표시된다.

자료: *Captain America: The Winter Soldier*. Walt Disney Studios Motion Pictures.

    이 사건은 빅데이터의 어두운 미래를 보여 준다. 유권자의 성향을 정밀하게 분석하고 이들의 심리를 움직이는 정치 조작은 빅데이터의 예측 능력이 민주주의를 무력화시킬 정도의 파괴력을 가지고 있음을 보여 준다. 영화 〈캡틴 아메리카〉에서는 세계 지배를 꿈꾸는 집단 하이드라 소속의 과학자 아르님 졸라가 향후 세계 지배에 반항할 것으로 예측되는 2천만 명을 제거 대상으로 선별하는 알고리즘을 개발하는데, 이 황당무계한 상상과 비슷한 시도가 현실에서 이루어진 것처럼 보인다. 빅데이터의 미래에는 데이터 분석이라는 기술의 한계보다 개인정보의 악용 위험이 더욱 큰 걸림돌인지도 모른다.

EU가 주도하는 개인정보 보호 체제—GDPR

EU는 개인정보 보호를 강화하는 일반 보호 규정을 2018년 5월 25일자로 발효했다. 이 법은 EU 소속 국민의 데이터를 다루는 모든 기업을 적용 대상으로 한다. 단순 고객정보만으로도 모두 적용 대상이 될뿐더러 벌금 역시 매출의 2~4%, 최소 125억 원 이상으로 매우 무거운 수준이다. 사전에 데이터를 빈틈없이 보호해야 함은 물론 만약 데이터 유출이 발생하면 72시간 내에 신고해야 한다. 이 시한을 놓치면 거액의 배상금을 문다.

그러나 유럽이 처음부터 이렇게 개인정보에 대한 엄중한 보호 노선을 유지했던 것은 아니다. 아직 사이버상에서 개인정보 보호 이슈가 부각되지 않았던 2000년, 미국은 상무부 주도하에 유럽 소비자의 개인정보를 미국 기업이 쉽게 이용할 수 있도록 하는 협약을 맺었다. 이를 세이프 하버 협정Safe Harbor Agreement이라고 한다. 이 협약으로 구글, 페이스북 등 미국 IT 기업들이 유럽 지역 이용자 정보를 본사 서버에 마음대로 저장하고 이용할 수 있었다. 어떻게 보면 유럽이 자신의 안방을 내주고 있던 상황인데, 이러한 흐름을 단절하고 GDPR을 입법하기까지는 오스트리아의 대학생 막스 슈렘스의 활약이 있었다.

사례 18 세이프 하버 협정 무효 소송
— 데이터 프라이버시 활동가 막스 슈렘스

2000년 미국은 EU와 세이프 하버 협정을 맺어 유럽 소비자의 개인정보를 유럽 바깥으로 쉽게 이동시킬 수 있는 길을 열었다. 이것은 물론 유럽을 대상으로 활동하는 미국 기업을 지원하기 위한 것이었다. EU는 개인정보에 대해 적정한 보호를 취하고 있는 국가에 대해서는 개인정보의 역외 이동을 허용한다는 자체 규정이 있었고, 미국이 적정한 보호를 취하고 있다고 판단했다.

문제는 2013년 미국의 전직 CIA 요원인 에드워드 스노든이 미국 정부가 전 세계를 대상으로, 특히 구글, 애플, 페이스북 회원들을 대상으로 개인정보를 무단 수집하고 있음을 폭로함으로써 불거졌다. 당시 오스트리아의 대학생이었던 막스 슈렘스는 페이스북의 유럽 본부가 있던 아일랜드의 개인정보 보호 기구에 페이스북을 유럽의 「정보보호법」 위반으로 제소했다.

그러나 아일랜드 개인정보 보호 기구는 슈렘스의 제소를 기각했다. 슈렘스는 아일랜드 고등법원에 항소했고, 이 문제를 자국에서 처리하기에 부담을 느낀 아일랜드 고등법원은 EU 사법재판소, 즉 유럽 전체의 사법부로 이관했다.

EU 사법재판소는 세이프 하버 협정을 전면 무효화했고 이로써 유럽

막스 슈렘스

자료: 연규욱, 2015.10.7., 〈28세 법 대생에 페이스북 굴복〉, 《매일 경제》.

의 개인정보는 자유롭게 미국으로 이전될 수 없게 되었다. 이것은 이후 발효된 GDPR에서 개인정보 역외 이전을 규제하는 조항의 근거가 되었다. 개인정보 보호에 문제가 있다는 약점을 노출한 미국으로서는 명분을 빼앗긴 셈이었다. 물론 미국으로서는 IT 대기업을 보유하지 못한 유럽이 미국의 테크 기업을 공격하는 것으로 해석할 수 있는 대목이다. 그러나 개인정보 보호라는 커다란 명분을 단순히 기업의 원활한 사업을 위해 외면하는 것은 점점 더 어려워질 것이다.

승리를 거둔 막스 슈렘스는 현재 비정부기구를 설치하고 데이터 프라이버시 운동을 더욱 본격적으로 전개하고 있다. 그는 GDPR이 발효되자마자 미국의 IT 대기업을 GDPR 위반 혐의로 제소했다. 그는 미국 기업의 위반 정도가 심각하다며 매출 4%의 벌금을 주장하고 있다. EU의 판정에 따라 최소 수십억 달러 이상의 천문학적 벌금이 부과될 가능성도 있다.

GDPR의 규정은 일반적인 개인정보 보호의 내용을 망라했을 뿐더러 항목별로 규정이 상당히 강화되어 있다. 따라서 주의하지 않으면 규정을 위반할 위험이 크다. 단적으로 개인정보의 정의만 봐도 기존의 일반적인 개인정보에 더해 위치정보, IP 주소, 쿠키, 유전자정보 등이 포함되어 있다. 또한 정보 수집 시 자유에 기반한 동의가 필수이며, 조건부로 동의를 요구하는 경우 자유로운 동의로 인정받지 못할 가능성이 있다. 동의를 받았다는 사실에 대한 증명 책임 역시 기업이 져야 한다.

또 하나 중요한 것은 빅데이터의 큰 강점의 하나인 프로파일링, 즉 데이터 분석을 통해 고객의 성향과 구매 패턴 등을 분석하는 기법에 소비자가 거부할 권한을 갖는다는 것이다. 프로파일링을 위해서도 기업은 항상 고객의 사전 동의를 얻어야 한다. 이것은 빅데이터가 갖는 강점을 상당히 제약할 우려가 있다. 프로파일링에 대한 동의 여부가 고객의 성향과 관계가 있다면 이는 데이터 분석의 유효성을 낮출 가능성이 있기 때문이다. 그러나 프라이버시 보호라는 대의명분을 인정하는 한 피해 갈 수 없는 부분이기도 하다. 익명성을 유지하면서 개인정보를 다루기 위한 분석 방법이 발전해서 이 문제가 기술적으로 해결되기 전에는 기업이 제약을 감수할 수밖에 없다.

GDPR이 발효된 지 1년도 채 안 된 2019년 3월 기준으로 유럽 지역 31개국에서 20만 건 이상의 위반 사례가 보고되었고, 검토 결과 5천6백만 유로의 벌금이 부과되었다. 강화된 법규가 기존 기업 관행에 상당한 영향을 주고 있으며 위반 건수와 벌금 액수는 더 늘어날 것으로 전망된다. 개인정보에 대한 규제는 향후 기업 활동에서 매우 중요한 변수가 될 것이며 이를 어떻게 다루는가에 따라 경쟁의 판도에까지 영향을 미칠 것으로 보인다.

미국 상무부가 닷컴 열풍과 함께 성장하던 자국 IT 기업을 위해 과거 순진했던 EU의 개인정보 관련 규정을 파고들어 세이프 하버 협정을 맺은 것은 돌이켜보면 기민한 조치였다. 적어도 이 경우만 보면 미국 정부와 기업은 한 팀처럼 보인다. 미국이 제2차, 제3차 산업혁명에 이어 제4차 산업혁명까지 주도하는 산업 헤게모니의 장기 독점이 어떻게 가능했느냐고 묻는다면 그 요인으로 미국 정부를 고려하지 않을 수 없다.

미국 정부는 IT, 특히 플랫폼 대기업의 성장을 위해 매우 효율적이고 지혜로운 정책을 구사해 왔다. 플랫폼 기업은 성장 과정에서 많은 부작용 — 독점 및 불공정경쟁, 비정규 긱 노동자gig worker 양산, 조세 회피 등 — 을 일으켰지만 미국 정부는 이를 상당히 관대하게 다루면서 제4차 산업혁명을 주도하는 기업들을 키워 냈다. 이제 뒤늦게 EU가 플랫폼 기업의 독주를 견제하기 위한 움직임을 본격화하고 있다. 독점 및 조세 문제와 함께 개인정보 보호 규제는 주목할 만하다. 그동안 성공적이었던 미국의 플랫폼 비즈니스 모델에게는 심각한 도전이 주어진 셈이다.

산업 헤게모니라는 관점에서 보면 EU의 이러한 행보가 플랫폼 경제에서 뒤진 노는대륙 유럽이 미국 기업의 발목을 잡으려는 시도로 보이기도 한다. 그러나 지금 EU의 문제 제기는 향후 인류가 추구해야 할 중요한 가치관에 대한 질문을 담고 있으며, 소비자의 후생, 높은 가성비만으로는 모든 것이 용납될 수 없다는 준엄한 경고이기도 하다. 미국 정부의 절묘한 보호 정책 속에서 마음껏 성장해 온 플랫폼 거인들은 이제 미래사회의 모습과 내용에 대해 책임 있는 답변을 해야 할 때다.

사례 19 개인정보 보호를 둘러싼 IT 거인들의 신경전

2020년 말 페이스북의 CEO 마크 저커버그Mark Zuckerberg는 자사 전 직원에게 아이폰을 쓰지 말고 안드로이드폰을 사용하라고 명령했다. 애플이 같은 해 12월 8일 아이폰의 앱스토어에서 '앱 추적 투명성App Tracking Transparency, ATT'이라는 새로운 정책을 내년부터 시행하겠다고 발표했기 때문이다.

이 정책으로 이제 모든 앱은 개인정보를 어디에 어떻게 활용하는지를 공개해야 하며, 더 나아가 사용자는 이러한 개인정보 활용을 승인하거

아이폰의 앱 개인정보 활용 내역 안
내 화면

자료: 이승윤, 2020. 12. 15., 〈애플, 개인
정보 보호 한층 강화〉, 《매일경제》.

나 거부할 수 있다. 아마도 많은 사용자가 이를 거부할 것으로 보이며 이 경우 표적 광고의 효율성은 크게 떨어지게 된다. 데이터 기반의 표적 광고는 페이스북의 가장 중요한 수익원이다.

페이스북은 2020년 12월 16일 《뉴욕타임스》, 《월스트리트저널》, 《워싱턴포스트》 등 주요 일간지에 애플을 공격하는 신문광고를 게재했다.[2] 앱 개발업체는 물론 소상공인, 중소기업에 타격을 준다는 것인데, 아마도 페이스북이 가장 큰 타격을 입게 될 것 같다. 이것은 페이스북과 애플의 수익 모델 차이와도 관련이 있다. 같은 IT 플랫폼 기업이면서도 더욱 폐쇄적인 생태계와 아이폰이라는 디바이스를 가지고 있는 애플은 개인정보 이용에 의존하는 정도가 상대적으로 덜하다. 따라서 EU를 출발점으로 점점 더 거세지는 개인정보 보호의 흐름에 선제적으로 대응하는 것이 유리하다고 판단한 것으로 보인다.

여러 가지 복잡한 셈법이 얽혀 있다. 만약 미국과 플랫폼 기업들을 하나의 진영으로 보고 EU를 다른 진영으로 본다면, 애플의 투명성 정책은 아군을 배신하고 적진으로 달려간 이적행위가 될 것이다. 그러나 지금 상황은 페이스북에 불리해 보인다. 우선 미국 정부가 전적으로 미국 기업의 수호자로서 EU 정책에 맞서기 어렵다. 개인정보 보호는 미국에서도 점차 뜨거운 이슈가 되고 있으며 이것이 유럽만의 정책이 아닌 글로벌 스탠더드가 될 가능성이 크다. 또한 애플의 사례에서 보듯이 각각의 비즈니스 모델이 다르므로 IT 기업들 간의 긴밀한 협력도 기대하기 어렵다.

개인정보 보호에 당장의 이익 감소 효과만으로 격렬하게 반발하는 페이스북의 반응은 영리 기업으로서는 자연스럽다. 그러나 소수의 손에 방대한 개인정보가 집중되는 위험성을 부인할 수 있는 근거는 많지 않다. 개인정보 보호를 필연적인 대세로 인정하고 이 문제를 해결할 수 있는 또 다른 전략을 모색하는 것이 바람직할 것으로 생각된다. IT 기술의 발달은 보안에서도 중요한 진전을 보여 주고 있다. 해시함수, 블록체인, 동형암호 등의 신기술은 개인정보의 보호와 이용을 양립할 수 있는 가능성을 보여 주고 있다.[3] 이러한 신기술에의 투자를 통해 개인정보는 보

호하면서 빅데이터를 통한 표적 마케팅은 가능하게 하는 것이 진정한 혁신이다. 눈앞의 이익을 놓치지 않으려고 로비, 여론 조작, 집단 저항에 몰입하는 것은 이러한 혁신의 기회를 간과하게 만든다.

인공지능의 불법행위

인공지능이 인간의 수많은 기능을 대체하고 있다. 혹자는 언젠가는 인공지능이 인간의 전반적 지력을 추월하는 특이점이 도래한다고 예언한다. 인공지능은 지금까지 인간이 가져 보지 못한 '똑똑한 기계smart machine'다.

하지만 이 똑똑함은 완벽하지 않다. 똑똑하기 때문에 그만큼 과거의 기계와는 다른 고차원적인 임무가 주어지고, 여기서 기존과는 차원이 다른 오류를 범할 수 있다. 대표적인 것이 편견과 차별이다.[4] 인공지능이 기업은 물론 사회의 주요 판단 메커니즘으로 등장하면서 이 문제는 점점 더 심각해진다. 차별금지는 현대사회의 중요한 가치다. 국내에서 차별금지 법안은 2007년 처음 발의된 이후 출범하는 국회마다 계속 발의되고 있다. 성 소수자 문제와 이에 대한 강력한 비토 집단의 존재로 한국에서는 입법에 난항을 겪고 있지만 선진국에서는 대부분 포괄적 차별금지

제1부 기회인가, 족쇄인가 ─ 21세기 기업과 법의 관계

인공지능도 차별할 수 있음을 보여 주는 그림

자료: Brian Westfall, 2019.4.10., "Recruiters beware: AI can discriminate too", Capterra.

법이 입법되어 강력하게 시행되고 있다.

문제는 사회적 프로세스에 인공지능 알고리즘이 적용될 경우, 발생하는 차별 현상에 어떻게 대처할 것인가이다. 채용이나 대출 심사에 적용된 인공지능이 특정 프로파일의 사람들을 차별하는 현상이 보고되었다. 아무런 감정이나 선호가 없는 인공지능 알고리즘은 인간의 편견을 극복할 수 있는 대안으로 여겨지기도 했다. 아마존은 2014년부터 서류 심사 프로세스를 처리하는 인공지능을 개발하려 했으나 여성을 차별하는 문제점을 드러냈다. 남자도 여자도 아닌 인공지능이 왜 이런 차별을 하는 걸까?

딥러닝을 포함한 인공지능의 주요 알고리즘은 빅데이터를 기반으로 학습한다. 인공지능은 물론 아무런 편견이나 성향을 가지고 있지 않지만 그것이 학습하는 빅데이터의 영향을 받는다. 빅데이터의 가장 큰 결점은 실생활에서 데이터를 수집하다 보니 실상을 왜곡하는 상황이 교정되지 않는다는 것이다. 가장 대표적인 예는 사물 인터넷으로 수집된 데이터가 모바일 기기를 거의 활용하지 않는 시니어 계층을 과소평가하는 것이다. 의사결정을 지원하는 메커니즘으로 인공지능을 활용하려면 이러한 문제를 해결하기 위한 신중하고 진지한 노력이 필요하다.

인공지능의 문제는 차별만이 아니다. 자동차의 자율주행, 항공관제, 더 나아가 범죄 수사와 외과 수술 등에 이르기까지 인공지능이 적용되고 있거나 적용될 전망이다. 인공지능의 오류는 이제 인명 피해는 물론 대규모 재해로 이어질 수 있다. 물론 인공지능을 더욱 개량해서 이런 사고를 방지하려는 노력을 하고 있으며 앞으로도 계속될 것이다. 기술이 발전하려면 오랜 시간의 시행착오와 실패를 감수해야 한다. 중요한 것은 인공지능이란 단순히 가전제품이나 컴퓨터가 아니라는 점이다. 따라서 인공지능으로 발생하는 사고를 단순히 현행 법제, 대표적으로 「제조물 책임법」으로 다룰 수 있는가에 대한 의문이 제기된다.

인공지능을 처벌할 수 있을까

사거리 교통신호등이 오작동을 일으켜 자동차 사고가 발생했다. 교통신호등을 벌줘야 할까? 전자레인지의 타이머가 잘못되어 음식이 다 타 버렸다. 타이머에게 벌금형을 물려야 할까? 어처구니없는 이야기처럼 들린다. 기계장치의 오작동으로 피해가 발생했을 때 기계장치를 벌해야 한다는 것은 기계가 자체 판단과 의지로 행동하지 않는다는 점에서 전혀 근거가 없다.

제품으로 인해 소비자가 피해를 당했을 때 제조업자에게 책임을 묻는 「제조물 책임법」이 있다. 인공지능 역시 하나의 제품으로 생각하면 제조물 책임의 영역에서 다룰 수 있지 않을까. 그러나 인공지능은 단순히 인간의 프로그램으로 움직이는 것이 아니라 독자적으로 사고하고 판단한다. 인공지능의 알고리즘을 비록 전문가가 디자인했다고 해도 그 이후의 작동은 완전히 새로운 영역이라고 할 수 있다. 이 점에 대해서는 최근 자동차 급발진과 같은 소프트웨어 관련 분쟁으로부터 짐작할 수 있다. 자동차에 구현된 소프트웨어는 앞으로 발전할 인공지능에 비하면 초보적인 것이다. 그런데도 급발진은 제조물 책임 적용에서 까다로운 문제를 일으켰다. 급발진이 일어나는 구체적 메커니즘을 확정할 수 없음으로 인해 과실 책임을 입증할 수 없었던 것이

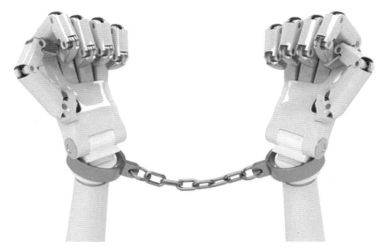

로봇을 처벌할 수 있을까?

자료: Misha Ketchell, 2017.4.11., "We could soon face a robot crimewave…
the law needs to be ready", *The Conversation*.

다.* 향후 고도로 발전한 인공지능의 시대에는 이 문제가 훨씬
더 심각해질 것이 분명하다.

현재까지는 많은 전문가들이 인공지능이 자의식을 갖고 욕구
와 감정을 갖는 일이 가능하지 않다고 보고 있다.** 이것은 인
공지능의 행위능력을 인정할 수 없다는 것, 즉 법적 책임을 물을
수 없음을 뜻한다. 그렇다면 인공지능 설계 및 제작자에게 모든

* 급발진 사고에 대한 「제조물 책임법」의 적용 문제는 제7장 〈여전히 소비자가 왕이
 다〉의 〈사례 34〉 토요타 캠리 급발진 사고에서 더 자세하게 다룬다.
** 레이 커즈와일은 인공지능이 인류의 총지능을 능가하는 '특이점'이 2045년에 온다
 고 예언했다.(레이 커즈와일, 김명남·장시형 옮김, 2007, 《특이점이 온다》, 김영사)

제1부 기회인가, 족쇄인가 — 21세기 기업과 법의 관계

책임을 물어야 할까? 그렇게 되면 과도한 불확실성으로 인해 인공지능의 발전이 침체될 수 있다. 어려운 문제다.

이 문제에 대한 한 가지 해결책으로 인공지능에 법적 주체의 자격을 인정하자는 논의가 있다. 실제로 EU는 발 빠르게 2017년 1월, 「AI 로봇 결의안」을 발표했다. 가장 눈에 띄는 내용은 로봇에 '전자인'이라는 법적 지위를 부여하는 것이다. 물론 인간처럼 자유의지를 지닌 강한 인공지능이 구현되었다고 인정하는 것도 아니고 각국의 실정법으로 제정된 것도 아니다. 인공지능의 법적 지위를 규정하기 위한 첫걸음을 떼었다고 보는 것이 좋다.

사람이 아닌 존재에 법적 주체의 지위가 인정된 것은 이번이 처음이 아니다. 인간 집단에 부여되었던 '법인legal person'은 오늘날 기업을 포함해서 사회·경제의 필수적 제도가 되었다. 이제 전자인은 두 번째 인조인간으로서 역사에 자리 잡게 될 것인가.

그러나 전자인과 법인은 분명히 다르다. 법인은 아무런 의지와 선호를 갖지 않은 가상의 실체로서 법인을 구성하는 개인들의 행위와 의사결정의 체계가 분명하게 규정되어 있다. 따라서 법인이 불법을 저지르면 이에 대한 책임을 물을 수 있으며, 책임이 법인을 구성하는 개개인에게 어떻게 귀속되는지가 분명하다. 그러나 전자인이 불법을 저지르면 전자인을 구속하거나 벌금을 물리는 것이 전자인 제작자에게 어떻게 이어질 것인가는 불명확하다.

인공지능에 법적 지위를 부여하는 대안에 대한 우려의 목소리도 있다. EU의 「로봇법」이 통과된 다음 달인 2017년 2월 옥스퍼드 대학의 디지털 윤리학 교수 루치아노 플로리디Luciano Floridi는 '전자인'이 인공지능이 탑재된 제품을 출시하는 기업들의 면피 수단이 될 위험이 있다고 경고했다.[5] 그는 역사적 근거를 제시한다. 로마 시대 일부 귀족들이 노예에게 법적 인격을 부여하려고 했다. 시대를 앞서간 휴머니즘의 발로였을까? 그게 아니다. 노예에 대한 책임과 부담을 덜기 위한 꼼수였다. 진정한 인간의 권리가 보장되지 않은 상태에서 법적 주체의 자격 부여는 오히려 악용될 소지가 있었다.

플로리디는 현시점에서 너무 앞서간 SF소설보다는 로마법이 더 의미가 있다고 주장한다. 과거 법인의 사례를 봐도 이 주장은 일리가 있다. 기업에 법인 지위를 부여한 결과 경영자가 자신의 책임을 법인에 떠넘기는 현상이 벌어졌다. •

그러나 많은 연구와 논의를 통해 보완해야 하겠지만 인공지능에 대한 법적 지위 부여는 장기적으로 불가피할 것으로 보인다. 그렇게 하지 않으면 인공지능을 둘러싼 기술 혁신이 법적 문제로 난관을 겪을지도 모른다.

• 이 점에 대해서는 제8장 〈믿을 수 있는 투명한 기업으로〉에서 자세하게 논의한다.

'전자인'과 혁신 메커니즘

산업혁명 초기 법인이 등장하기 이전 앙트러프러너entrepreneur들은 혁신의 결과에 무한책임을 져야 했다. 초기 산업혁명 시기에서처럼 혁신의 비용이 그리 크지 않다면 혁신가의 열정과 헌신으로 무한책임을 감당할 수 있을지 모른다. 그러나 투자의 규모와 리스크가 증가하면서 더는 앙트러프러너에게 '전부 아니면 무All or Nothing'의 모험을 강요할 수 없게 되었다. 그 결과 주식회사라는 법인이 등장하고 개인은 투자 지분만큼만 리스크를 감당하는 유한책임 제도가 확립됐다. 이것은 현대 자본주의를 떠받치고 있는 몇 가지 제도적 기둥 중 하나다.

인공지능을 비롯한 현재의 기술 발전은 엄청난 가능성을 약속하지만 또한 다양한 리스크를 내포한다. 이런 모든 리스크를 인공지능 설계-제작자에게 부과한다면 아마도 기술 혁신과 그 적용은 심각한 난관에 직면할 것이다. 필요한 것은 혁신가와 사회 간의 절묘한 위험 공유 방안이다. 이런 관점에서 판단의 주체인 인공지능에 전자인으로서 법적 지위를 부여하는 것은 과거 법인과 같은 제도적 해결책이 될 수 있다. 물론 법인과 마찬가지로 로봇을 감옥에 가두는 것은 아무 의미도 없다. 법인이 기업 경영자의 처벌을 막아 주는 장벽이 되어서는 안 되는 것처럼 전자인이 설계-운영자의 과실에 대한 보호막이 되어서는 안 된다. 전

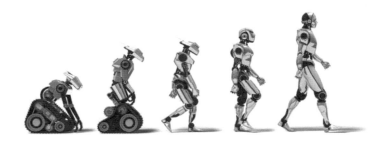

로봇의 진화 — 인공지능은 법인에 뒤이어 두 번째로 법적 지위를 얻을지도 모른다.

자료: Vin Armani, 2017.1.18., "Science fiction becomes reality, robots to get 'electronic personhood' legal status", *ACTIVIST POST*.

자인에 대한 책임 추궁은 그와 관련된 사람들에게 적정하게 귀속되어야 한다. 이 귀속 메커니즘을 제대로 만드는 것이 인공지능 자체의 개발 못지않게 중요하다. 이것은 산업혁명에서 방적기, 방직기의 발명 못지않게 주식회사와 유한책임 등의 제도적 발명이 중요했던 것과 같다.

전자인 처벌의 귀속 메커니즘에 대해서는 최근 논의가 활발하게 이루어지고 있다. 그 대략적인 방향은 다음과 같다.[6] 인공지능은 팔고 나면 그만인 가전제품이 아니라 출시 이후 학습하면서 나날이 발전해 가는 역동적 존재다. 따라서 사후 관리가 대단히 중요하다. 사전적으로는 소비자에게 위험성과 유의사항을 상세하게 설명할 의무가 있고, 사후적으로는 지속적인 유지·보수 관리 및 문제 징후의 탐색, 문제 발생 시 신속한 대응의 의무가 있다.

기술 발전을 위해서는 사회도 어느 정도 위험을 공유해야 한다. 인공지능을 설계, 제작, 공급하는 주체에게는 리스크를 어느 정도 낮춰 줄 필요가 있다. 이미 자율주행차에서 인명사고가 발생하고 있는데 인공지능 관련 사고에서 고의가 아닌 한 제작자에게 형사책임을 묻지 말아야 한다는 논의가 설득력을 얻고 있다. 리스크 분담을 위한 보험 제도의 활용도 검토해야 한다.

설계, 제작 등 판매 이전 단계에서는 주의 의무를 가볍게 하고, 판매 이후 관리에서는 이를 강화할 필요가 있다. 즉, 인공지능을 공급한 자는 지속적으로 문제 발생에 대해 항상 경계심을 가지고 주의를 기울여야 한다. 단순히 킬 스위치kill switch만이 아니라 이상 징후를 발견할 수 있는 경보 시스템, 문제 발생 시 신속 조치를 위한 시스템을 마련해야 한다. 언제 어디서 어떤 문제가 발생할지 예측하긴 어렵지만 무슨 일이 일어나든 사태의 예방과 수습에 최선을 다하겠다는 의지와 실천이 있어야 한다.

법적 측면을 고려하다 보면, 인공지능이 요술램프에서 튀어나온 지니 같은 존재가 아님을 알게 된다. 아무리 놀라운 기술도 최초로 세상에 나왔을 때는 기존 환경과 충돌하고 수많은 문제를 일으킨다. 이를 제대로 관리하지 못하면 엄청난 잠재력을 지니고도 사장될 가능성이 크다. 자동차가 도시의 교통수단으로 도입될 때 교통사고는 결정적 걸림돌이 될 뻔했다. 인공지능 역시 앞으로 수많은 우여곡절을 거치게 될 것이다.

그런데 이것은 긍정적인 뉴스가 될 수도 있다. 런던 대학의 마르코 길리스 교수는 인공지능에 다양한 결함이 있다는 사실이 곧 사람의 지속적인 개입과 조율의 필요성을 보여 준다고 말한다.[7] 인공지능이 인간 노동을 전부 대체해 버릴 것이라는 우려가 커지고 있지만, 인간의 불완전성을 보완해 주는 인공지능도 나름대로 불완전하다는 것은 또 다른 가능성, 즉 인간과 인공지능 간의 상호 보완의 여지를 보여 준다. 동시에 인공지능의 불완전성을 인정하는 것은 인공지능으로 인해 발생할 수 있는 사고와 피해의 책임 문제를 복잡하게 한다. 이에 대한 법적 처리를 어떻게 할 것인가는 향후 인공지능의 발전에 중대한 영향을 미칠 것이다.

디지털 시대 기업의 법적 대응 전략

지금까지 법에 대한 기업의 자세가 달라져야 함을 역설했다. 중요한 이유 중 하나는 빠르게 변화하는 현대사회에서는 법조차 빠르게 변하며, 절대불변의 법조문이란 존재하지 않기 때문이다. 그런데 디지털 기술과 관련된 분야야말로 변화의 속도가 가장 빠른 가장 혼란스러운 곳이라고 할 수 있다. 법의 변화는 예측하기도 따라잡기도 힘들다. 여기서는 가장 중대한 이슈인 개인정보 보호를 집중적으로 다루었지만 모든 면에서 기술은 법제의 변화를 일으키고 있다. 이런 상황에서 기업은 법에 대해 적극적이고 유연한 사고를 갖추어야 한다.

빅데이터의 효율성이 미래이고 개인정보 보호는 이를 거부하는 과거라고 생각할 수도 있다. 반면에 개인정보 보호야말로 빅데이터를 이윤 추구의 도구로 전락시키지 않고 인간을 위한 수단으로 만드는 핵심적 가치라고 생각할 수도 있다. 이것은 어느 정도까지는 사실 판단의 문제이기도 하지만 또 어느 정도는 불가피하게 가치 판단의 영역이다.

기업은 이런 상황에서 앞날을 예측하고 트렌드를 파악해서 자신의 태도를 정해야 한다. 법률과 사회적 가치관이 어떤 방향으로 갈 것인가를 판단하는 것은, 어떤 사업이 잘되고 어떤 기술이 득세할까를 판단하는 것과 마찬가지다. 리스크 테이킹risk taking을 해야 한다. 만약 개인정보 보호가 피할 수 없는 대세라고 판단한다면, 이를 골치 아픈 제약 조건이나 비용 상승 요인이 아니라, 회사의 전략이 뿌리내려야 할 기반, 토양이라고 생각하는 것이 좋다. 이런 제약을 바탕으로 오히려 이를 이용할 수 있는 새로운 전략과 사업 모델을 구상해야 한다. 이전의 전략을 계속 고수한다면 법률은 늘 전략의 장애물, 비용 상승 요인에 불과하다.

회사가 추구하는 가치를 바탕으로 법의 미래를 판단하고 이를 바탕으로 전략을 구상할 필요가 있다. 법을 회피해야 할 것, 없어져야 할 것, 최소의 비용으로 막아야 할 것으로 보아서는 안 되며, 회사가 전략을 구사하고 전개할 전략적 지형으로 받아들여야 한다. 지형은 어떨 때는 제약 조건이 되지만 어떨 때는 전략의 버팀목이 되기도 한다. 급변하는 디지털 기술은 이 지형을 빠르게 변화시키고 있다. 기회를 선점하려면 디지털 기술을 둘러싼 법과 규제의 동향을 철저하게 모니터링하고 그 흐름을 한 발 앞서갈 필요가 있다.

BUSINESS & LAW

제2부

이끌어가는 기업,
이끌려가는 기업

전략적 준법관리의 주요 쟁점

제1부에서 기업과 관련된 법제의 일반적인 흐름을 살펴보았다. 제2부에서는 구체적으로 기업경영에 얽힌 법적 사례들을 분석한다. 준법경영에 관한 미국과 유럽의 교과서들은 기업의 법적 사례들을 다양하게 분류하고 있지만 이해관계자에 따른 분류가 가장 보편적이다.

이 책에서도 이해관계자, 즉 계약자, 경쟁자, 주주, 소비자, 종업원, 지역사회 및 환경으로 나누어 각각에 해당하는 법적 사례들을 살펴보기로 한다.

법률의 관점에서 보면, 「민법」의 계약 관련 사항, 「공정거래법」 및 「독점규제법」 등 경쟁 관련 법, 회사법의 지배구조 관련 사항, 「소비자기본법」 및 「제조물 책임법」, 「근로기준법」 등 노

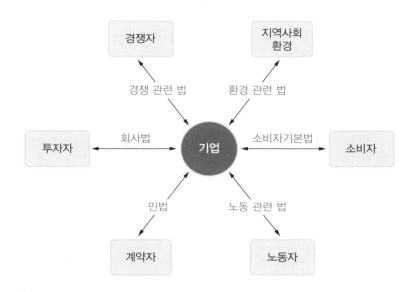

동 관련 법, 마지막으로 「환경정책기본법」 등 환경 관련 법으로 나누어 볼 수 있다.

　수많은 기업 관련 법을 보고 있으면, 촘촘한 그물이 기업을 옥죄는 듯한 느낌마저 든다. 그러나 적극적으로 법을 이해하고 대응한다면 범선이 역풍을 이용해서 추진력을 얻듯이 법을 경쟁 원천으로 활용하는 것도 가능하다. 지금부터 소개할 사례들로부터 그러한 지혜를 적지 않게 발견할 수 있으리라 기대한다.

제 5 장

법보다 중요한 법이 있다
계약의 중요성

계약은 위험하다?

계약은 기업 활동의 시작이면서 동시에 끝이기도 하다. 물론 모든 거래에서 계약서를 쓰고 서명식을 하지는 않는다. 그러나 계약서를 교환하는 공식적 행위를 생략했다고 해서 계약이 아닌 것은 아니다. 구두 약속, 가볍게 주고받은 이메일 한 통도 모두 계약으로 볼 수 있다.

모든 거래가 계약이지만 간단한 상품을 직접 교환하는 일회성 '스팟 거래'에서는 계약의 본질적인 특징이 드러나지 않는다. 간단한 일상재를 구매할 때 사전 협상, 계약서 작성과 서명, 추후 이행 여부 확인 등의 절차를 밟는 경우는 드물다. 이런 절차가 중요해지는 것은 교환의 대상이 복잡하고 교환 과정이 절차와 시간을 요구할 때다. 대표적인 예로 거액의 부동산 거래나 대규모 기업의 인수·합병을 들 수 있다.

계약에는 필연적으로 위험이 따른다. 기업이 아닌 개인들도 거액의 금전 거래 계약이나 부동산 계약을 할 때 상당한 위험에 노출된다. 사기를 포함해서 다양한 형태의 문제가 발생한다. 악의적인 사기가 아니더라도 계약서의 사소한 문구 하나가 말썽을 빚는 경우도 많다. 개인이든 기업이든 계약서는 신중하게 작성해야 한다. 하지만 개인 간 거래와는 차원이 다른 거액의 자산 거래나 인수·합병 계약은, 해당 기업은 물론 산업, 지역경제, 더 나아가 국가경제에까지 영향을 미치므로 더욱 신중해야 한다.

사례 20 코로나19 시대 인수·합병의 중대악화사유 조항

2019년 HDC현대산업개발은 모빌리티mobility를 미래 사업의 축으로 설정하면서 아시아나항공을 인수하겠다는 의사를 밝혔다. 인수 작업이 진행되는 도중 2019년 12월 코로나 바이러스 감염이 발생하고 2020년 3월 12일 팬데믹이 선언되었다. 호텔, 항공 등 여행 관련 산업은 직격탄을 맞았고 아시아나항공의 경영 상황도 빠르게 악화되었다. HDC현대산업개발은 상황 변화를 참작해서 아시아나항공에 대한 12주간의 재실사를 요구했으나 아시아나항공 측과 채권단이 이를 거부하면서 거래 당사자인 금호산업이 9월 11일 계약 해제를 통보했다.

인수 무산에 대해 상호 책임 공방이 벌어지면서 이행보증금의 반환이 이슈로 떠올랐다. HDC현대산업개발은 계약 당시 인수 가격 2조 5천억 원의 10%인 2천5백억 원을 이행보증금으로 에스크로 계좌에 예치했다. 에스크로란 조건부 인출을 의미하며 이 경우 금호산업과 HDC현대산업개발이 합의해야 인출이 가능하다. HDC현대산업개발은 11월 18일 소송 대리인을 선임하며 보증금 반환을 위한 소송 의사를 분명히 했다.

계약이란 미래의 거래를 약속하는 행위인데 미래는 항상 불확실하다. 그러므로 보통의 경우 계약서에 서명하는 순간, 미래의 위험을 감수하겠다는 약속을 하는 것으로 본다. 인수·합병 계약을 맺은 후 상황 변화에 따라 계약을 철회하는 것은 원칙적으로 정당한 권리라고 보기 어렵다. '계약의 안정성'은 시장질서의 근간이다. 일단 체결된 계약이 이행될 것이란 믿음이 없다면 시장경제의 근본이 흔들릴 수 있다.

시장경제가 나름 발달했던 고대 그리스에서도 계약 파기에 대해서는 엄격한 원칙이 확립되어 있었다. 기원전 6세기 그리스의 입법가 솔론은 "계약은 지켜져야 한다. 단, 파기하는 것이 모두에게 이로울 때는 예외이다."라고 했다.[1] 코로나 사태로 인해 여객 수요가 급감한 상태에서 계약을 파기하는 것은 HDC현대산업개발에는 이익이지만 금호산업에는 심각한 문제다. 계약의 안정성이라는 시각에서 본다면 이러한 철회는 용인되기 어렵다.

그러나 기업 인수·합병과 같은 막대한 위험을 내포한 계약에서 계약 서명만으로 모든 리스크를 감수하는 것은 적절하지 않다는 지적도 있다. 이를 완화하기 위한 하나의 방법이 중대악화사유Material Adverse Effect, MAE에 관한 조항을 계약서에 삽입하는 것이다.

이것은 인수 기업이 피인수 기업의 가치를 정확하게 산정하기에는 한계가 있으므로, 과정 중에 예기치 않은 요인으로 피인수 기업의 가치가 중대하게 악화되거나 악화될 것으로 판명될 경우 계약을 취소할 수 있다는 조항이다. 계약의 안정성이라는 원칙에 대한 중대한 예외다. 합리적으로 예측하기 어려운 불확실성, 그로 인한 막대한 손해가 빚어질 때 예외적으로 적용할 수 있는 조항이라고 할 수 있다. 그런데 실제로 벌어진 상황이 중대악화사유에 해당하는가의 여부는 대부분 애매할 수밖에 없으므로 현실적으로 소송이 불가피한 경우가 많다.

서명 하나로 피인수 기업에 닥친 손실이 그대로 인수 기업에 전가되는 것은 합리적이거나 공정하다고 보기 어려울 수 있다. 문제는 중대악화사유가 합리적으로 예측할 수 없는 일이었는가 또는 그 손실이 인수 기업에 그만큼 치명적인가에 대한 판단이다. 실제 판례에서 법원은 중대악화사유를 상당히 엄격하게 판정하고 있다.

감염병의 급격한 전파는 전대미문의 재난은 아니다. 1948년 세계보건기구WHO가 설립된 이후 팬데믹은 이미 두 차례, 1968년 홍콩 독감과 2009년 신종 플루가 있었다.[2] 그러나 70년 동안 단 세 번 발생한 사태라면 합리적인 예측이 어렵다고 볼 수 있을 것이다. 그럼에도 코로나19와 같은 감염병은 천재지변 부류의 불가항력적 요소로 볼 수 있어 문제가 단순하지 않다. 현재 해외의 동향을 살펴보면 코로나를 중대악화사유로 볼 가능성은 열어두되, 계약을 해지하려는 측에 입증 책임을 무겁게 부과하는 추세가 나타난다.[3]

중요한 것은 역시 계약서다. 중대악화사유 조항이란 법으로 정확하게 규정되어 있는 내용이 아니라 당사자들이 그 문구를 자유롭게 작성할 수 있다. 전형적인 양식이 있더라도 사용하는 어휘, 표현, 문체에 따라 효과는 크게 달라진다. 계약서를 어떻게 쓰느냐에 따라 문자 그대로 "말 한마디로 천 냥 빚을 갚을" 수 있다. HDC현대산업개발이 중대악화사유의 한 가지 예로서 '감염병'이라는 표현을 삽입해 두었다면 계약 해지에 유리한 판결을 이끌어 낼 가능성이 크다. 감염병에 대한 직접적 언급이 없다면 중대악화사유 조항만으로는 승소를 장담하기 어렵다.

반대로 아시아나항공 측에서 본다면 이러한 돌발사태로 계약이 무산되지 않도록 보호하는 위약벌 조항을 삽입하는 것이 유력한 수단이 될 수 있다.● 계약에서 최상위 법은 언제나 계약서의 해당 문구다. 계약서를 작성할 때 최선을 다해 돌발 상황을 검토하고 이를 반영할 필요가

● "M&A Covid-19 pandemic exclusion to material adverse effect (MAE) clause", www.bloomberglaw.com/product/health/document/XD4QC 81S000000.

있다. 향후 경영 환경의 불확실성이 높아질수록 그 중요성은 더욱 커질 것이다.[4]

계약서의 단어 하나, 표현의 미묘한 차이가 기업의 운명을 좌우할 수 있다. 계약이 중요하다는 것은 시장 거래가 시작된 이래 불변이지만 최근 들어 그 중요성이 더욱 부각되고 있다. 학자에 따라서는 계약을 잘하는 것이 기업의 중요한 경쟁우위가 될 것이라는 주장까지 나온다.[5] 왜 그럴까. 이 문제를 이해하기 위해 기업경영과 계약의 관계에 대해 생각해 볼 필요가 있다.

계약에 법이 필요한 이유 — 사적 자치와 공적 개입

계약은 '사적 자치'의 영역이다. 계약 당사자들끼리 합의한 대로 이행하면 된다. 모든 것이 순조롭게 진행된다면 '계약법'이라는 것이 왜 필요하냐는 질문이 나올 수도 있다. 계약에서는 당사자들이 스스로의 입법자다. 계약서를 공정하고 짜임새 있게 만들고 당사자들이 이를 성실하게 이행한다면 법이나 국가나 나설 이유가 없다.

문제는 계약 자체가 부당하거나 부도덕해서 받아들일 수 없는 경우다. 〈베니스의 상인〉에서 유대 상인 샤일록의 계약은 일종의 신체포기각서로 오늘날에는 당연히 불법이다. 협상력의 차이로 일방적으로 강요된 내용의 계약 또한 불법이다. 당사자들이 자유롭게 동의했더라도 그 내용이 사회의 미풍양속을 해치는 것일 경우도 불법이다. 마약 거래, 장기 매매, 아동 성매매, n번방으로 알려진 디지털 음란물 거래 등은 모두 불법 계약에 해당한다. 모든 계약을 당사자 간의 합의만으로 인정할 수 없는 이유가 여기에 있다.

법이 계약에 개입하는 또 하나의 중요한 이유는 계약의 이행이다. 즉, 일단 합법적으로 성립된 계약의 내용이 이행되지 않았을 때 약속 파기에 어떻게 대처할 것인가의 문제다. 현실은 이상적인 신뢰 사회가 아니다. 대부분의 계약은 이를 이행하지 않음으로써 어느 한 당사자가 이익을 얻을 가능성을 내포한다. 채권계약이 대표적이다. 오늘 상대방으로부터 혜택을 얻었다면 내일 그것을 갚아야 한다. 그런데 오늘 혜택을 본 후 내일 갚지 않는다면 채무자는 이익을 본다. 채무자는 근본적으로 계약을 이행하지 않을 유인을 지니고 있다. 계약의 이행이 어떤 방식으로든 강제되지 않는다면 모든 계약의 기초인 신뢰가 흔들릴 것이다. 이는 곧 시장질서의 붕괴를 의미한다. 시장이란 계약이 이행될 것이라는 믿음 위에 서 있는 시스템이기 때문이다.

상호 신뢰에만 의존할 경우 시장경제는 서로 잘 아는 친족이나 믿음이 굳건한 소규모 공동체 이상으로 확장될 수 없다. 자본주의 사회에서 낯선 타인과 리스크를 내포한 크고 복잡한 계약을 체결할 수 있는 이유는 그것이 이행될 것이라는 믿음에 기초한다. 이는 계약 상대방에 대한 믿음만으로는 부족하다. 계약의 이행이 공권력에 의해 강제될 것이라는 믿음, 즉 계약법이 작동한다는 믿음이 필요하다.

물론 공권력의 서슬이 시퍼렇고 그래서 계약법이 작동하고 배신자를 국가가 징계할 것이라고 믿는다 해도 이것은 최후의 수단일 뿐 가장 좋은 것은 깔끔하게 계약이 이행되는 것이다. 법은 최후의 보루에 불과하며 법에 호소할 때는 이미 사태가 충분히 악화되었을 때다. 계약이 자주 흔들리고 그때마다 공권력에 의존해야 한다면 계약은 비즈니스를 하기에 좋은 수단이 아니다. 좀 더 안정적인 거래 방법은 없을까.

이 고민에 대한 대답의 하나는 기업 조직이다. 기업이란 계약의 불안정성을 극복하기 위한 사전적이고 적극적인 방식이다. 기업은 비즈니스를 위해 필요한 거래들을 계약에 의존하지 않고 조직 내로 끌어들이는 방법을 택했다. 예를 들어 한 기업이 납품업체와의 계약을 통해 필요 부품을 공급받고 있다고 하자. 한참 부품이 필요한 상황에서 납품업체가 갑자기 약속된 시기와 수량을 어기면 어떻게 될까. 물론 기업은 계약서를 내보이며 약속 불이행을 질타할 수도 있고 소송을 제기할 수도 있다. 그러나 가장 바쁘고 긴박한 시기에 곤혹스러운 일이 아닐 수 없다. 재판을 해서 벌을 주고 손해배상을 받을 수 있겠지만 사업 기회는 날아가 버린다. 따라서 사후적인 소송이 아니라 사전적인 보장이 더 중요하다. 그 유력한 방법이 납품업체를 인수해서 조직에 내재화하는 것이다. 사내 조직이 된다면 이제는 계약이 아니라 경영자의 명령에 따라 문제를 해결할 수 있다.[6]

조직은 계약 상대방을 종업원으로 만들어 확실하게 업무를 관리할 수 있는 수단이지만 설립과 운영에 많은 비용이 든다. 그 비용은 점점 더 높아져 가는 추세다. 반면 의사소통과 정보 교환 기술이 발전하면서 계약의 매력이 상대적으로 높아지고 있다. 종업원을 고용할 것인가, 계약자contractor를 시장에서 찾을 것인가가 중요한 전략적 선택이 되어 가고 있다.

종업원이 문제를 일으키면 질책, 보너스 삭감, 심지어 해고 등 인사권을 행사할 수 있다. 계약 상대가 문제를 일으키면 인사권을 행사할 수 없고 최악의 경우 공권력에 호소해야 한다. 이미 말한 대로 법적 분쟁에 휘말린 계약은 소송에 이겨 충분한 배상을 받아 낸다 해도 타이밍을 놓치는 등 손해가 불가피하다. 좋은 계약이란 잡음 없이 이행되고 지속적으로 갱신되며 계약 쌍방

간에 신뢰가 쌓이는 계약이다. '법원에 갈 일이 없는 원만한 계약'을 맺는 것은 큰 조직에 수반하는 비용을 들이지 않고 경영을 수행해 갈 수 있음을 뜻한다. 계약을 잘하는 것은 오늘날 강력한 경쟁우위 원천이다.

전략적 제휴의 활성화와 계약의 중요성

20세기 대부분의 기업은 규모를 키우며 콩글로머리트라고 불리는 거대 다국적 기업으로 진화했다. 시장에서 이루어지던 거래가 대부분 조직 안으로 포섭되었다. 수없이 많은 사업을 인수하는 비관련 다각화, 그리고 부품과 원료 생산의 대부분을 내부화하는 수직계열화로 회사는 거대한 제국이 되었다. 심지어 사원 식당, 사원 주택, 자녀를 위한 학교까지 기업의 울타리 안으로 들어와 기업은 하나의 자족적인 사회처럼 보이기도 했다. 이 흐름은 20세기 후반에 이르러 역전되기 시작한다. 구조조정의 시대가 열린 것이다.

'선택과 집중'이 미덕으로 부각되면서 기업은 문어발식 확장을 멈추고 작아졌다. 그런데도 사업 기회를 탐색해야 할 범위는 지속적으로 넓어지고, 신제품, 신사업을 위해 필요한 기술의 구색도 더욱 다양해지고 있다. 즉, 기업은 작아져도 탐색하고 시도

| 조직 위계hierarchy

해야 할 기회의 범위는 더 커진 것이다. 모든 것을 조직으로 끌어들이는 콩글로머리트 방식이 불가능하다면 이제 이를 해결하는 방법은 전문화된 기업들 사이의 전략적 제휴, 즉 네트워크 구성이다.

　네트워크를 이루는 선들은 모두 크고 작은, 또 길고 짧은 계약들이다. 이제 경영전략은 조직보다는 기업 간 네트워크를 통해 더욱 많이 실행될 전망이다. 단일 기업으로서 모든 성과가 집계되던 과거의 대기업과 달리, 수많은 플레이어가 독립적 기업으로서 계약을 맺는 새로운 지배구조는 이전과는 전혀 다른 패러다임을 요구한다. 그중 하나가 이제는 기업들이 계약을 깊이 이해하고 원활하게 다룰 줄 알아야 한다는 것이다.

| 네트워크

　계약을 잘하는 것은 기존의 경영관리를 잘하는 것과 다른가? 탁월한 역량을 가진 경영관리자라면 계약도 당연히 잘 관리하지 않을까. 보스턴 대학의 경영학 교수 니콜라스 아지리스는 단호하게 아니라고 말한다. [•]

　일반적으로 경영관리란 조직을 이끌어 가는 기술이다. 조직은 명령체계가 분명한 위계구조다. 그러나 계약이란 어디까지나 자유로운 주체들의 수평적인 협력 관계다. 부하를 다루는 방식으로 계약 상대방을 대하는 것은 한계가 있다. 계약관리는 기존

• 계약의 설계를 잘하려면 어떤 당사자도 상대방에게 독단적으로 대할 권위를 갖지 못하는 수평적 관계를 잘 처리해야 한다. 이것은 전형적인 경영자-종업원 간의 관계와는 다르다.(Nicholas Argyres, Kyle J. Mayer, 2007, "Contract design as a firm capability: An integration of learning and transaction cost perspectives", *The Academy of Management Review*.)

의 경영관리와 달리 수평적이고 대등한 관계 속에서 공통의 목표와 협력을 이끌어 내야 한다. 이것은 목표를 정하고 실행을 명령하는 조직관리와 근본적으로 다른 패러다임이다. 미래의 경영전략은 성공적인 계약관리를 위한 역량을 더욱 요구할 것으로 보인다. 수직적 권위보다는 자발적 합의를 이끌어 내는 '수평적 리더십horizontal leadership'에 대한 관심이 높아지고 있다.[7] 앞으로 경영자의 역량 리스트에서 지휘나 명령보다 계약의 순위가 더 앞쪽에 위치하는 날이 올 수도 있다.

경쟁우위 요인으로서의 계약

계약을 할 때는 두 종류의 지식이 필요하다. 하나는 계약의 실질적 내용, 즉 당사자 간의 권리와 의무에 대한 규정이고, 다른 하나는 계약법에 대한 것이다. 많은 경영자들이 실질적 내용에 치중하고 계약서를 작성할 단계가 되면 모든 일을 변호사에게 일임하려는 경향을 보인다. 이것은 문제를 일으킬 우려가 크다. 변호사는 계약법은 잘 알지만 구체적인 계약 내용은 잘 모른다. 따라서 계약서 작성을 포함한 계약 전 과정에 경영자가 적극적으로 개입해야 한다. 변호사가 해야 할 일이 있고 경영자가 해야 할 일이 있다.

제2부 이끌어가는 기업, 이끌려가는 기업―전략적 준법관리의 주요 쟁점

사례 21 계약은 경영자에게 계약법은 변호사에게[8]

항공사 에어로스타는 신형 항공기 엔진의 솔루션을 컴퓨터업체 컴퓨스타에 의뢰했다. 컴퓨스타는 솔루션에 필요한 소프트웨어 공급을 위해 전문 소프트웨어업체인 소프트스타와 계약을 맺었다. 신형 항공기 엔진은 개발에도 많은 시간이 걸릴뿐더러 납품 이후 후속 관리 때문에 수년 이상의 장기 계약이 불가피하다.

소프트웨어에 관한 계약은 상당히 복잡하다. 필요로 하는 기능에 대한 정밀한 규정이 있어야 하며, 특히 항공기 엔진처럼 인명에 직결되는 제품의 경우 각종 하자에 대한 책임은 더욱 엄밀하게 규정되어야 한다. 예기치 않은 다양한 돌발 상황에 대한 처리방식도 정확하게 설정되지 않으면 안 된다.

계약이 진행되던 중 자문 변호사팀이 계약서의 허점을 발견했다. 소프트웨어의 유지 보수에 대한 문제였다. 소프트스타가 컴퓨스타에 납품하는 소프트웨어들은 마이크로소프트의 운영체제인 윈도상에서 구현되는 것이었다. 잘 알려진 대로 윈도는 주기적으로 버전을 업그레이드한다. 운영체제의 버전이 변화했을 때 어떤 소프트웨어들은 실행되지 않거나 문제를 일으킬 수 있다. 계약기간이 장기간인 만큼 운영체제의 업그레이드는 한두 번 이상 있을 것이 분명하다. 만약 계약서에 윈도 업그레이드에 따른 소프트웨어 문제를 다루지 않는다면 곤란한 상황이 벌어질 것이 분명하다.

변호사팀은 이 문제를 사전에 감지하고 운영체제 업그레이드 시 소프트스타의 유지 보수 책임을 계약서에 명기했다. 바로 이러한 역할이 변호사의 존재 이유라고 할 수 있다.

일어날 수 있는 모든 상황에 대해 일일이 관련 조항을 마련하는 것은 물론 불가능하다. 그러나 유사한 계약에서 빈번하게 재발하는 문제라면 예측과 대처가 가능하다. 변호사들은 다양한 소프트웨어 계약에 참여함으로써 이 문제를 인지하게 되었다. 경영자는 현재 추진하고 있는 계약의 특수성에 관심을 집중하므로 이러한 문제를 간과하기 쉽다.

이런 면에서 경영자와 변호사 간의 역할 구분이 중요하다. 계약에 관한 사항을 검토하는 과정에서 각자의 수비 영역을 잘 구분해야 한다. 해당 계약의 특징적이고 전문적인 세부사항에 대한 검토는 경영자가, 비슷한 유형의 계약에서 자주 나타나는 일반적인 사항에 대해서는 변호사가 전담하는 것이다. '협의는 경영자가, 계약서 작성은 변호사가' 하는 것은 오류를 범할 가능성이 크다. 협의와 계약서 작성 모두 경영자와 변호사가 함께 해야 한다. 단 계약 내용은 경영자가 집중하고 관련된 계약법의 유의점을 변호사가 지원하는 형태가 바람직하다.

앞에서 언급한 코로나 사태의 예에서, 인수·합병 계약 시 변호사가 중대악화사유의 개념을 경영자에게 환기하면, 여행, 항공, 관광산업의 특성을 아는 경영자는 감염병을 계약서에 포함할 수 있는 기회를 얻게 된다. 실제로 변호사와 경영자가 계약서의 문안을 함께 작성하는 사례는 많지 않은 것으로 보인다. 이들의 협력은 몇천억, 몇조의 전략적 가치를 발휘할 수 있다.

간결하고 가시적인 계약서 만들기

경영자가 계약서를 전적으로 변호사에게 위임하는 것은, 계약서가 법적 요구에 부응하기 위한 형식적 절차에 불과하다고 생각하기 때문이다. 그러나 계약서의 문구 하나, 따옴표 하나가 엄청난 결과를 초래하는 경우는 비일비재하다.

사례 22 로저스케이블과 알리안트텔레콤의 계약기간 분쟁[9]

로저스케이블은 알리안트텔레콤과 계약을 하면서 최초 계약기간을 5년으로 하되, 5년이 지난 뒤에도 계약을 연장할 가능성을 명기했다. 그리고 도중에 계약을 해지할 때는 1년 전에 사전통지를 한다는 조항을 삽입했다. 이것이 문제였다. 알리안트텔레콤이 3년 차에 계약 해지를 사전에 알렸을 때, 양사는 이 조항을 서로 다르게 해석하고 있음을 깨달았다. 로저스케이블은 최초 5년간은 계약 해지가 불가능하고 재계약 이후부터 해지가 가능한 것으로 보았고, 알리안트텔레콤은 1년 전 통지만 하면 언제든 해지가 가능한 것으로 보았다. 문장 중의 쉼표를 어떻게 해석하는가가 문제였다. 그 조항의 원문은 다음과 같다.

This agreement shall be effective from the date it is made and shall continue in force for a period of five years from the date it is made, and thereafter for successive five year terms, unless and until terminated by one year prior notice in writing by either party.

'unless and until' 바로 앞의 쉼표가 문제였다. 로저스케이블은 이 조항을 다음과 같이 해석했다.

이 합의는 체결된 이후 5년간 반드시 유지되며, 그 이후에 다시 5년간 연장될 수 있다. 다만 (재계약 이후에는) 계약 당사자 중 한쪽이 1년 전 사전 통지 후 해약하는 경우는 예외다.

그러나 알리안트텔레콤은 쉼표 이후의 단서가 전체 문장에 걸리는 것으로 보았다.

이 합의는 체결된 이후 5년간 유지되며 이후 다시 5년간 연장될 수 있다. 다만 (원계약이든 재계약이든) 계약 당사자 중 한쪽이 1년 전 사전 통지 후 해약하는 경우는 예외다.

알리안트텔레콤이 계약 후 3년이 되는 시점에서 해지를 요청했을 때 로저스케이블은 이의를 제기했다. 과연 어느 쪽의 해석이 옳은가. 캐나다 방송통신위원회는 일반적인 문법에 따라 알리안트텔레콤의 손을 들어 주었다. 쉼표가 없다면 마지막 단서가 재계약에만 걸린다고 볼 수 있으나 쉼표가 있으므로 단서가 전 기간에 해당된다는 해석이 가능해진 것이다.

깨알 같은 글씨로 작성된 몇십 쪽에 달하는 계약서를 꼼꼼하게 검토한다는 것은 간단한 일이 아니다. 그렇다고 해서 변호사에게만 맡겨서는 큰 사고가 벌어질 수 있다. 최근 계약서의 가독성을 높이기 위한 여러 가지 방법이 모색되고 있다. 그중 하나가 그래픽을 사용해서 계약서의 내용을 명료하게 하는 것이다.

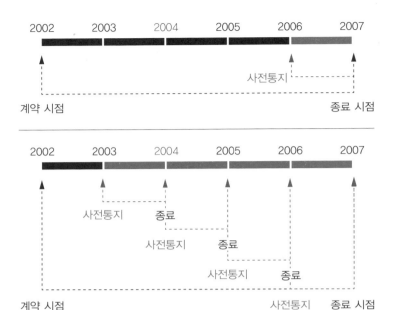

계약서 내용의 그래픽화

자료: Helena Haapio, George J. Siedel, 2017, *A Short Guide to Contrack Risk*, Routledge, p.167.

앞의 〈사례 22〉에 제시된 계약조항을 문장이 아니라 그래픽으로 표현하면 다음 그림과 같다. 위의 그림은 최초 계약 이후 4년이 지나서 계약 해지를 사전통지할 수 있음을, 아래 그림은 계약 이후 바로 1년 뒤부터 할 수 있음을 명확하게 표현하고 있다. 문장은 아무리 명료하게 쓰려고 해도 여전히 까다로운 점이 있다. 사전통지 시점을 명시할 수 있는 그림에서는 해석의 모호성이 거의 완벽하게 제거된다.

계약 과정에 경영자가 적극적으로 참여하려면 우선 계약서를 읽고 쓰는 데 능숙해져야 한다. 이것을 '계약 문해력'이라고 부르기도 한다. 경영자들이 계약 문맹 상태를 벗어나는 것이 출발점이 되어야 한다. 이를 위해 '간결하고 가시적인 계약서 lean and visual contract'가 대안으로 제시된다.

'리스크 닥터'라는 별칭으로 불리는 리스크 전문가 데이비드 힐슨David Hillson은 계약서의 가독성을 높이는 방법으로 '이케아 접근'을 제안했다.[10] 가구 회사인 이케아가 갑자기 왜 소환된 것일까? 이케아는 셀프 조립 가구 제품의 매뉴얼에서 문장을 없애고 그림만을 사용한다. 힐슨은 복잡한 가구의 조립도 전부 그림 매뉴얼로 설명할 수 있다면 계약서 역시 그렇게 할 수 있다고 생각한다. 계약의 이행 시기, 주체, 책임 등의 문제는 그림으로 표현할 때 더 명확해지는 경우가 많다.

문장형 계약서보다 시각 효과를 활용한 계약서가 가독성이 높아지는 것은 당연한 것 같지만, 그림이 글보다 무조건 더 이해하기 쉬운 것은 아니다. 순서대로 쓰고 읽는 텍스트 정보에 비해 그림은 보는 방법에 따라 다양한 해석이 가능하므로 그린 사람의 의도를 파악하지 못하면 오히려 난해할 수 있다. 그러므로 계약서의 가시화는 많은 고민과 전문성을 요구한다. 실제로 그래픽 작업을 통해 비주얼 계약서를 작성해 주는 전문 업체들도 설

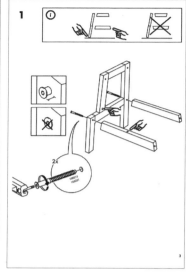

이케아 가구 제품 조립 매뉴얼

자료: 이케아 홈페이지. www.ikwa.com/gb/en/customer-service/product-
support/assembly-guides.

립되고 있다.

그림으로 정보를 명확화·가시화하는 기술을 '인포그래픽스'
라고 하는데 계약서의 가시화는 인포그래픽스 적용의 한 예라고
할 수 있다. 이것의 목적은 단순히 계약서를 보기 좋고 예쁘게
만드는 것이 아니다. 변호사만이 아닌, 관련자들 특히 계약 당사
자가 되는 경영자들이 계약서 작성 과정에 실질적으로 참여하도
록 하는 것이다. 계약서란 계약이 끝나면 변호사에게 맡겨 버리
고 아무도 쳐다보지 않는 보관용 문서가 아니라, 관련자들이 함

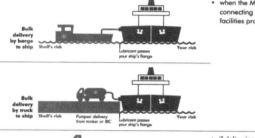

Risk and title during delivery

9.1 Delivery will be completed and title and risk will pass to you:

either 9.1.1 **for bulk Deliveries**

Bulk delivery by barge to ship — Shell's risk / Lubricant passes your ship's flange / Your risk

- when the Marine Lubricants pass the flange connecting the delivery facilities with the receiving facilities provided by you.

Bulk delivery by truck to ship — Shell's risk / Pumped delivery from tanker or IBC / Lubricant passes your ship's flange / Your risk

Delivery by Shell in IBCs — Shell's risk / IBC is landed from delivery to ground / Your risk

- if delivering in intermediate bulk containers (IBCs) to a quay or other point on land, when the IBCs are landed from the delivery vehicle to the ground.

or 9.1.2 **for Delivery in containers**

Delivery by Shell in packages — Shell's risk / Goods are landed from vehicle to ground / Your risk

- if delivering to a quay or other point on land, when the goods are landed from the delivery vehicle to the ground;

가시화된 계약서의 일부

자료: Akash Sureka, 2019.11.12., "How to build visual contracts that convey commercial value", ICERTIS.

께 공유하며 계약을 진행하는 과정의 실질적인 지침이 되고 더욱 정확하고 활발한 의사소통을 도와주는 살아 있는 도구가 되어야 한다. 위에서 제시한 계약서는 그래픽의 효과를 잘 보여준다.

제6장

경쟁자를 제치는 다양한 法

공정경쟁과 지식재산권 보호

공정은 경쟁의 제1원칙이다

경제에서 시장을 극단적으로 중시하는 관점에서 보면 자유방임주의가 최선이다. 시장이란 어떠한 외부의 간섭 없이 거래자들이 자유롭게 경쟁할 때 가장 효율적이라는 것이다. 그러나 모든 게임에는 규칙이 있다. 시장은 약육강식의 정글이 아니다. 아무 규칙이 없다고 알려진 종합격투기조차도 최소한의 규칙이 있다. 종합격투기는 눈 찌르기, 급소 가격등을 금지한다. 선수를 보호한다는 의미도 있지만 이것이 허용될 경우 제대로 된 경기가 이루어지지 않기 때문이다. 시장도 마찬가지다. 시장을 정글에 비유하는 경우가 있지만, 실제 정글에는 시장이 결코 존재할 수 없다.

시장을 규제하는 규칙은 대단히 많지만, 특히 경쟁의 공정성을 유지하기 위한 규칙은 그 제정과 운영이 까다롭다. 공정한 경쟁이라는 것은 명쾌하게 정의하기 어려운 개념이다. 시장은 수많은 거래와 관계가 얽히고설킨 복잡한 시스템으로, 어떤 행위가 선인지 악인지 인과 관계를 분석하기가 쉽지 않다. 따라서 규칙의 사각지대가 생기며, 이렇게 모호한 영역에서 기업 간 경쟁의 승패가 결정적으로 뒤바뀌는 경우도 많다.

📠 사례 23 마이크로소프트의 신의 손—익스플로러 끼워팔기

마이크로소프트의 웹브라우저 익스플로러 끼워팔기는 아르헨티나 축구 스타 마라도나의 '신의 손'을 연상시킨다. 마이크로소프트는 자사의 운영체계인 윈도를 판매하면서 여기에 역시 자사의 웹브라우저인 익스플로러를 기본으로 설치하고 삭제도 불가능하게 만들었다. 당시 웹브라우저 시장은 넷스케이프가 장악하고 있었는데, 운영체계의 강자인 윈도가 자신의 웹브라우저를 끼워팔기해서 브라우저 시장마저 장악하려고 시도한 것이다. 물론 사용자는 넷스케이프를 별도로 내려받아 사용할 수 있었지만, 윈도를 설치하면 익스플로러가 자동으로 설치되는 데다 이를 삭제할 수도 없는 상황이라 대부분 익스플로러를 사용하게 되었다.

마라도나가 핸들링 반칙으로 골을 넣는 장면
자료: Scott Murray, 2018.4.12., "World Cup stunning moments: Diego Maradona's Hand of God", *The Guardian*.

상식적으로 볼 때 이것은 시장지배력을 이용한 불공정 행위처럼 보인다. 한국은 물론 대부분의 국가에서 독점 기업의 끼워팔기는 「공정거래법」위반의 소지가 있다.[1]

그러나 이것은 우여곡절 끝에 마이크로소프트의 신의 한 수가 되었다. 1심인 미국 연방 지방법원은 이를 독점금지법 위반으로 판결하고 그 결과 회사를 둘로 쪼개라는 강경한 명령을 선고했다. 그러나 항소심에서 이 판결은 뒤집혔다. 더욱 중요한 것은 소송이 시간을 끄는 동안, 익스플로러는 계속해서 시장 점유율을 늘려 결국 넷스케이프를 시장에서 밀어내고 말았다는 것이다. 최초의 웹브라우저 혁신을 달성한 넷스케이프는 이렇게 해서 사라졌다.

독점적 지위를 지닌 기업의 끼워팔기는 미국의 전통적 법 해석에서는 '당연 위법'으로 가격담합과 함께 대표적인 불공정 행위였다. 당연 위법이란 해당 행위가 존재하기만 하면 행위를 둘러싼 정황을 따질 것 없이 무조건 위법으로 판단하는 것을 말한다.

그러나 마이크로소프트의 익스플로러 출시 즈음의 분위기는 상당히 바뀌어, 당연 위법이 아니라 '합리성의 원칙'을 적용해야 한다는 의견이 늘고 있었다.[2] 합리성의 원칙이란 독점 기업의 끼워팔기가 무조건 나쁜 것이 아니라 그 행위를 둘러싼 주변 상황을 따져 봐야 한다는 것이다. 최종적으로 미국 연방 대법원은 소프트웨어 제품의 특수성을 고려해서 이러한 결합에 합리성이 있다는 판정을 했고 마이크로소프트는 회사 분할을 모면했다.

법은 언제든 재해석되고 심지어는 수정되기도 한다. 넷스케이프로서는 '끼워팔기는 당연 위법'이라는 오랜 법적 전통이 마이크로소프트의 공세를 막아 주지 못한 셈이다. 법의 정의에 대한 논란은 쉽게 결론을 맺지 못한다. 중요한 것은 논란의 와중에도 시장경쟁은 진행되고 약자에게 주어진 시간은 길지 않다는 사실이다. 법은 단순히 제약 조건이 아니며, 마찬가지 이유로 보호막도 아니다.

시장 획정 — 공정성의 판단은 결코 쉽지 않다

과거에도 당연 위법이던 끼워팔기가 허용되는 경우가 있었다. 끼워팔기의 주체가 독점 기업이 아니면 문제가 되지 않는다. 그래서 마이크로소프트는 소송 초기에 자신이 독점 기업이 아니라고 주장했다. PC 운영체제를 윈도가 석권하고 있는 상황에서 어떤 식으로 독점을 부인한 것일까. 마이크로소프트는 운영체제 시장을 광의로 해석하고자 했다. 그래서 애플의 매킨토시와 PDA의 운영체제까지 끌어들여 시장 자체를 키우려고 했다. 당시 재판부는 윈도 사용자가 쉽게 매킨토시 체제로 옮겨 갈 수 없다는 점에서 이 주장을 받아들이지 않았다.

이것은 독점 판단이 얼마나 어려운지를 보여 준다. 한 기업의 독점 여부를 판단하려면 비중을 계산해야 하는데, 분자가 되는 해당 기업의 규모는 쉽게 확정되지만 분모가 되는 시장 전체의 규모를 확정하기란 어렵다. 기업은 되도록 시장을 넓게 정의해서 자신의 비중을 줄이려고 하고 규제 당국은 시장을 좁게 보려고 한다. 이를 '시장 획정market definition'이라고 한다. 그런데 현실의 시장은 그렇게 명쾌하게 규정되지 않고 항상 밀고 당기는 논쟁이 벌어진다.

미 법무부는 엄격한 독점 규제를 지향하며 이를 위해 시장을 넓게 획정하려는 기업의 시도를 가능한 한 인정하지 않으려 한다. 법무부는 과도하게 넓은 시장 획정 시도를 '감기약과 치킨수프'에 비유한 바 있다.[3] 즉, 감기에 걸린 사람은 감기약을 먹을 수도 있으나, 그냥 집에 가서 몸을 따뜻하게 하고 치킨수프를 먹으면서 치유되기를 기다릴 수도 있다. 이 경우 치킨수프는 분명히 감기약의 대체재 역할을 한 셈이다. 그렇다고 감기약과 치킨수프 시장을 하나로 묶어야 할 것인가. 단순히 대체할 수 있다는 점만으로 시장을 확장하려고 하면 시장의 범위는 과도하게 넓어질 수 있다.

📇 사례 24   셀로판 시장 독점 판정[4]

듀폰은 셀로판을 개발하면서 포장재 분야에 새로운 시대를 열었다. 하지만 이로 인해 셀로판 시장의 75%를 장악하면서 독점 규제를 받을 상황이 되었다. 듀폰은 규제를 철회해 줄 것을 요구하는 소송에서 시장을 더 크게 규정해야 한다고 주장했다. 당시 왁스종이, 글라신지, 납지, 포일 등의 포장재가 존재하고 있었다. 듀폰은 셀로판과 이들 제품을 대체할 수 있다는 점을 주장했고 이것이 받아들여져 시장은 이들 모두를 포함한 '연질포장재 시장'으로 넓어졌다. 그 결과 듀폰은 셀로판 독점 혐의를 벗게 되었다.

당시 법원은 경제학 개념 중 하나인 대체탄력성을 측정했다. 대체탄력성이란 셀로판의 가격이 올랐을 때 다른 포장재, 즉 왁스종이나 포일 등의 판매량이 얼마나 늘어나는가를 의미한다. 대체탄력성이 크다는 것은 셀로판 가격이 상승하면 타 상품의 수요량이 많이 늘어난다는 것이며, 이는 이 상품들을 하나의 시장으로 묶어도 됨을 의미한다.

이 판정은 왜 오류인가? 대체탄력성이 클수록 비슷한 상품으로 볼 수 있다는 것은 일반적으로는 옳다. 그러나 대체탄력성을 측정하는 시점에서의 가격이 문제다. 당시 듀폰은 독점적 지위를 이용해서 셀로판 가격을 매우 높게 책정하고 있었다. 사람들은 울며 겨자 먹기로 고가를 감수하고 있는 상태였다. 이 상태에서 가격을 더 올리면 한도를 넘은 가격 인상으로 소비자들은 어쩔 수 없이 여타 제품으로 이동할 수밖에 없다. 고가 제품에서의 대체탄력성은 균형가격의 경우보다 훨씬 더 높아진다. 재판부는 대체탄력성이라는 하나의 기준만을 고려해서 이들이 하나의 시장을 구성한다고 판단했던 것이다. 이것은 '셀로판 오류'라고 불릴 정도로 잘못된 판결의 대명사가 되었다. 경제학 지식의 부족이 법적 판단에서 어떤 영향을 주는가를 잘 보여 주는 사례다.

이상에서 살펴본 불공정 행위는 한 기업이 소비시장을 얼마나 넓게 장악하느냐에 대한 것이었다. 기업의 경쟁 제한 행위에

는 이러한 수평적 측면 외에 수직적 측면, 즉 기업이 밸류체인의 전후방을 지배하는 문제를 포함한다. 이어서 제조업자가 원료 공급업자나 유통업자에 영향을 미침으로써 가격을 통제하는 수직적 담합의 문제를 살펴보기로 한다.

재판매가격 유지 규제

제조업체가 자사 제품을 유통업체에 넘기면 소비자에게 제시되는 제품의 가격은 유통업체의 의사결정 사항이 된다. 제품 개발에서부터 디자인과 제조에 최선을 다한 제조업체는 자사의 제품이 정당한 가격을 받기를 희망할 것이다. 그런데 최종 판매 단계를 담당하는 유통업체가 판매 경쟁이나 홍보 전략 등의 이유로 가격을 과도하게 낮추거나 심지어 덤핑을 한다면 제조업체로서는 실망스러운 일이다. 특히 제조업체가 제품의 브랜드를 중시하고 있다면 과도한 가격 할인은 브랜드 이미지를 훼손해서 회사의 전략에 중대한 차질을 빚을 수 있다.

따라서 제조업체는 유통업체가 최종 판매가를 일정 수준 이하로 낮출 수 없도록 통제하기를 바란다. 그러나 이것은 재판매가격 유지를 금지하는 「공정거래법」에 저촉된다.

재판매가격 유지란 제조업체가 유통업체의 판매가격을 일정 수준으로 유지하도록 강요하는 것으로 '당연 위법' 사항, 즉 중대한 불공정거래로 오랫동안 금지되어 왔다. 공들여 만든 제품의 가격을 유지하고 싶어 하는 것이 왜 불법일까? 심각한 불공정 행위의 하나는 가격담합이다. 담합이란 같은 제품을 판매하는 다수의 업자들이 경쟁하지 않고 일정 수준 이상의 가격을 공동으로 유지하는 것이다. 이것이 수평적 담합이라면 수직적 담합은 곧 재판매가격을 유지하는 행위다. 동종 업체가 아니라 특정 제품의 밸류체인을 형성하는 업체들이 공모해서 높은 가격을 유지하는 것이다.

미국의 공정거래법인 「셔먼법Sherman Act」 제1조를 차지한 '당연 위법' 사항 재판매가격 유지에 대한 법리는 최근 크게 바뀌고 있다. 이 법이 만들어진 지 100년이 훌쩍 넘은 2007년 재판매가격 유지가 당연 위법이 아니라 사안에 따라 근거를 따져야 한다는 판례가 나왔다. 미국 연방 대법원은 리진Leegin이라는 기업의 재판매가격 유지에 대해 '합리성의 원칙'을 적용해야 한다고 판결함으로써 당연 위법 조항을 부인했다.[5] 물론 이것이 수직적 담합 행위에 면죄부를 준 것은 전혀 아니다. 제조업체는 자신의 행위에 불법적 요인이 없음을 입증해야 할 책임을 진다.•

• 리진 판결에 대해서는 미국 내의 반발도 컸다. 뉴욕, 뉴저지 등 미국 일부 주에서는 재판매가격 유지를 당연 위법으로 본다는 조항을 신설했으며 하원에서도 이러한 입법을 시도했다.

한국에서도 차츰 상황의 특수성을 고려해야 한다는 의견이 힘을 얻고 있는 것으로 보인다.* 이론적으로도 재판매가격 유지의 경제적 효용에 대해서는 다수설이 없다고 할 정도로 찬반양론이 팽팽하다.

사례 25 코스트코 대 존슨앤드존슨

2015년 유통업체인 코스트코는 콘택트렌즈 제조업체인 존슨앤드존슨 비전케어를 재판매가격 유지 위반으로 제소했다. 존슨앤드존슨이 콘택트렌즈 가격을 일정 수준 이상 유지하도록 강제함으로써 반독점법을 위반했다는 것이다. 존슨앤드존슨은 재판매가격 유지를 금지한 유타주의 법률이 미국 헌법에 위배된다고 반격했다.[6] 100년 전통을 지닌 이 법률이 왜 위헌이라는 것일까? 이 점을 이해하려면 법률을 좀 더 자세히 살펴볼 필요가 있다.

재판매가격 유지가 성립하려면 강제성이 있어야 한다. 제조업체가 유통업체를 강제하려면 둘 사이에 합의가 있어야 한다. 유통업체가 재판매가격을 유지하기로 합의를 강요당해야 불법이 된다. 만약 이러한 합의 없이 제조업체가 단순히 유통업체에 일정 수준 이상의 가격으로 판

---

* 국내에서도 2010년 재판매가격 유지의 위법성을 상황에 따라 판정해야 한다는 판례가 나왔다.(임영철 외, 2011.4., 〈재판매가격 유지행위를 다시 본다 — 최저재판매가격 유지행위의 위법성 판단기준〉, SHIN & KIM 법무법인(유) 세종.)

매해야 한다고 고지만 했다면 어떻게 될까. 이것은 불법이 아니다. 강제성이 없기 때문이다. 제조업체는 희망 가격을 표시했을 뿐이다. 가격담합price fixing이 성립하려면 당사자 간에 담합, 공모가 있어야 한다. 이에 반해 일정 가격 이상을 받아 줬으면 좋겠다는 의사표시만으로는 담합이 성립하지 않는 것이다. 이것을 일방적 가격 정책unilateral pricing policy, UPP이라고 해서 담합과 달리 당연 위법을 인정하지 않는 것이 전통이었다. 그런데 유타주는 담합은 물론이고 제조업체의 일방적 정책이라고 하더라도 재판매가격 유지 시도는 당연 위법이라는 법률을 제정했다. 존슨앤드존슨은 이를 위헌이라고 주장한 것이다.

이것은 코스트코와의 소송에서 중요했다. 존슨앤드존슨과 코스트코 사이에 합의가 있었는가의 여부에 따라 당연 위법이냐 아니냐가 결정되는 것이다. 그런데 합의, 정확하게는 강요된 합의의 존재는 입증하기가 쉽지 않다. 예를 들어 제조업체가 일정 가격 이상으로 판매할 것을 희망한 후 이를 지키지 않은 유통업체에 자사 제품을 공급하지 않는다면 이것은 강요인가 아닌가? 원칙적으로 상호 합의가 없었다면 이것은 문제될 것이 없다. '계약 자유의 원칙'에 따라 어떤 업체는 다른 업체와 계약을 지속할 수도 있고 중단할 수도 있다. 그러나 제품 공급을 중단한다는 사전 의사 표시는 상황에 따라 유통업체에 대한 강력한 압박 수단이 될 수 있다. 이러한 실력 행사의 가능성은 구체적인 강요나 합의가 없어도 강제성의 배경이 될 수 있는 것이다.

이러한 모호성이 코스트코 소송에서도 중대한 영향을 미친 것으로 보인다. 코스트코는 존슨앤드존슨과의 회의 자료 등을 합의의 근거로 제시했다. 결국 존슨앤드존슨은 재판매가격에 어떤 간섭도 하지 않겠다는 약속과 함께 소송을 종결지어야 했다.[7]

미국 법원의 태도가 바뀌고는 있으나 여전히 주마다 법이 다르고 '담합'의 시각이 강하게 남아 있는 만큼 이 문제에 대해서는 제조업체의 신중한 대응이 필요하다.

온라인 거래의 확대로 재판매 경로가 과거와 비교할 수 없을 만큼 확대되는 와중에 브랜드 이미지를 지키는 일은 점점 더 까다로워진다. 수많은 온라인 채널에서 파격적인 가격 할인이 이루어질 가능성은 여느 때보다 높아졌다. 이런 가운데 유통업체의 가격을 모니터링하고 일관된 가격 정책을 견지하는 것은 실무적으로 어려울뿐더러 상당한 법적 리스크를 동반한다. 하버드 경영대학원의 아엘렛 이스라엘리Ayelet Israeli 교수는 법적 위험을 회피하기 위해서는 일방적 가격 정책UPP 원칙을 고수하고 유통업체와의 합의로 오해될 수 있는 행동이나 문서 작성에 주의해야 한다고 말한다.[8]

오랫동안 심각한 불공정 행위로 단죄받았던 재판매가격 유지는 이론적으로나 현실적으로나 논란의 대상이다. 향후 법은 점점 더 이를 '당연 위법'에서 '합리적 판단'의 영역으로 간주할 것으로 보인다. 이것은 기업이 이 문제에 대해 불법 리스크의 부담을 덜고 점점 더 전략적으로 득실을 따져야 함을 의미한다. 큰 흐름에서 보면 법이 명확한 잣대를 주지 않고 슬그머니 뒤로 물러서는 모양새다.

소비자가 좋으면 다 좋다?

경쟁의 공정성을 객관적으로 판정하기 어렵다는 사정에서 새로운 접근이 떠올랐다. 이를 주도한 것은 시카고 학파의 경제학자들로서 이들은 생각의 방향을 바꿔 "독점 기업은 왜 나쁜가?"라는 질문을 던진다. 독점이 나쁜 이유는 가격을 높이고 공급을 제한함으로써 결과적으로 소비자에게 손해를 끼치기 때문이다. 만약 소비자 가격이 안정되고 공급도 제한되지 않는다면 아무 문제가 없다. 이를 바탕으로 시카고 학파는 설령 한 기업이 독점을 하고 있다고 해도 소비자 후생이 나빠지지 않았다면 이를 규제할 필요가 없다고 주장한다.

이것은 합리성의 원칙보다 한 걸음 더 나아간 것이다. 법원이 일일이 게임에 개입해서 공정성을 따지지 않고 소비자 효용에 미친 영향만을 보겠다는 것이다. "꿩 잡는 게 매"라는 속담처럼, 소비자 가격을 낮추는 것이 공정경쟁이라는 태도다. 이런 관점은 20세기 후반부터 차츰 미국 경쟁법의 패러다임으로 자리 잡아 왔다. 시장을 조사하고 기업 행태를 감시해서 엄격하게 독점을 규제하던 기존의 패러다임과는 큰 차이가 있다.

이러한 변화는 최근 플랫폼 기업들이 부상하는 현상과 밀접한 관계가 있다. 구글, 아마존, 페이스북 등 신흥 플랫폼 기업은 경쟁법과 관련된 다양한 논란에 휘말렸지만, 지금까지는 특별한 법적 제재 없이 순조롭게 성장해 왔다. 그것은 바로 시카고 학파의 효율성 기준, 즉 "소비자가 좋으면 다 좋다"는 원리가 적용된 결과였다.

구글의 CEO 순다르 피차이Sundar Pichai는 구글은 저렴한 가격으로 다양한 서비스를 제공한다고 주장했다. 그의 이야기는 대체로 사실이다. 구글이 제공하는 서비스는 대부분 무료다. 구글은 또한 검색과 쇼핑에서 소비자에게 방대한 선택지를 제시한다. 일종의 부가 서비스인 구글의 지도, 사전, 도서 검색 등은 한번 익숙해지면 그것이 없는 생활을 상상할 수 없을 정도로 편리하다. 폐해가 아닌 혜택을 제공하는 플랫폼 기업을 과연 독점의 논리로 규제할 수 있는가라는 반론이 제기된다. 제품 가격을 인상하고 경쟁 제품을 시장에서 밀어내던 과거의 독점 기업과는

미국은 구글을 분할할 것인가

자료: 2019.9.5., "Google could be this century's Standard Oil-will it be broken up?", *The Telegraph*.

다르다는 것이다.

플랫폼 독점은 단순한 문제가 아니다. 최근 세계 시장을 지배하고 있는 거대 플랫폼 기업인 구글, 아마존, 페이스북, 애플은 과연 독점 기업인가 아닌가. 이 문제는 과거의 독점 이론만으로는 이해할 수 없는 측면이 있다. 지금부터 이 문제를 조금 깊이 있게 다뤄 보기로 한다.

플랫폼 기업의 저가 정책은 약탈 가격인가 아닌가

플랫폼 기업의
독점 문제가 처음 이슈로 떠오른 것은 이들의 파격적 저가 정책
이었다.

구글의 검색 서비스는 무료로 제공되었으며 아마존의 e-북
또한 종이책에 비해 크게 낮은 가격으로 판매되었다. 과도한 저
가 정책은 기존의 독점 규제에서는 '약탈 가격'의 혐의를 받을 수
있다. 약탈 가격이란 최소한의 마진 또는 적자를 감수하면서 경
쟁 기업을 무너뜨리기 위한 시도로 중대한 불공정 행위다. 그러
나 시간이 흐르면서 미국 법원의 태도가 크게 바뀌었다. 단기적
이익 창출에 쫓기는 기업이 스스로 출혈을 감수하면서까지 저가
정책과 이로 인한 적자를 지속하기는 현실적으로 어렵다는 것이
다. 설령 그렇게 해서 경쟁 기업을 제거했다고 해도, 가격을 다
시 올리면 잠재적 경쟁자가 또 진입할 수 있다. 그래서 미국 법
원은 약탈 가격을 증명하려면 피해 기업 측에서 혐의 기업이 가
격 상승을 통해 이익을 회수했음을 증명하도록 요구했다.

이러한 법 정신은 구글, 우버, 아마존, 페이스북 등 신흥 플
랫폼 기업의 파격적 저가 또는 무료 전략을 묵인하게 했고 이들
이 고속 성장하는 데 결정적 역할을 했다. 이게 끝이 아니다. 경
제학자들은 기존 시카고 학파의 이론을 넘어 '양면시장 이론'이

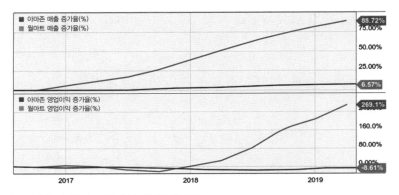

아마존과 월마트의 매출, 영업이익 비교

자료: Joe Tenebruso, 2019.7.13., "Better buy: Amazon.com vs. Walmart", The Motley Fool.

라는 새로운 개념을 제시했는데 이는 소비자 후생 원리를 더욱 강하게 지지했다.

노벨 경제학상을 수상한 프랑스의 저명한 경제학자 장 티롤 Jean Tirole은 플랫폼에 대해서는 기존의 약탈 가격 개념을 적용할 수 없다고 주장했다.[9] 간단한 예로 데이트 클럽에서 참가에 소극적인 여성 고객의 입장료를 무료로 하는 것은, 약탈 가격이 아니라 네트워크 효과를 극대화하려는 합리적 전략이라는 것이다.

물론 전통적 경쟁법 원리를 고수하는 유럽에서는 이에 대해 의심의 눈초리를 거두지 않고 있으며, 상당수의 학자들이 플랫폼의 독점 문제를 심각하게 생각해야 한다고 주장한다. 소비자에게는 단기적 이익이 있다고 해도, 해당 업종이 황폐해지면서 결국은 플랫폼 기업이 무소불위의 지배력을 갖게 된다는 것이다. 실제로 유럽에서는 구글 등 디지털 기업에 대해 거액의 과징금을 여러 차례 부과했으며 현재 유럽과 미국에서 동시에 아마존에 대한 반독점 위반 조사가 진행 중이다.

그러나 이러한 공격에도 불구하고 플랫폼 기업들에 대한 지지의 목소리는 여전히 건재하다. 소비자들에게 더욱 값싸고 더욱 다양한 선택권을 제공하는 한 플랫폼의 행위는 전혀 문제될 것이 없다는 것이다. 플랫폼 독점 규제에 대한 논쟁은 팽팽하며 결론이 어느 방향으로 기울지는 예상하기 어렵다.

분명한 것은 지금의 독점 규제는 어떤 형태로든 수정될 가능성이 크다는 것이다. 시장 지배력의 개념을 곧이곧대로 플랫폼 시장에 적용하는 데는 한계가 있다. 한국에서도 2008년 이베이가 지마켓을 인수할 때 합병 기업의 시장 점유율이 90%에 달했는데도 향후 3년간 수수료 인상을 금한다는 조건하에 이를 승인한 바 있다.[10] 플랫폼의 특성을 반영한 새로운 규칙이 정립될 필요가 있다. 그때까지는 플랫폼 사업에서 법적 고려가 중요한 리스크 요인으로 작용할 것이다.

인앱 결제 규제는 정당한가

　　　　　　　　　　"소비자에게 이로우면 독점은 문제
없다"는 논리에 대한 논란은 갈수록 치열해지는 양상이다. 영향
력이라는 관점에서만 보면 플랫폼은 과거 콩글로머리트를 무색
게 하는 규모와 범위를 자랑한다. 콩글로머리트의 독점은 규모
의 경제에 기반을 두고 있었다. 최대한 설비를 확장하거나 경쟁
업체를 인수해서 한꺼번에 덩치를 키우는 것이 그 주요 수단이
다. 최근의 독점은 '네트워크 경제'에 기반을 두고 있다. 물리적
규모가 아무리 커지더라도 증가 추이는 산술급수 형태다. 과거의
제조업은 세계 최대의 공장이라고 하더라도 단기간에 생산량을
두세 배로 늘리기는 쉽지 않았다. 그러나 네트워크에 기반을 둔
플랫폼 기업은 고객과 시장 규모를 기하급수적으로 키워 간다.

　이러한 거대한 힘을 통제해야 한다는 경고의 목소리가 계속
나오고 있다. 소비자에게 이롭다는 한 가지 기준만으로 플랫폼
이 무소불위의 지배력을 구축하도록 방치해서는 안 된다는 것이
다. 2020년 이 주장을 뒷받침할 사건이 일어난다. 플랫폼 업체
와 콘텐츠 업체 사이의 힘겨루기가 벌어진 것이다.

　플랫폼 기업은 플랫폼 참가자들에게 표준화된 인터페이스를
제공한다. 예를 들어 애플의 iOS는 앱 개발자들이 앱을 프로그
래밍하는 공통의 언어를 제공한다. 플랫폼과 참여자는 기본적으

로 윈-윈win-win의 관계다. 앱 개발자는 프로그램 언어를 무료로 제공받고 자신이 만든 앱을 바로 판매할 수 있는 장터를 제공받는다. 아이폰이라는 기기를 구매하는 모든 사람들이 잠재적 고객으로 등장한다. 제작 도구와 장터를 받은 대가로 콘텐츠 판매자는 수익의 30%를 애플, 즉 플랫폼 업체에 납부한다. 이른바 애플세다. 이 금액은 정당한가? 2020년 인기 게임 앱인 포트나이트가 아이폰 앱스토어에서 퇴출당하는 사건이 벌어진다.

사례 26 에픽 대 애플, 플랫폼 기업과 참가 기업 간의 싸움

에픽게임즈의 게임 포트나이트는 세계적으로 인기 있는 1인칭 슈팅 게임이다. 이 게임의 글로벌 이용자 수는 3억 5천만 명(2020년 기준)에 달하는 것으로 추산된다. 그런데 이 게임이 돌연 애플 앱스토어에서 사라졌다. 이슈는 인앱 결제in-app purchase였다. 애플은 자신의 앱스토어에 참여하는 앱 개발자들에게 몇 가지 규칙을 부여하고 있다. 그중 하나가 인앱 결제이다. 인앱 결제란 앱스토어에 올라온 모든 앱은 사용자로부터 서비스의 대가를 지급받을 때 애플에서 자체 개발한 결제 시스템을 통하도록 하는 것이다.

쉽게 설명하자면 푸드코트에서 입점한 식당들이 별도의 카운터 없이 중앙의 공통 계산대에서 계산하는 것과 비슷하다. 요즘 일부 푸드코트

아이폰에서 구동된 포트나이트

에서는 입점한 식당이 별도의 계산대를 두고 중앙 결제 시스템에 들어가지 않기도 하는데, 에픽이 바로 이런 경우라고 할 수 있다. 인앱 결제를 하면 모든 거래가 노출될뿐만 아니라 30%의 수수료가 부과된다. 에픽은 이 수수료가 과도하다고 느낀 것으로 보인다. 결국 별도의 결제 통로를 만들어 애플의 수수료 정책을 우회하려고 했다. 애플은 이에 대응해서 앱스토어 규정 위반으로 포트나이트를 퇴출한 것이다.

에픽은 이에 대응해서 애플을 「공정거래법」 위반으로 제소했다. 결제 방식에서 자사의 채널만을 강요하는 것은 자유로운 경쟁 원칙에 위반된다는 것인데, 플랫폼 업체 역시 이에 대해 항변한다. 플랫폼은 소비자를 보호하기 위해 앱 개발자들에게 일정한 규칙을 부과할 수밖에 없으며 이를 위반하는 앱은 퇴출시킬 수밖에 없다는 것이다.

이는 수수료를 둘러싼 분쟁이지만 동시에 향후 플랫폼 비즈니스의 지배권을 둘러싼 싸움이기도 하다. 애플은 에픽에 대해 계약 위반 혐의로 맞소송을 제기했다.

이 소송은 향후 플랫폼 생태계에서 벌어질 일들의 예고편과 같다. 플랫폼은 참가자들의 거래를 도와주고 촉진하는 대가로 수수료를 받는다. 문제는 플랫폼과 참가자 간의 관계가 시간에 따라 변한다는 것이다. 신규 서비스들은 세상으로부터 인정받기 어렵고 유통망을 건설할수도 없다. 이런 상황에서 앱스토어는 개발 도구와 마케팅 도구를 제공하는 고마운 존재다. 그러나 시장에서 성공을 거두고 상당한 규모에 올라서게 되면 그때부터는 수수료나 각종 규정들이 불편해지기 시작한다.

과거 콩글로머리트는 회사와 관련된 기능이나 사업을 내재화 internalization하는 노선을 취했다. 하나의 조직으로 통합되면 큰 문제가 없다. 그러나 플랫폼은 노동자든 사업자든 독립성을 유지한 채로 참여한다. 노동자의 경우 노동법과 관련된 많은 문제점이 제기되고 있지만, 일종의 협력업체인 참가 사업자들 역시 많은 문제점을 드러낸다.

플랫폼은 자영업자들을 지원하는 선한 얼굴과, 이들을 착취하는 악한 얼굴을 동시에 지니고 있다. 에픽은 역시 법적 분쟁

중인 구글에 대해, "사악해지지 말라Don't be Evil"는 구글의 슬로건을 상기시켰다.

모든 거래는 두 마리 고슴도치의 사랑과 같다는 말이 있다.[11] 협력하면 서로에게 좋지만 날카로운 가시를 조심하지 않으면 안 된다. 플랫폼과 콘텐츠가 성공할수록 둘 사이의 가시는 더욱 날카로워지는 경향이 있다.

사례 27 배달의민족은 독점 사업자인가

2019년 12월 배달의민족이 글로벌 기업인 딜리버리히어로에 매각된다는 소식이 알려지면서 독점 논란이 일어났다. 한국 배달앱 시장의 빅3는 배달의민족, 요기요, 배달통인데, 요기요와 배달통이 이미 딜리버리히어로 소속이기 때문이다. 배달의민족 매각이 완료되면 딜리버리히어로가 한국 배달앱 시장의 99%를 차지하게 된다. 해외 기업에 의해 국내 시장이 독점된 모양새로 인해 여론이 좋지 않았다. 모든 인수·합병은 공정거래위원회의 기업결합 심사를 통과해야 하는데 합병 후 99%의 시장점유율은 승인 거절 사유가 되기에 충분한 수준이었다.

그러나 플랫폼 시장의 특성을 고려할 경우 시장 점유율만으로 결론을 내릴 수는 없다. 앞서 이베이의 지마켓 인수가 90% 점유율에도 불구하고 승인된 사례를 살펴본 바 있다. 또한 스타트업이 어느 정도 궤도에 오른 후 대기업에 인수되는 것은 벤처 생태계의 선순환을 이루는 바람직한 사건이다. 그러나 2020년 12월 공정거래위원회는 딜리버리히어로가 요기요 지분 100%를 매각한다는 조건하에 배달의민족 인수를 승인했다. 배달앱 시장의 독과점 구조를 용인하지 않겠다는 의지가 무겁게 작용한 셈이다.

과연 배달 플랫폼의 경쟁 여부를 '배달앱 시장'이라는 좁은 범위에서 판단해야 하는가. 이것은 앞에서도 언급한 바 있는 '시장 획정'의 문제다. 배달의민족, 요기요, 배달통을 합하면 배달앱 시장의 99%를 차지한다. 그러나 배달앱만 배달을 할 수 있는가? 국내 유통 및 인터넷 이커머스는 수년 전부터 배달 서비스에 진출하고 있다. 쿠팡, 네이버, 카카오, 위메프 등 이커머스 강자들이 쟁쟁한 경쟁자다. 배달의민족이 최근 진출한 신선식품 분야에는 신세계의 쓱, 쿠팡, 마켓컬리 등 역시 강자들이 즐비하다.[12] 업종 간 경계가 불분명하고 영역이 수시로 확장되고 중첩되는 이커머스 시장에서 '배달앱 시장'이 독점의 적정한 판단 기준인가에 대해서는 재고의 여지가 있어 보인다.

그러나 독점 시비에 불을 붙인 결정적인 계기는 배달의민족이 자초한 감이 있다. 2020년 4월 매각 결정 후 반년도 안 된 시점에서 배달의민족은 수수료 정책 변경을 발표했다. 인수 승인을 받기도 전에 수수료에 손을 댐으로써 독점 우려 여론에 기름을 부은 격이 되었다. 가맹 식당들과 시민들은 물론 정치권까지 비판에 가세했다.

정책의 세부 내용을 살펴보면 시장지배력을 이용한 가격 인상 시도라고만 보기 어려운 측면이 있다. 자금 여력이 있는 대형 업체가 리스트의 상단을 차지하는 이른바 '깃발 꽂기'가 문제가 되는 상황이었다. 실제 소규모 식당주들이 이 문제의 해결을 요구하기도 했다. 정액방식을 정률로 바꾸면 상위 절반의 식당은 손해를, 하위 절반은 이익을 보는 것이 당연하다. 그리고 매출이 큰 상위 식당으로부터 받는 수수료가 늘어나므로 플랫폼 역시 이익을 본다. 이것이 여론의 집중포화를 당하는 지점이 되었다. 영향력 있는 상위 대형 식당들이 불만을 느끼니 상당한 반대 여론이 형성됐고, 이익을 보는 소규모 식당들은 의미 있는 반대 목소리를 형성하지 못했다. 여기에 전통적인 독점 규제의 프레임이 정부 및 정치권을 장악하면서 배달의민족은 악덕 독점 기업의 이미지만 남긴 채 정책을 철회해야 했다.

배달의민족이 여러 측면에서 일 처리가 매끄럽지 못했고 오해를 자초한 측면이 있는 것은 사실이다. 그러나 한 가지 짚고 넘어갈 점이 있다. 구글이 오늘날 같은 글로벌 플랫폼이 된 것은 검색 리스트의 순위가 광고비에 비례하지 않도록 했기 때문이다. 광고비와 무관하게 관련성과 정보가치가 높은 내용을 상위로 올렸기 때문에 다른 모든 검색엔진을 누르고 오늘의 구글이 될 수 있었다. 배달앱은 식당의 품질에 따라 결정되는 검색순위를 구현해야 한다. 그러나 어떠한 방향이든 순위 기준의 변경은 내부적 저항을 불러일으킬 수밖에 없다. 플랫폼 독점의 폐해를 따지는 것과 동시에 올바른 순위 설정에 대해서도 고민을 해야 할 시점이다. 당시 이 문제가 불거졌을 때 여론의 초점이 독점에만 맞춰졌다. 이것은 이야기의 한쪽 측면에 불과하다.

한 사회에서 공정하고 정확한 평가 기능의 확립은 매우 중요하다. 이것은 반드시 공적인 기구만이 할 수 있는 일은 아니다. 빌보드 차트나 미슐랭 가이드의 권위는 잘 알려져 있지만 이들은 모두 민간 기구다. 수많은 참가자들의 커뮤니티인 플랫폼은 영리 주체가 공정한 평가 기구가 될 가능성을 보여 주고 있다. 배달의민족은 이 문제에 대해 개선된 솔루션을 제시하려는 의도가 있었다. 이에 대해서도 엄밀한 검토와 재평가가 필요하다.

'자연독점'으로서의 통신망 사업과 망 중립성

자본주의 경제에서 모든 경제재economic good가 시장과 민간 부문으로부터 공급되는 것은 아니다. 대표적으로 국방이나 도로 등의 재화는 공공재로서 정부나 공공 부문에서 공급된다. 이러한 재화는 무임승차의 유인이 크기 때문에 시장 원리에 맡겨 놓으면 공급이 일어나지 않는다.

간단한 예로 한 마을 사람들이 산적을 막기 위해 성벽을 쌓는다고 하자. 성벽은 완공된 후 땀을 흘린 사람이나 꾀를 피운 사람을 모두 보호해 준다. 무임승차자를 배제하지 못하는 한 모두가 꾀를 피울 가능성이 크다. 따라서 모두가 성벽 쌓기에 참여하도록 강제할 공권력이 필요하다.

이와 비슷해 보이지만 전혀 성격이 다른 재화로 수도와 전기를 생각할 수 있다. 생활에서의 중요성을 따졌을 때 국방, 도로 못지않은 필수적 재화이지만 이들은 공공재가 아니다. 공공재란 성벽처럼 일단 생산되고 나면 특정인의 사용을 막을 수 없는 것이다. 그러나 수도와 전기는 이와 다르다. 이들의 공급은 가구별로 쉽게 차단할 수 있으므로 수도요금, 전기요금의 형태로 가격을 부과할 수 있다. 즉, 이것들은 공공재가 아니라 전형적인 시장재이다.

그러나 한국뿐만 아니라 많은 나라에서 수도와 전기는 정부나 공기업이 담당한다. 수도와 전기는 공공재는 아니지만 생산 비용상 '자연독점'의 성격을 갖기 때문이다.[13] 자연독점이란 생산 규모를 늘려 갈수록 점점 더 원가가 떨어지는 것으로, 규모의 경제가 제한 없이 구현됨을 의미한다.

보통의 경우 규모의 경제는 어느 수준 이상에서는 약화되어 없어진다. 그러나 수도와 전기는 일단 설비를 갖추면 사용자가 늘어날수록 단가가 떨어지는 속성이 있다. 이 경우 선제적으로 이 사업을 시작한 기업이 독점적 지위를 차지하므로 후발자의 도전은 불가능하다. 수도와 전기 같은 전 국민의 필수적 재화를 단일 기업이 독점할 경우 가격 인상 등 심각한 부작용이 우려된다. 따라서 국가는 이러한 자연독점 산업을 정부가 직접 하거나 공기업에 맡기고 가격을 통제한다.

오늘날의 인터넷 통신망은 어느 유형에 해당할까? 통신망은 정보가 흐르는 통로라는 점에서 도로와 비슷해 '정보 고속도로'라고 표현하기도 한다. 통신망은 도로보다는 수도나 전기에 가깝지만, 자연독점의 가능성 때문에 역시 공적으로 관리해야 할 필요가 있다. 그럼에도 세계 각국의 통신망 산업은 공공 부문이 아닌 민간 기업이 담당하고 있다. 빠르게 변하는 통신 기술에 대응하려면 혁신을 위한 투자와 리스크 감수가 불가피하기 때문일 것이다.

정부는 통신 사업을 민간에 맡기는 대신 독점의 폐해를 막기 위해 다양한 규제를 실행한다. 그중 중요한 것이 '망 중립성net neutrality'이다. 민영 기업이 통신망을 운영하는 것은 허용하되, 서비스의 공공적 특성을 고려해서 모든 망 사용자에게 가격 및 서비스를 항상 동일하게 제공하도록 하는 것이다. 이러한 중립성 규제는 통신망 업체들이 자신의 독점적 지위를 이용해서 가격을 인상하고 서비스를 차별화하는 행위를 견제해 줄 것으로 기대된다. 그러나 이에 대한 반론 또한 만만치 않다. 도로를 달리는 자동차 중에서 중량이 큰 트럭이나 탱크로리는 도로를 더 많이 점유할뿐더러 유지보수 비용을 더욱 발생시킨다. 이들에게 더 많은 이용료를 부과하는 것이 당연하지 않을까.

사례 28 넷플릭스는 무임승차자인가

넷플릭스는 기존의 케이블 방송사를 통하지 않고 인터넷망을 통해 방대한 영화와 TV 프로그램을 서비스한다. 장시간의 고화질 영상은 엄청난 데이터 트래픽을 발생시킨다. 비유하자면 소형차들이 달리는 고속도로에 특정 회사의 대형 유조차가 수십 대씩 운행하고 있는 셈이다. 이러한 과중사용자들heavy users은 더 높은 이용료를 내야 하지 않을까.

그러나 이것은 망 중립성의 원칙에 어긋난다. 요금 차별화에 반대하는 사람들은 다른 비유를 제시한다. 어떤 건물에 식당이 여러 개 있다. 한 식당이 참신한 메뉴를 개발하고 서비스를 개선해 문전성시를 이루고 있다. 이 식당이 손님이 적은 다른 식당보다 더 높은 임대료를 내야 하는가.

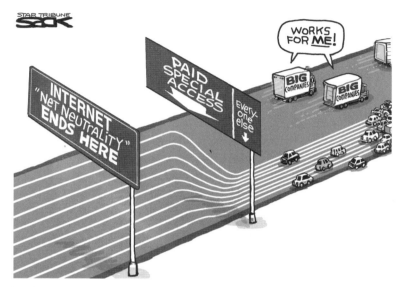

망 중립성의 비유. 커다란 화물트럭이 도로의 대부분을 점유해서 소형차들의 체증을 유발하고 있다.

자료: Peter, 2017.1.26., "Net neutrality explained using a definition and an analogy: Word of the Week", Spiceworks.

망 사업자인 SK브로드밴드와 넷플릭스가 망 사용료에 대한 협상으로 난항을 겪고 있는 상황에서 국회는 2020년 5월 '넷플릭스법'이라 불리는 「전기통신사업법」 개정안을 통과시켰다. 일정 수준 이상의 트래픽을 발생시키는 콘텐츠 사업자는 망 설비 개선에 공동 의무를 갖는다는 것이다. 대형 트럭 업자로부터 소형차와는 다른 통행료를 받을 수 있는 근거가 마련되었다. 이에 대해 다양한 찬반론이 맞서고 있는 가운데, 가장 중요한 반론은 망 중립성의 원칙이 훼손되었다는 것이다.

망 중립성에는 단순히 망 사업자와 콘텐츠 사업자 간의 이익 분배보다 더 큰 의미가 있다. 그것은 제4차 산업혁명 시대에 정보가 갖는 공공성이다. 서비스에 따라 가격을 차별화할 수 있게 되었다는 것은 망 사업자가 독점력을 행사할 수 있는 물꼬를 터준 것과 같다. 넷플릭스라는 글로벌 거대 사업자가 한국의 통신망 사업자를 상대로 갑질을 한다는 프레임에서 보면 우리 정부가 과감하게 글로벌 강자의 횡포를 견제한 듯 보이지만 그 실효성은 의심스럽다. 글로벌 강자이며 경쟁자가 별로 없는 넷플릭스에 비용을 부담시키면 소비자 가격 인상으로 전가될 가능성이 훨씬 크다. 최종적인 결과만 보면 넷플릭스는 별 영향을 받지 않고 국내 소비자가 모든 부담을 지고, 통신 사업자의 이익은 늘어나는 그림이다. 지금도 한국의 통신 요금은 세계적으로도 비싼 편이다.[14]

단순히 금전적 손익을 떠나 더욱 중요한 것은 망 중립성의 원칙 훼손이다. 막대한 이익을 거둬 가는 넷플릭스가 괘씸하다고 해서 원칙을 훼손하는 것은 향후 더 큰 문제를 일으킬 수 있다.

물론 통신망 사업이 자연독점이 아니라는 반론도 존재한다. 수도나 전기처럼 기술이 안정적인 분야와 달리 높은 수준의 리스크 감수를 요구하는 통신 기술은 리스크가 거의 없는 자연독점과 다르게 보아야 한다는 것이다.

일리 있는 지적이지만 또한 정보라는 재화의 특수성을 고려하지 않을 수 없다. 물론 물과 전기도 정보 못지않게 중요한 재화지만, 품질이 거의 완벽하게 동질적이라는 점에서 정보재와는 다르다(정부가 공급하는 수돗물이 요금에 따라 수질을 달리하는 경우는 없다).

그러나 정보는 발신자와 내용에 따라 큰 차이가 있으며 품질을 일률적·객관적으로 결정하기 어려운 체험재의 성격을 띤다. 따라서 민주사회의 다양한 발언권을 보장하기 위해 통신망에의 접근 권한을 공평하게 유지할 필요가 있다. 정보에 대해 가격과 품질의 차별화를 섣불리 허용할 경우 정보에 대한 의도적 통제가 가능해질 수 있다. 최근 인도 정부가 페이스북에 내린 조치는 망 중립성의 의미를 다시 한번 생각해 보게 만든다.

사례 29 인도 정부, 페이스북의 선의를 거절하다 — '프리 베이직스' 불허[15]

페이스북은 인도에서 타의 추종을 불허하는 소셜미디어 업체다. 페이스북은 아프리카, 중동 등에서 '프리 베이직스Free Basics'라는 일종의 디지털 사회공헌 정책Internet activism을 추진했다. 이것은 데이터 네트워크에 가입하지 않은 사람이라도 페이스북 앱을 사용하면 데이터 사용을 가능

프리 베이직스 홍보 조형물과 이에 반대하는 시위 모습
자료: Rahul Bhatia, 2016.5.12., "The inside story of Facebook's biggest setback", *The Guardian*.

하게 해 주는 프로그램이다. 망 사용료를 콘텐츠 사업자가 대납하는 제로레이팅zero-rating의 예로 볼 수 있다.

페이스북은 2015년 초부터 "연결된 인도를 후원한다Support a Connected India"라는 슬로건을 내걸고 인도에서 이를 대대적으로 추진했다. 비용이 부담스러운 인도 저소득층에 무료 인터넷 접속 기회를 제공하는 것은 적절한 사회공헌 전략으로 보였다.

그러나 2016년 2월 8일 인도의 통신규제위원회TRAI는 차별적 요금을 부가하는 모든 통신 서비스를 불허한다는 명령을 발효했다. 이로써 인도는 망 중립성 원칙을 대내외에 분명히 표명했다. 이러한 인도의 노선은 아시아, 아프리카, 남미 등 다른 국가의 정책에도 큰 영향을 미쳤다.

망 중립성은 단순히 가격 차별에 대한 이야기가 아니다. 무료 인터넷 접속을 제공하는 것은 물론 저소득층에 좋은 일이다. 그러나 그 대신 페이스북 앱을 사용해야 한다는 조건은 결국 이들을 특정 채널에 속박하는 결과가 된다. 어떤 형태의 가격 차별화라도 결국에는 네트워크를 주도하는 세력이 정보와 그 이용자들을 통제하는 수단이 될 수 있다. 이를 통해 더 폭리를 취할 수도 있고, 구매력 차이에 따라 정보의 양극화를 심화시킬 수도 있다.[16] 더욱 중요한 것은 누군가가 자신의 입맛에 맞는 의견들을 네트워크상에서 우위를 차지하도록 영향력을 행사할 여지가 생긴다는 것이다. 인도의 시민과 정부는 이러한 가능성을 인식하고, 얼핏 보면 글로벌 IT 기업의 사회공헌으로 보이는 선의의 제안을 거부했다.

정보, 통신, 데이터는 향후 산업과 경제의 핵심이 될 것이다. 이는 과거의 재화나 서비스에 비해 특별한 속성을 갖고 있다. 네트워크 외부효과라고 하는 이 속성은 상호 증폭되면서 예상하지 못한 새로운 현상을 빚어낸다. 디지털 공간에서 구현되는 비즈니스 모델이 기상천외한 사업 기회와 경이로운 수익을 창출하는 근거가 여기에 있다. 전통적으로 비즈니스에서 공짜 점심은 없다고 하지만 네트워크상에서는 때때로 그런 일이 일어난다. 그러나 경제적으로는 공짜라도 금전적 이익보다 훨씬 더 중요한 또 다른 측면의 대가를 치를 수도 있다. 망 중립성을 단순히 경제적 기준으로만 판단할 수 없는 이유가 이것이다.

특허 보호와 독점 규제라는 양날의 칼

오늘날의 기업 경쟁을 이해하는 데 필요한 핵심 요인은 바로 지식재산이다. 현대를 기술혁명의 시대라고 할 때 기술혁명을 가능하게 하는 원천은 끊임없이 갱신되고 업데이트되는 지식이다. 이렇게 중요한 지식은 오늘날 '지식재산'으로 불리며 그 재산권의 보호는 엄청난 이해관계가 걸려 있는 핫이슈다. 지식재산권은 산업의 핵심적 경쟁원천이자, 지식 보유자에게는 부의 원천이기도 하다. 일반적으로 자본주의의 핵심이 재산권이라고 할 때, 21세기 자본주의의 핵심은 지식재산권이라고 봐도 무방할 것이다.

그런데 지식재산권의 보호는 지금까지 살펴본 경쟁법, 즉 경쟁을 보호하는 규칙과 복잡 미묘한 관계에 놓여 있다. 지식재산을 보호해야 한다는 명분에는 이의가 없지만, 지식재산권은 경쟁을 제한하는 가장 유력한 수단이 되기도 한다. 과거에는 규모, 시장 점유, 공장 설비 등이 진입장벽 역할을 했으나 오늘날에는 지식, 즉 첨단 기술과 관련된 지식재산권이 강력한 진입장벽이다.

미국 법원은 전통적으로 지식재산권보다는 경쟁을 중시하는 편이었다. 특허를 보유한 기업이 이를 과도하게 활용한다고 의심되면 조사와 처벌 대상이 되는 경우도 많았다. 그러나 20세기

제2부 이끌어가는 기업, 이끌려가는 기업 — 전략적 준법관리의 주요 쟁점

후반부터 이런 경향은 특허 친화적으로 바뀌어 특허 보호가 강화되었다. 그 결과 미국이 디지털 혁명기에 눈부신 경제적 성과를 달성했다고 보는 시각도 있다.

그러나 이처럼 지식재산권을 강조한 결과 부작용 또한 커졌는데 단적으로 특허 분쟁의 증대, 특허를 통한 과당경쟁, 특허 괴물의 출현 등의 현상을 들 수 있다. 즉, 특허가 발명자의 권익 보호를 통해 혁신의 인센티브를 강화하는 반면, 과도하게 커진 특허의 가치로 인해, '염불보다는 잿밥에 신경 쓰는' 부작용이 발생한 것이다.

최근에는 이러한 문제점을 우려해서 특허 남용 등 재산권 과잉보호를 억제해야 한다는 목소리가 다시 힘을 얻고 있다. 특허 표준으로 인정되어 업계 내의 모든 기업이 사용할 수밖에 없는 특허의 경우, 특허 보유 기업은 자사의 이익만이 아니라 경쟁사들에도 공정하고 개방적인 태도를 보여야 한다는 FRAND 원칙이 강조되고 있다. 특허를 통해 회사 수익의 대부분을 달성하고 있는 첨단 기업 퀄컴이 이 원칙을 위배해서 한국 공정거래위원회로부터 천문학적 배상을 부과받은 사례를 살펴본다.

사례 30　퀄컴의 FRAND 원칙 위반

　특허가 오히려 산업 전반에 부담이 되는 상황을 타개하기 위해 국제적으로 표준 특허에 대해 FRAND 원칙이라는 자발적 합의가 이루어졌다. FRAND 원칙이란 SEP, 즉 표준필수특허standard essential patent 보유자는 이 특허를 공정하게fair, 합리적인 대가로reasonable, 누구에게나 동등하게 non-discriminant 사용할 수 있도록 해야 한다는 것이다. 퀄컴은 특허를 회사의 주력 상품으로 하는 회사로 SEP를 다수 보유하고 있으며 이를 통해 막대한 이익을 얻고 있다. 그러한 퀄컴을 한국 공정위가 조사해서 1조 원이 넘는 막대한 과징금을 부과한 것이다. 과실의 내용은 바로 FRAND 원칙 위반이었다.

　기술적으로 복잡한 내용이지만 간단하게 설명하면, 퀄컴은 스마트폰의 두뇌 '칩 세트chip set'(컴퓨터로 치면 CPU)의 핵심인 이동통신기술을 보유하고 있으면서, 스스로 칩 세트 제조도 병행한다. 단, 퀄컴은 휴대폰 제조는 하지 않는다. 문제는 퀄컴이 다른 경쟁 칩 세트 제조사들에는 특허 라이선스를 거절하거나 제한하면서, 휴대폰 제조사에만 라이선스를 제공했다는 것이다. 이것은 이렇게 비유할 수 있다. 한 농업 기술 회사가 비료 제조 특허를 가지고 있다. 만약 이 회사가 특허를 비료 회사에 라이선싱하면 특허료 수입은 그리 크지 않다. 그런데 만약 그 비료를 사용하는 모든 농작물 경작자에게 라이선싱하고 농작물 판매 수입으로부

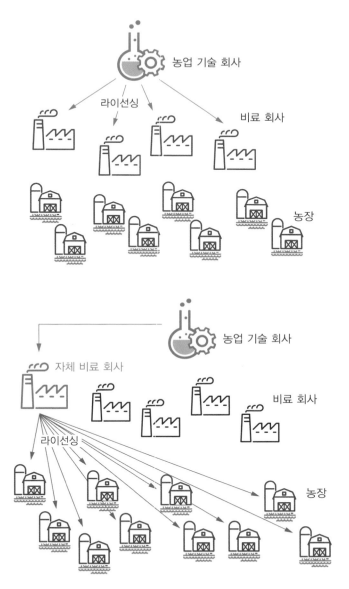

퀄컴 비즈니스 모델의 비유. 기술 회사는 소수의 비료 회사에 라이선싱하지 않고, 자체 비료 회사를 설립해서 수많은 농장에 라이선싱한다.

터 특허료를 받는다면 이익이 훨씬 클 것이다. 그래서 농업 기술 회사는 자체 비료 회사를 만들었다. 그러면서 자신의 특허를 경쟁 비료 회사에 주지 않고 경작자들에게 라이선싱한 것이다. 만약 이때 이 기술 회사의 특허가 표준필수특허SEP라면 이 기술을 경쟁 비료 회사에 주지 않은 것은 당연히 FRAND 원칙 위반이 된다.

한국 공정위가 퀄컴에 제기한 문제점도 이와 같다. 이것은 한국만의 이야기는 아니다. 중국, 대만, 그리고 미국의 지방법원에서도 거의 같은 결론이 나왔다. 그러나 그 판정의 강도가 한국이 가장 세다. 한국은 과징금 액수만 1조 원이 넘으며, 퀄컴의 비즈니스 모델 자체를 바꾸라고 명령했다. 퀄컴은 현재 강하게 반발하고 있으며 법정에서 긴 싸움이 예상된다. 퀄컴의 특허가 정말로 칩 세트 제조 시장에서 대체 불가한 표준 기술인가가 논쟁의 핵이 될 것으로 보인다.[17]

FRAND 원칙이란 표준화 기구에서 자발적으로 수립된 원칙으로 법적 구속력을 갖는 것은 아니었다. 그러나 자생적으로 생긴 이 원칙이 차츰 각국의 법 실행과 맞물려 강력한 국제적 규범으로 바뀌어 가고 있다. 특허를 이용해서 경쟁을 제한했는가를 판단하는 기준으로 FRAND가 하나의 준거틀이 되어 가고 있는 것이다. FRAND는 전적으로 특허를 보호하는 것도 아니고, 그렇다고 특허를 무력화하는 것도 아닌, 균형점을 제시하고 있다. 퀄컴을 둘러싼 논란이 어떻게 귀결될지 예측하기 어려우나, 퀄컴이 이전의 비즈니스 모델을 그대로 유지하기는 어려울 것이다. 이제 FRAND는 국제 특허의 실질적 규범으로서 기술 및 특허 전략에서 매우 중시해야 할 요인이다.

글로벌 특허 전쟁에서 살아남으려면

한국의 산업과 기업은 일찍부터 수출이나 현지 진출로 국제 무대에 뛰어들면서 우리 고유의 사회제도, 의식, 법제와는 다른 글로벌 법 환경에 직면하게 되었다. 국내에서는 겪어 보지 못하던 문제에 부딪히면서 많은 시행착오를 겪었고 낯선 국제 규범을 위반해서 곤란을 겪기도 했다. 최근 활발하게 활동하는 특허 괴물에게 한국 기업은 좋은 먹잇감이 되고 있는 것도 사실이다.

그러나 최근 들어 한국의 글로벌 진출 기업들도 법적 분쟁에서 맷집과 전투력을 키워 가고 있다. 특허 괴물의 공세에 미국과 유럽의 상당수 기업들은 막대한 소송 비용을 피하고자 법정 바깥에서 중재를 통한 합의를 택하곤 한다. 그러나 일부 한국 기업들은 기술 특허 문제에서 정면 승부를 택했다. 이것은 이 분야에서 사용하는 비유적 표현으로 '사과나무'가 되지 않기 위해서다. 즉, 흔들어서 사과가 떨어지면 지나가는 모든 사람들이 사과나무를 흔들 것이다. 나약한 모습을 보여서 특허 괴물의 표적이 되어서는 안 된다. 최근에는 글로벌 특허 소송에서 국내 기업의 승전보가 심심찮게 들려오고 있다.

사례 31 특허 시장의 불도그, 서울반도체

서울반도체는 LED 관련 제품을 생산하는 중견기업이지만 관련 글로벌 시장에서는 손꼽히는 강자다. 이 기업은 한 우물을 파는 자세로 LED 제품과 기술을 꾸준히 개발해 왔다. 매출의 10% 정도를 꾸준히 연구개발에 투입해서 축적된 지식은 기업으로서는 소중한 자산이 아닐 수 없다. 자사가 개발한 기술에 대한 애착은 법적 문제에 집중하는 절실한 동력이 된다.

특히 서울반도체는 글로벌 시장을 대상으로 활발하게 영업을 전개하는 와중에 자사의 기술이 도용되는 사례에 빈번하게 부딪히면서 소송과 관련된 전투력을 착실하게 키워 왔다. 중견기업으로서 고가의 법무법인을 마음대로 활용할 수도 없는 상황이므로 회사의 대표이사가 법적 분쟁 역시 진두지휘할 수밖에 없었다. 이정훈 대표는 2018년 말부터 특허 침해 기업을 응징할 때까지 머리카락을 자르지 않겠다고 선언해서 소송에 임하는 자세와 열의를 대내외에 천명했다. 언론에서는 이를 '장발투쟁', '장발투혼' 등으로 보도하기도 한다.

서울반도체의 열정적인 기술개발 노력은 1만 4천 개에 달하는 보유 특허를 낳았으며, 이러한 지식자산을 지키려는 노력은 수십 건의 글로벌 소송으로 이어졌다. 치밀하게 준비된 소송 전략을 적용한 결과 이들 소송에서 연전연승하는 성과를 거두고 있다.

서울반도체가 처음부터 이렇게 특허 시장의 공격적인 불도그였던 것은 아니다. 그 계기는 상대 기업으로부터의 피소였다. 일본의 니치아화학공업이 LED소자 특허에 대해 무리한 소송을 서울반도체에 걸어 왔던 것이다. 이 공격을 막아 내면서 특허의 법적 보호에 눈을 뜨게 된 이 대표는 공세적 자세로 나아가 소송의 전략가로 거듭나게 된다.

2010년 10월 독일 및 미국 법원에서 필립스 LED 전구에 대해 판매품 전부 회수 및 파기 판결을 끌어냈다. 이 기술은 노벨 경제학상을 받은 일본인 나카무라 슈지 UC샌타바버라 교수와 함께 공동 개발한 것이라고 한다. 재미있는 것은 슈지 교수가 과거 니치아화학공업의 연구원이었다는 것이다. 슈지 교수는 2014년 노벨상을 안겨 준 청색 LED 발명의 보상 문제를 두고 회사와 법적 분쟁을 벌인 끝에 퇴사하고 미국에서 대학교수가 되어 경쟁사인 한국의 서울반도체를 도운 셈이다.[18]

지식은 향후 산업과 기술 경쟁을 좌우하는 핵심 자원이 될 것이다. 지식은 서로 연결될 때 가치가 증폭되는 외부효과와 함께 경쟁 원천으로서 비밀이 유지되어야 한다는 희소자원의 속성도 지닌다. 상충하는 두 속성 때문에 지식재산권의 보호는 앞으로도 어려운 논란거리가 될 것이다. 한 가지 분명한 것은 힘들게 개발한 지식자원이라도 법에 대한 이해력이 부족하면 가치를 온전하게 유지하기 힘들다는 것이다. 고부가 지식기업일수록 법정에서 맞붙을 수 있는 전투력을 함께 키워 가지 않으면 안 된다.

글로벌 무대에서 한국 기업이 야무진 모습을 보여 준다고는 해도 이는 아직도 일부의 이야기이고 글로벌 법적 분쟁은 여전히 심각한 위협 요인임에 틀림없다. 국제적 법규의 동향을 지속적으로 파악할 필요가 있다. 특히 FRAND와 같이, 새로운 규범이 국가나 국제기구의 공식적 채택과 관계없이 자생적으로 형성될 수 있다는 점에 주목해야 한다. 공식화된 법조문에만 유의하면 되는 것이 아니다.

애플이 삼성전자를 상대로 디자인 소송을 제기했을 때, 삼성전자는 애플 역시 삼성전자의 이동통신기술을 사용하고 있음을 고려해서 특허 침해로 맞소송을 제기했다. 그러나 삼성전자의 특허는 표준필수특허였고 따라서 FRAND 원칙 위반으로 판정되어 불리한 역풍을 맞은 바 있다.[19] 최악의 경우 독과점 규제의 대상이 될뿐더러 특허 자체가 취소될 수도 있다. 또한 애플과의 본안 소송에서 '애플도 삼성의 특허를 침해했다'는 반격이 효력을 발휘하지 못했다. 법뿐만 아니라 이러한 '사실상의 규범de facto standard'의 동향까지 꿰뚫고 있어야만 법적 전투를 감당할 수 있다. 서울반도체 사례에서 보듯이 소중한 지식자산을 지키기 위한 노력은 오늘날의 기술 기업에는 필수 불가결한 것이다.

법은 강력한 경쟁 원천 중의 하나

퀄컴은 한국 공정위와 소송 중일뿐더러 수많은 법적 소송에 얽혀 있지만 이것이 그들이 곤경에 빠졌음을 의미하는 것은 아니다. 오히려 퀄컴의 전략적 선택의 결과다. 법은 단순히 대처해야 할 외풍이 아니라 오히려 자사의 경쟁력을 강화하는 유력한 무기가 된다. 우리는 이미 앞에서 글로벌 대기업을 상대로 연전연승한 작은 고추 서울반도체의 사례를 살펴보았다. 퀄컴이 어떻게 법을 경쟁력으로 활용하게 되었는지 들여다본다.

사례 32 퀄컴, 법적 역량을 핵심 경쟁 원천으로 만들다[20]

퀄컴은 디지털 이동통신의 기술 표준인 CDMA기술의 개발자다. 하지만 CDMA가 기술표준이 되기까지는 어려움이 많았다. 가장 큰 난관은 TDMA라는 기술이 거의 표준화되어 있는 상태에서 (실제로 유럽에서는 표준으로 선정되기까지 했다) 후발자로서 경쟁해야 했다는 점이다. 퀄컴은 당시만 해도 세계적으로 저명한 기업도 아니었고 그들의 신기술에 대한 관심이나 신뢰도 낮은 수준이었다.

표준의 세계에서는 먼저 설정된 표준이 시간이 갈수록 강력해지는 참호화entrenchment와 잠김효과lock-in를 동반한다.[21] 즉, 표준을 채택한 기업이 늘어갈수록 표준에 참여하는 매력이 커지는 효과 때문에 새로이 도전하는 표준이 불리해지는 현상이다. 퀄컴은 후발 표준이 선발 표준의 참호를 무너뜨린 이례적인 성과를 거두었는데, 그 과정이 법적 역량의 성장과 깊은 관련이 있다.

호롱불 켜는 마을에 전구를 팔려면 어떻게 해야 할까? 전기가 들어오게 해야 할 것이다. 발전소, 송전탑, 변압기 등의 장비와 인프라가 없으면 전구는 무용지물이다. 누군가가 이것을 만들어 준다면 좋겠지만 없다면 결국에는 목마른 사람이 우물을 팔 수밖에 없다.

결국 퀄컴은 이동통신 표준기술이라는 핵심을 살리기 위해 네트워크 장비, 디바이스(쉽게 말해 휴대폰), 모바일용 반도체(칩 세트)까지 스스로 만들어야 했다. 통신기술에만 강점이 있었고 다른 많은 분야에서 서툴렀지만, 강점에만 의존할 경우 고객에게 자신의 기술을 구현해 줄 방법이 없었던 것이다. 전구를 눈앞에서 환히 켜 줘야 마을 사람들이 호롱불을 포기할 것은 당연한 일이다.

제조업에 익숙지 않았던 퀄컴이지만 CDMA기술에는 정통해 있었기 때문에 이 기술에 가장 적합한 부품과 장비를 개발, 생산할 수 있었다. 더욱 중요한 것은 그렇게 개발된 제품과 기술에 대해 빠짐없이 특허를 출원한 것이다. 부품, 장비에서 훨씬 뛰어난 회사라도 후일 CDMA용 제품을 만들려면 퀄컴의 특허를 사용하지 않을 수 없게 되었다.

이것이 오늘날 퀄컴의 비즈니스 모델이다. 퀄컴은 CDMA가 표준으로 채택된 뒤에는 경쟁력이 없는 제조업, 특히 휴대폰 제조에는 손을 뗐다. 그러나 수많은 관련 기술들이 특허의 보호를 받고 있었고, 특히 모바일 칩 세트는 회사의 핵심 무기가 되었다. 이러한 기술들이 법적 분쟁의 원천이 되고 있음은 앞에서 이미 살펴본 바와 같다.

특허를 주력 제품으로 하는 지식 기업은 지식으로 돈을 번다는 점에서 첨단 비즈니스 모델의 가장 고도화된 경지라고 할 만하다. 퀄컴의 라이선스 수입은 2019년 사업보고서에 따르면 11조 5천억 원으로 전체 매출의 40%에 달한다. 그야말로 꼬박꼬박 입금되는 알짜 수익이 아닐 수 없다.

그러나 이러한 수입에는 지금도 곳곳에서 진행되는 법적 분쟁이 뒤따른다. 퀄컴은 라이선스 모델을 적용하는 초기부터 법적 대응이 중요함을 깨닫고 법무 기능을 강화해 왔다. 권투선수가 되려면 맷집을 키워야 하듯이 특허로 돈을 버는 지식 기업이 되려면 법적 역량의 강화가 필수적이다. 퀄컴에서 경영진과 법무팀은 한 팀을 이루며 긴밀하게 협조한다. 퀄컴은 소송 관련 비용을 연구개발비의 정상적인 일부로 생각한다. 그리고 10여 년의 어려운 법적 분쟁 경험 끝에 이들은 소송을 그다지 두려워하지 않으며 다른 기술 기업에 비해 소송 비용의 비중도 그리 높지 않은 편이다.

디지털시대를 맞아 일반적인 제조업체들도 지식 기업을 지향해야 한다는 목소리가 적지 않다. 그러나 그 대가는 만만치 않다. 천문학적인 비용이 드는 법적 분쟁에서 의연하게 그리고 현명하게 대처할 준비가 되어 있는가. 법은 변호사에게 맡기면 된다는 경영 마인드로는 결코 지식 기업의 문턱조차 넘을 수 없을 것이다.

제 7 장

여전히 소비자가 왕이다

기업의 제조물 책임

소비자가 왕이다

소비자 보호는 산업 발달 초기에는 크게 중시되지 않지만 경제가 성숙해 갈수록 점점 더 부각되는 이슈다. 소비자의 권리에 대한 의식은 천천히 깨어난다. 국가적으로도 경제 성장과 산업 발전에 역점을 두고 있을 때 소비자에 대한 정책은 후순위로 밀리는 것이 보편적이다.

경제 성장이 일정 수준에 오른 후 시민의식이 싹트고 정치적 발전을 요구하는 목소리가 커지듯이 소비자의 목소리 역시 경제가 성숙한 그때 존재감을 드러낸다. 갑작스러운 상황 변화에 직면한 기업은 소비자 보호와 관련된 법적 분쟁에 빠질 위험이 크다. 소비자의 권익 보호에 대한 마인드를 갖추는 것은 의외로 간단하지 않으며, 단순한 정책 변화로는 부족하다. 임직원 마인드, 경영철학, 조직 문화, 그리고 기업 시스템 전체의 근본적 변화가 필요하다.

소비자 보호의 영역은 크게 제품 정보에 대한 허위/기망(대표적으로 허위 과장 광고가 있다), 소비자 건강/안전 관련, 소비자 금융, 즉 할부 거래나 외상 거래 시 부당 거래 관련 등으로 나눠볼 수 있다. 여기서는 제품 정보 관련 내용과 소비자 건강 안전/관련 규율, 그리고 최근 이슈가 되고 있는 장기적 관점에서의 소비자 보호에 대해 살펴본다.

허위 과장 광고가 부메랑으로 돌아온다

소비자에게 제품을 판매할 때 소비자의 판단을 현혹할 수 있는 거짓 정보를 제공해서는 안 된다. 미국의 상표 관련 법률인 「랜햄법Lanham Act」은 허위는 물론 과장된 광고 문구를 엄격하게 금지하고 있다. 1980년대 코카콜라는 경쟁사인 트로피카나의 오렌지 주스 광고를 문제로 제기했다. 스포츠 스타 브루스 제너가 등장해 오렌지를 쥐어짜면서 "오렌지처럼 순수하고 저온 살균된" 주스라고 멘트를 했다. 코카콜라는 가공하고 열처리를 한 주스이면서도 과일에서 직접

짠 생 주스 같은 인상을 주는 과장 광고라고 주장했고 법원은 이를 받아들였다.

한국에서도 광고에 대한 규제는 점점 엄격해지고 있고, 특히 허위 광고에 대해 소비자의 집단 소송이 점차 활성화되고 있다. 최근에는 국내 기업들도 선진국 시장에서 허위 광고로 인한 집단 소송으로 상당액의 보상금을 지급하는 사례가 발생한다. '광고를 하다 보면 어느 정도 과장을 하게 되는 것은 인지상정'이라는 마인드로는 큰 낭패를 보기 쉽다. 이것은 우리 기업만의 문제가 아니다. 유서 깊은 선진 기업들도 '아차' 하는 순간 허위 광고의 함정에 빠진다.

사례 33 켈로그의 머리 좋아지는 시리얼[1]

켈로그는 2008년 자사의 한 시리얼 제품에 다음과 같은 광고 멘트를 제시했다. "한 임상시험에서 이 제품Frosted Mini-Wheats으로 아침 식사를 한 아이들의 주의력이 20% 가까이 향상되었음이 밝혀졌습니다." 이 광고는 약 2년간 대중에게 노출되었다.

한 저널리스트가 이 실험을 상세히 조사해서 진상을 밝혔다. 실제 실험 결과는 이러한 주장을 뒷받침할 수 없었다. 절반 정도의 아동은 전혀 효과가 없었으며 더구나 비교 대상이 아침 식사를 하지 않은 아동이었다. 주의력 향상률은 평균 11%였고, 오직 한 명의 아동만이 이례적으로 18% 정도 향상되었다. 그러나 비교 대상이 아침 식사를 하지 않은 아동이라면 이는 이 제품의 효과가 아니라 단지 아침 식사의 효과일 수도 있다.

이미 많은 실험에서 아침 식사가 두뇌 회전과 학습능력 향상에 도움을 준다는 것이 밝혀지고 있었다. 켈로그가 인용한 실험은 아침 식사의 효과를 측정하는 것이지 제품 자체의 효과를 입증하는 것이 아니었던 셈이다. 이렇게 모호한 실험 결과를 근거로 자사의 특정 제품의 효능을 2년 동안이나 홍보한 것은 소비자들을 기망한 것으로 봐도 무리가 아니다.

미국인에게 아침 식사의 대명사나 다름없는 켈로그의 광고는 소비자들의 신뢰를 훼손했고, 사실이 밝혀진 뒤의 배신감도 그만큼 컸다. 집단소송이 벌어졌고 켈로그는 광고가 행해진 기간에 이 제품을 구매한 고객들에게 총 4백만 달러의 배상금을 지급했다. 그러나 배상을 하고도 켈로그는 자사 웹사이트에 자신들이 허위 광고로 소비자를 기망했다는 사실을 알리지 않았다. 단, 광고 멘트를 다음과 같이 수정했다.

한 임상시험에서 이 제품으로 아침 식사를 한 아이들은 아침 식사를 거른 아이들에 비해 주의력이 11% 향상된 것으로 밝혀졌습니다.

얼핏 보면 처음의 멘트와 크게 달라진 것처럼 보이지 않는다. 그러나 이 실험은 비교 대상이 아침 식사를 하지 않은 아동임을 표기함으로써 이 제품의 효능에 대해 아무것도 주장할 수 없음을 암묵적으로 인정한 것이다. 켈로그는 다른 종류의 식사를 한 아동을 비교 기준으로 삼아야 했다. 수정된 문장은 여전히 혼동을 일으킬 여지가 있어 보인다.

왜 이런 일이 벌어졌을까. 이것은 실험 결과를 해석하는 과학적 원칙과 관련이 있다. 가설이 타당한가를 입증할 때는 신중할 필요가 있다. 주의력이 평균 11% 향상되고 그중 한 명은 18% 향상되었다는 결과가 보고되었을 때 회사 내에서 그 누구도 표본 수가 몇 명이었는지, 결과의 분산이 어느 정도였는지, 비교 기준이 무엇이었는지 등의 질문을 하지 않았다.[•]

이것은 허위 광고를 막기 위한 기업의 대응에 중요한 시사점을 준다. 공통의 성과를 지향하는 기업 조직은 한 팀으로 단합이 되는 동시에 다른 의견이나 관점을 허용하기 어렵다. '한마음, 일체감, 애사심, 비전 공유' 등을 강조하는 강한 기업 문화의 슬

[•] 최근 한국에서도 남양유업이 자사 제품이 코로나19에 효과가 있다는 결과를 홍보해 큰 이슈가 되었다. 잘못된 홍보의 결과로 결국 남양유업 사주 일가는 기업을 매각하는 데에까지 이르렀다.

로건들은 객관적·비판적 사고와는 어울리지 않는다. 이런 상황에서 회사에 유리한 사실을 지지하는 증거에 엄정한 방법론적 회의를 제기하고 반론을 제시하는 의도된 악역, 즉 '악마의 대변인devil's advocate'을 찾기는 어렵다.

"핑계 없는 무덤이 없다"는 속담처럼, 나름의 변명 거리가 없는 허위 광고는 없다. 처음부터 허위를 작정하고 만든 광고는 드물다. 대부분은 근거가 될 만한 사실이 있다. 이것이 한마음 한뜻이 된 조직 내에서 서로서로 약점을 눈감아 주고 좋은 점을 응원하는 가운데 움직일 수 없는 확고한 사실로 바뀐다. 어느 단계를 지나면 이를 내부 견제하거나 크로스체크하는 것이 매우 어려워진다. 허위 의도가 없었더라도 선의로 시작한 일이 엄청난 허위 광고로 회사의 평판과 신용을 무너뜨릴 위험이 늘 존재한다.

제조물 책임의 강화 ─ 무과실 책임과 입증 책임

소비자의 건강과 안전에 직결되는 제조물 책임은 선진국 법제가 훨씬 더 엄중하다. 그러나 최근 한국의 법제도 선진국 수준으로 강화되고 있다. 가습기 살균제, 라돈 침대 등 국민의 생명에 직결되는 사건으로 엄격한 제품 품질 규제에 대한 사회적 공감대를 형성했다. 이것은 돌이킬 수 없는 시대적 흐름으로 향후 더욱 강화될 것이 분명하다. 기업들은 제조물 책임에 대한 경각심과 대응 자세를 다시 한번 가다듬어야 한다.

현대 계약사회의 대원칙 중 하나인 과실 책임의 원칙, 즉 피해가 발생했을 때 가해자의 과실에 근거해 책임을 지우는 원칙이 제조물 책임에는 적용되지 않는다. 즉, 제조업자가 특별한 과실을 범하지 않았더라도 소비자가 피해를 입은 경우 제조물 책임이 발생한다. 이것은 죄가 없는데도 벌을 준다는 것이 아니라, 오늘날 고도로 발달한 산업 기술로 생산된 제품에 대해 일반 소비자가 결함의 원인을 밝히는 것이 어려우므로 개연성이 있는 상황에서는 제조업자의 과실을 추정하는 것이다.

즉, 소비자에게 피해를 입힌 사고가 그 제품 외에는 별다른 요인이 없는 상황에서 일어났고, 제조업자가 그것이 자신의 잘못이 아님을 증명할 수 없는 한에서는 제조업자에게 과실이 있다고 추정한다. 이러한 무과실 책임의 원칙은 곧 입증 책임의 문제로 연결되는데, 피해자가 과실을 입증하는 것이 아니라 제조업자가 과실이 없음을 입증해야 한다는 극단적인 주장도 나올 수 있다.

지금까지 제조물 책임 관련 다툼에서 입증 책임은 소비자에게 있었다. 흡연으로 폐암에 걸린 환자가 자신의 암 원인이 흡연임을 입증하는 것은 쉬운 일이 아니다. 이런 점을 고려해서 간접적인 증명도 증거로 수용하는 등 어느 정도 조건이 완화되기는 했으나 여전히 피해자가 입증 책임을 부담한다는 것에는 변함이 없었다.

그러나 자동변속기 차량 급발진 사고에 대한 판례에서 설령 차량의 결함으로 급발진이 일어났다는 사실을 증명하지 못해도, 그 외 다른 아무런 급발진 요인을 찾을 수 없고 차량 결함이 요인이 아님을 자동차 회사가 증명하지 못하는 한 회사에 책임이 있다는 판례가 나왔다. 더욱이 2017년 개정된 「제조물 책임법」에서는 소비자가 정상적으로 제품을 사용하는 중에 사고가 발생했다는 사실을 입증하면 그 인과 관계를 직접 입증하지 않아도 책임을 물을 수 있다고 규정했다. 소비자 입증 책임의 완화는 즉각적으로 기업에 커다란 부담이 될 전망이다.

사례 34 도요타 캠리 급발진 사고[2]

도요타에 천문학적 리콜 비용을 부담하게 한 2009년 캘리포니아의 렉서스 가속 페달 오작동 사고 2년 전에 오클라호마주에서 캠리의 급발진 사고가 발생했다. 피해자 측은 차량에 내장된 소프트웨어 고장이 사고의 원인이라고 주장했다. 전자제품이 된 현대의 자동차에서 소프트웨어는 필수적이나, 모든 소프트웨어에는 크고 작은 오류가 생기기 마련이다. 소프트웨어에 존재하는 다양한 버그를 찾아내서 그중 하나를 급발진의 원인이라고 주장한다면, 소프트웨어 전문가가 아닌 일반인을 쉽게 설득할 수 있다. 이 재판의 판결은 일반 배심원이 담당했다.

이 분야의 전문가가 판단하기에 캠리의 소프트웨어 오류와 급발진 사고 사이에는 합리적인 인과 관계가 존재한다고 볼 수는 없었다. 많은 오류가 제시되었지만 이것이 실제 급발진으로 연결되는 메커니즘은 밝혀지지 않은 것이다. 두세 개의 시나리오가 제시되었지만 기술적으로 따져 볼 때 개연성이 없었다. 전문가의 시점에서 급발진의 원인 제시는 실패했던 것이다. 그러나 전문성이 없는 배심원들은 도요타의 과실을 인정했고 이로써 배상 판결이 선고되었다.

이 사안은 피해자에게 입증 책임이 부과되었던 경우이다. 전문적이고 과학적인 현대 산업 기술에서 소비자의 입증은 일반적으로 매우 불리하다고 인식된다. 전문적 기술 정보를 독점하고 있는 기업이 단연 유리해 보인다. 그러나 자동차에 내장된 소프트웨어의 경우 기술이 너무 복잡하고 어려운 것이 도리어 기업 측의 약점으로 작용하는 경우도 있다. 원인이 너무나 많아 무엇이라도 원인이 될 수 있다. 도요타는 배심원에게 소프트웨어의 특수성을 설득하는 데 실패하고 말았다.

앞서 디지털 시대의 법적 이슈로 인공지능의 과실 책임 문제를 다룬 바 있지만 자동차의 급발진 사고는 이 문제의 초기 버전이라고 볼 수 있다. 급발진 사고는 제품의 지능화가 제조물 책임의 법리에 어떤 영향을 줄 것인가를 예견할 수 있도록 해 준다. 즉, 인공지능 과실 책임 문제의 예고편 같은 것이다.

소프트웨어의 버그 존재를 원인으로, 급발진을 결과로 연결하는 것은 무리한 측면이 있다. 이것은 인공지능의 설계 제작자에게 인공지능이 범한 과실을 전적으로 책임 지우는 것과 비슷하다. 이렇게 되면 인공지능을 이용한 제품의 개발 자체가 위축될 것이다. 소비자 입증 책임이 더욱 완화되고 무과실 책임이 엄격하게 적용된다면 이런 경향은 더욱 심화될 것이다. 현재 피해자는 운전 중에 급발진이 일어났고, 급발진이 일어날 만한 다른 어떤 외적 요인도 없었다고 주장하기만 하면 된다. 인과 관계가 있다는 것을 증명하기보다 없음을 증명하는 것은 더욱 어렵다. 향후 고도로 발달할 인공지능 탑재 제품은 캠리의 소프트웨어와는 비교가 되지 않을 것이다.

적극적인 제조물 책임이라는 혁신

복잡화, 고도화의 정도를 넘어 이제 인간의 지능을 대체하는 제품이 등장하는 상황이므로 제조물 책임에 대해 더욱 진지하게 논의할 필요가 있다. 혁신은 사회 전체의 일이고 혁신의 리스크는 사회적으로 공유되어야 한다. 초기 자본주의 시대 앙트러프러너에게 법인이라는 법적 장치를 통해 유한 책임을 인정했듯이, 제조물 책임에 대해서도 그 한계를 지정해서 리스크를 예측 가능하게 만들 필요가 있다. '전자인'의 법적 지위를 부여하거나 형사 책임 등 어느 수준 이상에 대해서는 면책을 부여하는 방식 등을 검토할 수 있을 것이다.

물론 이는 제조업자에게 면죄부를 주자는 것이 아니다. 제조물 책임의 강화가 기업에 큰 부담이겠지만 기업 또한 자세를 긍정적으로 바꿀 필요가 있다. 제조물 책임이 반드시 비용인 것만은 아니다. 제품이 가져오는 여러 리스크를 해결하고 안전하고 삶의 질을 높이는 제품을 만들기 위해 누군가 짊어져야만 하는 의무라고 할 수 있다. 이것을 모두 기업에 지우는 것은 공평하지 못하지만, 기업이 상당한 비중을 짊어져야 하는 것은 당연하다. 기업은 이 책임을 스스로 떠맡음으로써 문제를 해결하려는 강한 동기를 부여받게 된다.

자동차가 지능화된 IT 제품이 되어 갈수록 급발진과 같은 예상하지 못한 문제는 점점 더 늘어날 것이다. 하물며 자율주행차가 상용화된다면 차원이 달라진다. 급발진 문제조차 시원스럽게 원인을 밝히지 못하고 있는데, 자율주행차에서 여러 문제가 발생한다면 더욱 골치가 아플 것이다. 자동차의 경우 급발진이 법적인 골칫거리가 되었지만 자율주행차에서는 그 정도로 끝나지 않을지도 모른다.

자동차는 이미 우리 생활에서 떼어 낼 수 없는 물건이다. 그러므로 급발진 문제 때문에 자동차를 폐기하자는 주장은 나오지 않는다. 그러나 자율주행차는 어떨까? 자율주행차가 여러 가지 크고 작은 문제를 일으킨다면 소비자와 사회가 이 제품을 거부하게 되고 결국 산업 자체가 좌초하는 일이 벌어질 수 있다. 등장했을 때 주목받았던 제품이나 산업이 중도 하차한 사례는 비행선, PDP TV, 초음속 여객기 등등 매우 많다. 리스크에 대한 부담으로 유망한 신생 산업이 좌초될 수 있다.

그러므로 자율주행차라는 산업과 시장을 창출하고자 하는 기업이라면 현재의 책임을 모면하고 비용을 회피하려는 방어적 경영을 할 것이 아니라 장기적인 관점에서 이 문제를 해결하고자 해야 한다. 기업들이 조직적으로 저항하고 로비를 통해 소송에서 승리함으로써 계속 사고를 운전자의 과실로 몰고 간다면, 당장은 기업의 수익성에 유리할지 모르나 이는 혁신을 저해해서 산업 자체가 정체 및 쇠퇴에 들어갈 수 있다.

여기서 한 가지 역사적 사례를 살펴보는 것이 도움이 될 것이다. 전통적으로 집에서 산파의 도움으로 아기를 낳던 산모들은 19세기 들어 차츰 산부인과를 이용하기 시작했다. 병원이라는 시설에서 의사의 도움을 받는 출산은 더욱 안전할 것으로 기대되었다. 그러나 병원에서 산욕열에 의한 산모 사망률이 훨씬 더 높게 나타났다. 그러나 상당 기간 이러한 사실을 인식하지도, 이슈화되지도 않았다.

1847년 오스트리아 빈 종합병원 산부인과 조교수였던 이그나스 제멜바이스는 이 사실에 의문을 품고 연구를 시작했다. 그는 신중한 관찰 끝에 수술실이나 시체실에 있던 의사들에 의한 접촉이 문제임을 알아내고 의사들에게 염소용액으로 손을 씻게 했다. 당장 효과가 나타났지만 세균의 존재조차 모르던 시절이라 그의 주장은 널리 받아들여지지 않았다. 30년이 지난 뒤 파스퇴르 등에 의해 세균 감염이 발견되고 나서야 병원에서의 위생, 살균이 보편화되었다.[3]

제멜바이스와 같은 의식 있는 소수의 희생적 노력으로는 산부인과의 위생 문제가 바로 해결되지 않았다. 물론 세균에 대한 지식이 없던 당시 의학의 한계가 1차 원인이었지만, 동시에 환자들의 강력한 이의 제기, 그리고 사고 발생에 대해 병원 책임을 묻는 제도적 장치가 부족했기 때문이라고도 할 수 있다. 산모 사망을 중대한 문제로 인지하고 이를 해결하기 위해 병원 측의 노력을 촉구하는 적정한 압력이 있었다면 제멜바이스가 혼자 외로운 선각자가 되지도, 그의 발견이 무시당하지도 않았을 것이다. 산모의 사망률은 즉각적으로 문제가 되었을 것이며, 다수의 병원이 인력과 예산을 동원해 문제 해결에 나섰을 가능성이 크다. 그리고 이 문제는 30년 앞당겨 해결되고 수많은 산모의 생명을 구할 수 있었을 것이다.

기업들은「제조물 책임법」강화에 대한 대응을 하나의 투자로 생각할 필요가 있다. 지능화된 기계로부터 발생할 다양한 문제점과 부작용은 마치 19세기 당시 신산업이었던 산부인과의 세균 감염과도 비슷하다. 근본적인 혁신일수록 예상하지 못한 파급 효과가 더 많이 발생한다. 얼마나 더 많은 사고와 희생자를 치른 뒤에야 문제를 해결할 것인가.

무과실 원칙이나 소비자 입증 책임의 완화는 이런 면에서 기업이 더 적극적으로 문제를 해결하라는 일종의 채찍이다. 이를 통해 문제점을 조기에 해결할 수 있다면 미래의 자동차 산업은 더욱 번영할 것이며, 이를 통해 더 큰 이익과 성장을 기대할 수 있을 것이다. 현시점에 머무르며 현재의 이익을 지키는 것보다 과감하게 문제를 인정하고 해결하려는 태도가 필요하다.

수동적 법령 준수에서 능동적인 규칙 창조로

소비자 보호의 문제를 비용으로만 이해할 경우 기업은 소비자와 이해관계에서 제로섬으로 맞서게 된다. 이것이 문제다. 기업과 소비자는 제품의 가격을 두고 대립하지만, 동시에 기업이 소비자에게 가치를 제공한다는 긍정적 관계도 맺고 있다. 사랑받고 지지를 얻는 기업이 되려면 가격을 두고 줄다리기하는 기업의 모습으로 각인되어서는 안 된다. 소비자 보호 강화를 비용 증대, 이익 감소의 원인으로만 이해하는 기업이 시장에서 지속적으로 성장하기를 기대하기는 어렵다.

소비자 보호는 선진 경제에서는 하나의 대세다. 어떤 기업이 소비자의 건강과 안전을 더욱 적극적으로 고려한다는 점이 알려진다면 이것은 오히려 강력한 경쟁 원천이 될 수 있다.

소비자를 진정으로 생각하는 기업이라는 이미지는 어떻게 해서 생기고 어떻게 해서 소멸하는 것일까. 법령의 준수가 그 관건일까. 최근 한 일본의 항공사에서 일어난 사건은 반드시 그렇지 않을 수 있음을 보여 준다. 주어진 규칙을 기계적으로 맹종하는 것은 어처구니없는 상황을 만들 수 있으며, 이것은 소비자에 대한 기업의 진심을 드러내는 계기가 되기도 한다.

2017년 일본 바닐라에어에 탑승하려고 했던 한 장애인 남성이, 휠체어를 탄 채 탑승 계단에 오를 수 없다는 규정을 고집하는 승무원 때문에 결국 휠체어에서 내려 팔의 힘으로 계단을 기어올라간 사태가 벌어졌다. 대부분의 공항에는 리프트가 있었지만 당시 공항에는 그런 시설이 없었다. 일본 도인요코하마 대학 법대 교수 카바 토시로蒲俊郎는 이런 일이 벌어진 것은 준법관리를 그저 법을 지키는 것으로 오해하기 때문이라고 주장한다.[4] 리프트와 같은 시설을 전제로 한 법규는 리프트가 없을 경우 유연하게 해석되어야 한다. 준법관리란 법 조항의 문구를 그대로 움직이는 로봇처럼 지키는 것이 아니다. 규칙의 본래 취지와 상황을 헤아려 가장 올바른 것이 무엇인가를 스스로 고민하고 판단을 내리는 것이 진정한 준법관리다.

장애인이 탑승 계단을 기어오르는 모습

자료: 永井啓吾 外, 2017.6.28., 「車いすの人に階段タラップ自力で上らせる バニラエア奄美空港」, 朝日新聞デジタル.

준법관리에 강한 기업은 규정을 암기하고 무조건 맹종하는 사원이 아니라 분명한 가치관과 이를 실제 상황에 적용할 수 있는 주체적인 사원이 필요하다. 모든 개인에게 이런 재량권과 역량을 심어 주는 것이야말로 진정한 준법관리 전략이라고 할 수 있다. 상황에 적절히 적응하는 역량은 개별 사원뿐만 아니라 회사 차원에서도 필요하다.

사례 36 까르푸의 블랙슈퍼마켓

기업이 미션에 대한 확고한 의식을 가지고 있으면 때로는 실정법의 한계를 넘어서기도 한다. 현대 기업의 준법관리에서는 "악법도 법이다."라는 명제는 절대 선이라고 볼 수 없다. EU의 법을 정면으로 위반한 까르푸는 좋은 예다.

EU는 통합 유럽 시장에서 유통될 수 있는 종자의 카탈로그를 확정해 놓고 있었다. 까르푸는 '블랙슈퍼마켓'이라는 채널을 론칭하고 여기서 EU가 승인하지 않은 곡물, 과일, 채소류를 팔았다. EU의 권위에 정면 도전한 것이다.

기업이 어떻게 기존의 실정법을 대놓고 위반할 수 있을까? 까르푸는 기존의 승인된 종자 카탈로그가 글로벌 대기업의 로비 산물이라고 주장한다. 이 카탈로그는 종자에 대한 엄격한 규제를 통해 실제 농부들이 재배 작물로부터 얻는 씨앗의 사용을 금지하고 대기업 종자만을 사용하도록 규제한다. 소규모 농가가 이 법을 위반할 경우 막대한 벌금으로 파산할 수도 있다. 식탁의 지배자로 불리는 몬산토Monsanto등 식량 대기업들이 특허를 취득한 값비싼 종자로부터 얻은 작물만이 유럽 시장에서 유통될 수 있는 것이다. 까르푸는 현재의 법제를 생물 다양성, 미각, 건강에 대한 재앙으로 규정한다.

어디서나 그렇겠지만 유럽의 농부들은 스스로 종자를 개량하는 전통을 보존하고 있었다. 물론 이들의 개량이 대규모 실험실이나 전문적 과학자에 의해 검증되지 않은 것은 사실이나, 이러한 작은 노력들이 오늘날의 농산물을 만들어 낸 것은 누구도 부인할 수 없다. 대기업들은 종자 안전성에 대해 도저히 소농의 설비로는 감당할 수 없는 복잡한 절차를 법제화함으로써 종자 유통에서 일방적으로 소농들을 배제하고 독점권을 장악했다.

까르푸는 유통 대기업으로서 최우선의 가치가 "모두를 위한 식품의 질"이라고 선언해 왔다. 1996년에 까르푸는 최초로 법적으로는 문제가 없는 GMO(유전자조작 식품)를 매장에서 금지했다. 실정법의 테두리가 아니라 소비자에 대한 경영철학을 바탕으로 독자 행보를 걸어온 까르푸는 대기업에 의해 위기에 몰린 소농들을 국가적 영웅으로 만드는 과감한 액션을 취했다. 이들은 별도로 마련된 매장에 금지 작물을 진열하고 농산물 대기업에 의해 소송을 당하는 농부들의 사진까지 실었다. 작

까르푸의 블랙슈퍼마켓 캠페인 포스터

자료: 2019.7.8., "Carrefour's The Black Supermarket sells that which the world needs the most!", Campaigns of the World.

물의 종류는 600개에 달했다. 종자 유통을 제한하는 현행법을 개정해 달라는 서명운동도 일어났다.

　까르푸는 프랑스에서 식품의 질을 개선하는 데 가장 큰 장애물은 경쟁도 소비자도 아닌 바로 법이라고 여겨 명시적으로 블랙슈퍼마켓과 같은 노골적인 위법행위와 이에 대한 소비자들의 호응을 통해 법의 개정을 시도했다. 그 결과 유럽 의회는 2019년 4월 19일 새로운 유기농 규제 법안을 비준하고 농부들이 만든 종자의 판매와 경작을 허용했다.

까르푸의 대담한 행보는 21세기 준법관리에 많은 것을 말해 준다. 법이 경직되어 있고 변경 불가의 원칙이라는 생각을 바꿀 필요가 있다. 기술 혁신과 글로벌화, 디지털화와 함께 종래에 없던 신제품, 신기술, 신사업이 등장한다. 과거의 법으로는 포용되지 않으므로 새로운 법을 제정해야 하고, 기존의 법들도 달라진 환경하에서 새롭게 해석하거나 개정해야 할 일이 끊임없이 생긴다. 기준 자체가 달라진다. 이런 상황에서 무조건적이고 수동적인 법령 준수의 마인드로는 방향감각을 상실하기 쉽다. 오히려 굳건한 경영철학, 그리고 이 철학을 현실에서 구현하려는 고민과 전략 창조의 자세가 더욱 중요하다. 까르푸의 사례처럼 법이 현실을 따라가지 못하고 비합리적일 때는 의도적으로 위법행위를 해야 할 수도 있다. 탑승 계단에는 휠체어를 타고 오를 수 없다는 규칙 하나에 목매어 장애인 승객을 두 팔로 기어오르게 하는 일이 지금 이 순간 얼마든지 발생할 수 있다. 이것은 그 기업의 이미지와 평판을 돌이킬 수 없게 악화시킬 것이다.

진정한 준법관리는 수동적 맹종이 아니다. 오히려 일관된 가치관과 능동적이고 유연한 전략적 대응의 결합을 통해 가능한 고도의 균형 잡기라고 해야 할 것이다.

제 8 장

믿을 수 있는 투명한 기업으로

기업 지배구조와 투자자 보호

법인, 기업은 어떻게 사람이 되었나

현대사회에서 기업의 지배구조는 성장, 혁신, 분배를 좌우하는 핵심적 요인으로서 그 중요성이 점점 더 강조되고 있다. 동시에 지배구조를 규율하는 법률도 더욱 복잡해지고 정교해진다. 생산과 영업을 어떻게 하느냐 못지않게 지배구조를 어떻게 설계하는가, 즉 이해관계자 간 인센티브를 어떻게 설정하느냐가 중요해지는 것이다. 경쟁력을 확보하는 동시에 법과 규제를 위반하지 않는 지배구조와 인센티브를 설계하는 일은 더욱 복잡한 고차방정식이 되어 가고 있다. 여기서는 지배구조와 주요 이해관계자의 권한/의무 구조를 이해하고, 합법적이고 경쟁력 있는 지배구조를 위한 바람직한 방향을 모색해 본다.

　벤츠사(社)의 주주가 회사 전시장에 전시된 차를 타고 그대로 떠나 버리면 어떻게 될까? 주주는 엄연한 벤츠사의 소유주다. 자신이 소유한 회사의 자산이라면 역시 자기 소유가 아닐까? 그러나 회사법에 따르면 이는 명백히 절도다. 주주는 회사를 소유하지만 회사의 자산을 소유할 수는 없다. 현대 자본주의 사회에서 기업은 법인으로서 그 자체가 독립적인 소유의 주체다. 따라서 벤츠사라는 법인이 소유한 자동차를 주주가 무단으로 점유하면 절도가 된다.

　공동소유의 경우 소유주 각자가 자산을 분산 소유하므로 자신의 지분 이내라면 자동차 한 대쯤 사용해도 무방하다. 그러나 법인의 존재는 이러한 편의를 엄격하게 금한다. 주식회사는 왜 이렇게 주주를 불편하게 만들었을까. 이상하게 들릴지 모르지만 이것은 주주를 괴롭히려는 것이 아니라 보호하려는 것이다.

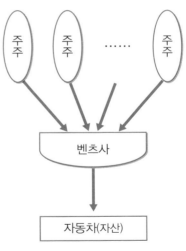

주식회사의 구조
자료: 岩井克人, 2009, 『会社はこれからどうなるのか』, 平凡社.

주주들은 회사를 소유할 뿐 회사의 자산을 소유하는 것은 아니다. 내 소유물의 소유물이면 역시 내 소유가 아닐까. 아니다. 여기에 법인이 주주를 보호할 수 있는 근거가 마련된다.

직접적 소유를 제한하는 이중소유라는 복잡한 구조는 소유의 '문턱'이기도 하지만 동시에 위험에 대한 '방지턱'이기도 하다. 대형 선박에서 한쪽에 물이 들어와도 다른 쪽의 누수를 막아 주는 격벽과도 같은 역할이다. 이중소유는 회사가 부실해져서 모든 자산을 다 처분해도 빚을 갚을 수 없게 되었을 때 주주를 보호하는 근거가 된다.

법인이 계약의 주체가 됨으로써 사업 실패의 리스크는 일차적으로 법인이 진다. 물론 법인의 손실은 주주에게 귀속되는데, 이때 주주들은 자신이 출자한 금액 한도 내에서만 책임을 진다. 이것이 직접적 소유권을 행사할 수 없는 이유다. 주주가 법인을 소유하되, 법인은 주주의 노예가 아니라 독자적인 주체로서, 주주 개인이 아닌 법인 전체의 이익을 위해 위험을 감수한다는 것이다. 따라서 법인이 모든 책임을 지고 주주는 보호를 받는다.

유한책임의 원리는 기업에 대한 투자의 리스크를 완화하기 위한 것이다. 기업에 대한 투자는 예금이나 채권 투자보다 더 위험하다. 하지만 회사가 망했을 경우 유한책임 원칙에 따라 주주가 부담해야 할 손실에는 상한선이 주어진다. 주주는 위험을 부담하지만 적어도 최악의 경우를 미리 가늠할 수 있다. 따라서 주주는 더 적극적으로 혁신적인 투자에 나설 수 있다. 사업은 경우에 따라 돈 먹는 하마처럼 엄청난 자본을 끌어들이기도 한다. 혁신적이고 도전적일수록 그렇다. 만약 사업이 실패로 끝났을 때 주주가 모든 책임을 져야 한다면 혁신의 의지는 상당히 위축될 것이다. 즉, 유한책임은 주주에 대한 특혜가 아니다. 기업이 혁신에 성공할 경우 사회 전체는 그 혜택을 누린다. 유한책임이란 혁신의 혜택을 누리는 사회가 주주와 함께 위험을 나눠서 부담하는 것으로 볼 수 있다.

다만 유한책임이라는 안전장치는 공짜가 아니다. 앞의 예에서 본 벤츠사의 주주와 같이 전시장의 회사 차를 마음대로 이용해서는 안 된다. 기업은 주주의 사유물이 아니다. 예를 들어 생산성과 품질 개선을 위한 혁신에 투자해야 할 자원이 주주들의 개인적 목적을 위해 전용되어서는 안 된다. 이를 감시하기 위해 법과 다양한 규정이 회사 운영의 방식과 절차, 정보 공개 등의 의무를 규정하고 있다. 유한회사 또는 주식회사로 절차를 거쳐 등록한 이상, 회사는 이 모든 의무를 성실하게 이행해야 한다.

기업은 법적 절차를 통해 법인격을 부여받지만, 이것은 실제 자연인의 인격처럼 천부의 것, 즉 박탈할 수 없는 것이 아니다. 자연인이라면 범죄를 저질렀다고 해서 인격을 부정당하지는 않는다. 그러나 법인격은 이와 다르다. 제도에 따라 인위적으로 만들어진 법인격은 박탈될 수 있다. 이를 '법인격 부인'이라고 한다. 즉, 주주가 회사를 자신의 사유물처럼 전횡하면서도 사업이 실패했을 때 채무를 회피하기 위한 수단으로서 유한책임을 활용하려고 하면 법인격이 부인될 수 있다. 영어로는 이를 비유적으로 '베일veil'이라고 한다. 주주가 회사를 사유물처럼 다루면서 유한책임의 혜택을 누리는 것은 '법인이라는 베일로 자신을 은폐하는' 것과 같다. 따라서 법원에서 이러한 진상을 밝히고 법인격을 부인하는 것을 '베일을 뚫고 들어간다piercing the corporate veil'고 표현한다.

🖋 사례 37 　뉴욕 택시 회사 션캡의 법인격 부인

택시 회사 션캡 소속의 택시 이용 중 사고를 당한 월코브스키는 션캡이 매우 소규모의 회사로 최저 한도의 보험에만 가입되어 있음을 알았다. 좀 더 조사를 해 보니 션캡의 소유주 칼턴은 비슷한 규모의 회사 열 개를 소유하고 있었다.● 이 열 개의 택시 회사들은 최저 요건의 보험금을 각자 적립하고 있어서 그 금액은 월코브스키의 사고를 처리하기에 훨씬 부족한 수준이었다. 이에 월코브스키는 자신의 보상 책임을 션캡

● Walkovszky v. Carlton(1965), Leagle.com

이 아니라 그 소유주인 칼턴 개인에게 부과해야 한다고 주장하면서 소송을 제기했다.

법인이란 앞에서도 설명한 것처럼 그 소유주와 분리되는 별개의 경제 주체여야 한다. 그러므로 소유주들에게 유한책임을 인정해 주는 것이다. 이 판례에서 법원은 결국 소유주인 칼턴의 보상 책임을 인정했는데, 이때 적용된 법 이론을 '분신 이론alter-ego theory'이라고 한다. 즉, 법인이 소유주와 별개의 인격체가 아니라, 소유주의 분신에 불과하다는 것이다. 션캡이 칼턴의 분신에 불과하다는 판단이 내려짐으로써 법인격은 부인되고 칼턴은 사재를 털어 원고에게 보상해야 할 의무가 생겼다.

지금도 채무를 모면하기 위해 법인을 보호막으로 사용하려는 시도는 그치지 않고 있고 이에 대한 법원의 판단도 점점 더 엄격 해지고 있다. 국내에서도 '법인격'이 문제시되는 판례가 나오고 있다. 법인의 보호막은 이제 철벽이 아니다. 법인격을 지키려면 몇 가지 요건을 갖춰야 한다. 중요한 것은 소유주가 회사를 좌지 우지해서는 안 된다는 것, 그리고 발생 가능한 리스크를 감당할 수 있을 정도의 충분한 출자가 이루어져야 한다는 것이다. 칼턴 의 경우 너무 소액의 보험금을 적립한 것이 바로 이러한 조건에 미달되어 분신 이론이 적용되는 빌미가 되었다.

법인격 부인은 단지 개인 소유주의 경우에만 해당하는 문제가 아니다. 기업이 자회사 등 관계회사를 가지고 있을 때, 관계회사에서 벌어진 리스크에 모회사가 연루되는 상황이 생길 수 있다. 이 경우 관계회사의 법인격이 부인되면 모회사는 온전히 관계회사의 리스크를 책임지게 된다. 모회사와 분명하게 독립된 실체를 지니고 자기만의 절차를 온전히 갖추고 있지 않을 경우 자회사의 법인격이 부인될 가능성이 커지고 있다. 법인과 유한책임이라는 제도적 보호는 법인의 실체를 잘 관리할 때만 주어지는 권리임을 명심해야 할 것이다.

전문경영자란 누구인가 — 신인의무와 배임

법인은 소유주의 분신이 아니고 또 아니어야 한다. 하지만 법인은 추상적 실체로서 손도 발도, 의지도 감정도 없다. 따라서 법인이 의사결정을 하고 행위를 하기 위해서는 이를 대리할 현실 속의 주체가 필요하다. 자본주의 초기에는 소수의 소유주들이 이를 행했지만 오늘날 상장회사의 수많은 익명 주주들은 그러한 역할을 하기에 적합하지 않다. 오늘날의 경영은 이사회와 전문경영자가 대리인으로서 실질적인 의사결정 및 실행을 담당한다. 그러나 이들은 실제 기업의 소유주가 아니다. 물론 오너 경영 체제에서는 지배주주가 경영을 담당하지만 이 경우에도 경영진의 대다수는 지배주주가 아닌 전문경영인이 맡는 것이 보통이다.

자본주의의 원리는 곧 소유에서 애착이 나온다는 것이다. 즉, 소유가 없으면 애착도 사라지므로 모두의 것은 누구의 것도 아니라는 것이다. 그런데 어떻게 기업의 소유자가 아닌 전문경영자나 이사들에게 회사의 운영을 맡길 수 있을까. 여기서 경영자가 어떻게 해서 주인의식을 발휘하고 기업경영에 헌신하게 할 것인가라는 '신인의무fiduciary duty'의 문제가 제기된다. 신인의무란 경영자가 자신에게 경영을 위탁한 주주의 이익을 최선을 다해 구현해야 할 의무이다.

도쿄 대학 경제학부 이와이 가츠히토岩井克人 교수는 이것을 의사와 환자의 경우로 비유했다. 법인은 아무런 감각도 없고 의사표시도 할 수 없다는 점에서 의식을 잃은 환자와 같다. 이러한 환자는 의사의 진료에 대해 어떠한 의사표명도 할 수 없고 의사의 처분을 받아들여야 한다. 이런 상황에서 상호 합의를 중시하는 계약의 원칙은 의미가 없다.

그렇다면 어떻게 해야 하는가. 환자의 뜻과는 무관하게 의사는 자신의 능력이 허용하는 한도에서 가장 환자에게 이로운 치료를 수행해야 할 의무가 있다.[1] 이것은 「히포크라테스 선서」의 내용이기도 하며, 법인의 경영을 맡은 이사와 경영자에게도 해당하는 이야기다. 이것이 바로 신인의무다. 만약 경영자가 이러한 신인의무를 소홀히 한다면, 도덕적 해이를 범하는 것이고, 법적으로는 '배임'이 된다.

사례 38 찰스 거스의 배임 — '사업 기회 유용금지 원칙'[2]

캔디 회사 로프트는 자사의 매장에 소다파운틴이라는 오늘날의 음료 디스펜서와 비슷한 설비를 갖추고 있었다. 로프트는 코카콜라로부터 시럽을 공급받아 소다파운틴에서 콜라를 판매했다. 로프트가 상당한 규모로 성장하자 최고경영자였던 찰스 거스는 코카콜라 측에 시럽의 단가 인하를 요구했으나 거절당했다. 성격이 불같던 거스는 코카콜라와의 관계를 단절하고 그 대안으로 펩시와 접촉했다. 마침 당시 펩시는 경영난으로 부도 상태에 빠져 새로운 주인을 찾던 중이었다. 거스는 펩시를 사들여 지분 90%를 보유한 단독 대주주가 되었다.

이후에도 펩시는 당분간 난항을 겪었지만 로프트의 자금, 인력, 연구, 영업에 이르는 전폭적인 지원 끝에 차츰 재기의 기반을 쌓았으며, 결정적으로 당시 표준 가격의 절반인 12온스 5센트의 가격 파괴 전략으로 성장 궤도에 올라섰다. 거스는 로프트와 펩시 모두의 최고경영자였지만, 자신의 개인회사나 다름없는 펩시에 더 열중했다. 펩시는 높은 성과를 달성하는 와중에 로프트의 경영이 난조에 빠졌다. 로프트의 주주들은 거스를 상대로 소송을 제기했다.

소송 결과 거스가 경영자로서의 신인의무를 위반했다는 판단이 내려졌고, 이 판례로 인해 '회사의 사업 기회 유용금지 원칙Corporate Opportunity Doctrine'이 확립되었다. 1930년대 당시만 해도 기업이 설립 당시의 업종을 바꾸거나 다른 사업으로 확장하는 사례가 드물었다. 새로운 사업 기회를 일상적으로 모색하는 오늘날의 경영 관행과는 격세지감이 있다.

거스 소송의 쟁점은 펩시라는 회사에 대한 투자 기회를 로프트의 경영자인 거스가 자신을 위해 무단으로 전용했느냐는 것이었다. 로프트의 주주들은 거스가 펩시 인수 비용은 물론, 제품의 개선을 위해 로프트의 연구개발 인력을 활용하고 판매를 위해 로프트 매장의 소다파운틴을 이용하는 등 로프트를 전방위로 활용했다고 주장했다. 새로운 사업 기회는 로프트에 돌아가야 하며 거스라는 한 사람이 독차지해서는 안 된다.

법원은 이 주장을 받아들였고 이것이 '회사의 사업 기회 유용금지 원칙'을 적용한 최초의 판례가 되었다. 즉, 어떤 사업 기회가 특정 기업의 사업과 연관되어 있거나 기업과 합법적인 이해관계가 있을 경우, 그 기회는 기업에 속한다. 따라서 경영자가 이를 자신을 위해 활용할 경우 신인의무 위반이 된다.

이 원칙은 한국에서도 2012년 개정 「상법」에 신설되었는데, 이는 대기업 지배주주의 일감 몰아주기 관행을 방지하는 데 유용하다. 대기업에서 특정 서비스에 대한 사내 수요가 발생했다고 하자. 회사의 IT 시스템, 구내식당, 사무용품 또는 종업원 교육 등을 생각할 수 있다. 이 수요를 담당하기 위해 새로운 신설 회사를 설립했는데, 이 회사의 지분이 기존 대기업이 아니라 지배주주 일가의 것이라면 이것이 '회사의 사업 기회 유용'이 된다.

찰스 거스의 판례로부터 분명해졌듯이, 회사 사업과 연관되어 있고 회사에 이익을 가져다줄 것으로 보이는 모든 사업 기회는 회사의 것이다. 회사가 필요로 하는 다양한 서비스 수요는 당연히 여기에 해당한다. 지배주주는 다수 지분을 가지고 있지만 주주의 일원에 불과하다. 법인으로서의 회사는 주주와 구분된다. 회사가 가지고 있는 사업 기회, 특히 내부 수요와 같이 규모의 경제를 갖는 명백한 기회는 회사의 자산이다. 이를 개인 소유 회사에 몰아주는 것은 벤츠사 주주가 전시장의 자동차를 유용하는 것과 다를 바 없다.

'회사의 사업 기회 유용금지 원칙'은 기존의 신인의무보다 좀 더 엄격한 의미를 지닌다. 예를 들어 대기업 지배주주가 회사의 지분을 자녀에게 저가로 매각했다고 하자. 이 경우의 손해배상액은 신인의무의 관점에서 보면 '당시의 공정한 지분가치 – 실제 매도가액'이다. 그러나 사업 기회라는 관점에서 본다면 계산이 달라진다. 당시의 공정한 지분가치가 아니라, 저가 매도하지 않고 보유했다면 재판 당시까지 획득했을 모든 이익이 기준이 된다. 즉, 사업 기회를 유용한 것으로 판정된다면 이 경우 지배주주의 자녀는 매수한 주식으로부터 벌어들인 모든 이익을 배상해야 한다.[3] 회사의 소유물은 전시장의 자동차만이 아니다. 그것은 회사가 누릴 수 있었을 모든 가능성과 기회까지 포함한다.

경영판단의 원칙

이후 기업의 이사나 전문경영자의 신인의무가 정교화·체계화되었으며, 이러한 의무를 위반할 경우 '배임'으로 처벌을 받게 되었다. 배임은 일정 금액이 넘으면 특정범죄 가중처벌 대상이 되어 경영자로서는 과도한 부담이라는 반론도 적지 않다. 이러한 의견을 반영하여 균형을 맞추기 위한 법리로 '경영판단의 원칙'이 있다. 이것은 설령 회사와 주주에게 피해를 입힌 의사결정이라고 해도 그것이 당시로는 최선이라고 믿어지는 경영상의 판단이었다면 책임을 면해 준다는 원칙이다. 의사결정 당시 이용 가능한 정보를 가지고 회사에 가장 이로운 방향으로 현명하게 결정했다는 점이 인정되면 배임이 아니라는 것이다.

그런데 한 가지 주의할 점이 있다. 경영자의 신인의무에는 주의의무와 충실의무가 있다. 주의의무란 경영 환경과 회사 상황을 잘 살펴야 한다는 것이다. 충실의무란 자신의 이익과 회사의 이익이 충돌할 때, 사리를 추구하지 않아야 한다는 것이다. 경영판단의 원칙은 오직 주의의무 위반 혐의에 대해서만 방어가 될 수 있다는 것이 현재의 지배적인 의견이다. 이익의 충돌이 있는 경우에는 최선의 의사결정을 했다는 전제 자체가 성립하지 않으므로 이러한 방어 논리가 효력을 발휘할 여지가 없다는 것이다. 앞에서 살펴본 회사의 사업 기회 유용은 전형적인 충실의무 위반에 해당한다. 일감 몰아주기나 지배주주 일가에 편법적 지원을 승인한 이사회는 충실의무를 위반한 것이며, 이 경우 경영판단의 원칙에 의한 면책은 기대할 수 없다.

현재 한국의 상황은 경영판단의 원칙 도입이 논의되고 있는 수준이며 실제 적용된 예는 거의 찾아볼 수 없다. 그것은 주주 대표소송 자체가 크게 활성화되어 있지 않은 상태에서 이를 적용할 필요성이 적기 때문이라고 볼 수 있다. 향후 국내에서도 주주 대표소송 제도가 점차 활성화되어 갈 것은 분명해 보인다. 이는 경영자에게 적지 않은 부담으로 작용할 것이므로, 경영판단의 원칙과 같이 균형을 복원해 줄 수 있는 조치에 대해서도 적극적인 논의가 이루어져야 한다.

오너십 리스크와 이사회

소유와 경영이 분리된 현대 기업에서는 의사결정 문제가 복잡해진다. 기업을 소유하지 않은 전문경영자의 도덕적 해이를 걱정하고 있자니, 반대로 주주에 의한 오너십 리스크를 지적하는 목소리도 높다. 소유자가 자산을 직접 운용하는 것이 최선이라는 교과서적 원리는 현실에서는 그대로 통용되지 않는다. 소유자의 독단적 의사결정은 선견지명의 결과일 수도 있지만 괴팍한 돌출행동일 수도 있다. 일론 머스크Elon Musk는 인류의 미래를 개척하는 선구자처럼 보이지만 생방송 팟캐스트에서 마리화나를 피우거나 월가 애널리스트와의 콘퍼런스에서 "테슬라 주식을 사지 말라"고 하는 등 돌출 행동으로 '지킬 박사와 하이드'로 불린다.

경영자의 해이와 지배주주의 독단과 같은 복잡 미묘한 문제를 해결하기 위해 이사회가 존재한다. 회사의 소유권은 모든 주주에게 있지만 실질적 의결기구를 만들기 위해 주주들이 선출한 이사들로 대의기구를 구성하는 것이다. 민주주의 국가에서 주권이 국민에게 있지만 실효성 있는 민의 표명을 위해 대의기구인 의회가 있는 것과 비슷하다.

의회가 행정부를 견제하듯이 이사회는 경영 집행기구와 그 핵심인 경영자를 견제해야 한다. 전문경영 기업일 경우에는 전문경영자가, 소유경영 기업일 경우에는 소유경영자, 즉 경영을 맡고 있는 지배주주가 그 대상이 된다. 전문경영자의 경우 이사회는 그 선임과 해임 권한을 가지므로 견제를 위한 충분한 힘을 갖는다고 볼 수 있다. 그러나 특별한 사정이 없는 한 해임이 불가능한 소유경영자의 경우는 어떠한가.

대주주의 지분이 강력하고 그룹 내 영향력이 막대한데 이사회가 어떻게 대주주를 견제할 수 있습니까?

2019년 3월 28일 SK(주)의 주주총회에서 한 소액주주가 이사회에 던진 질문이다. 바로 이날 SK는 대주주인 최태원 회장이 이사회 의장을 사임하고 SK 조직과 아무 관련이 없는 사외이사 중 한 명인 염재호 전 고려대 총장을 의장으로 선임했다. 이사회가 실질적인 경영 감시 및 견제 기구로 탈바꿈해야 한다는 의견을 수용한 조치였다.

그러나 이날 한 소액주주는 여전히 존재하는 근본적인 문제점을 지적했다. 경영을 맡고 있는 이사의 경우 완전히 독립적인 역할을 할 수 없다는 이유로 사외이사의 중요성이 더욱 부각되고 있다. 한국 「상법」에서도 자산총액 2조 원 이상인 상장기업의 경우 이사 총수의 과반수를 사외이사로 임명하도록 규정하고

있다. 그러나 지배력을 가지고 있는 대주주에 대해 사외이사의
대항력이 있는가라는 의문이 여전히 남는다. 지배구조 선진국이
라고 하는 미국에서도 이 문제는 존재한다.

사례 39 '회장님'의 우군이 사외이사가 됐을 때[4]

2020년 페이스북의 한 주주가 페이스북과 마크 저커버그를 상대로
델라웨어 법정에 소송을 제기했다. 2016년 페이스북 이사회는 자본구
조의 재편을 시도하다가 포기한 바 있다. 소송을 제기한 주주는 이사회
에 부적절한 시도로 인해 회사에 미친 손실의 배상을 요구했다.

저커버그의 페이스북 지분율은 14.8%였으나 의결권 기준으로는
53.8%였다. 이것은 미국의 대다수 주정부가 주식에 대해 복수의결권을
인정하기 때문이다. 즉, 주주들이 합의만 한다면 1주 1표 원리를 수정해
특정 주식에 복수의 의결권을 부여할 수 있다. 페이스북은 2012년 상장
하면서 창업자인 저커버그의 주식 1주에 10주의 의결권을 부여했다. 따
라서 상장에도 불구하고 저커버그는 50% 이상의 지분율을 유지할 수
있었다. 이것은 다수의 주주가 창업자의 역량과 리더십을 인정했기 때
문이다.

2010년 저커버그는 다수의 자산가와 함께 대대적인 기부운동에 참여
하면서 자신의 페이스북 주식의 상당분을 내놓기로 했다. 노블레스 오

블리주를 실천하는 멋진 모습을 보였지만 지분율 하락이 불가피했다. 저커버그는 페이스북에 대한 지분율과 지배권을 유지하기 위해 자본구조의 재편을 시도한다. 그 골자는 자신의 주식을 제외한 전체 주식의 2/3를 의결권이 없는 주식으로 전환하는 것이다. 미국 대다수 주에서는 주식의 의결권을 주주들의 합의하에 자유롭게 규정할 수 있다.

주식을 기부하면서도 회사의 지배력을 그대로 유지하겠다는 심산인데, 페이스북의 이사회는 특별위원회를 구성해 이 안을 통과시켰다. 그러나 모든 주주가 이에 동의한 것은 아니었다. 일부 주주가 이러한 일방적 처리에 반발하고 여론까지 악화됨에 따라 저커버그는 이사회까지 통과한 자본구조 재편을 없던 일로 취소했다.

저커버그의 양보로 상황은 일단락되는 듯했지만, 불만을 품은 한 주주가 델라웨어 법정에 소송을 제기함으로써 사건이 재조명받게 된다. 원고의 주장은 주주를 대변해서 회사의 이익을 추구해야 할 이사회가 제구실을 하지 못했다는 것이다.

원고는 자본구조 재편을 추진하는 과정에서 2,180만 달러의 비용과 6,870만 달러의 변호사 비용이 발생했고 그 결과로 회사의 신용이 추락한 점을 지적하면서[5] 이에 대한 책임은 독립성과 전문성을 유지하지 못하고 지배주주 겸 최고경영자인 저커버그의 입김에 휘둘린 이사회에 있다고 주장했다.

델라웨어 법원은 철저한 검증에 나섰다. 이사 한 사람 한 사람의 이익

상충 여부를 따진 결과 법원은 페이스북과 저커버그의 손을 들어 주었다. 이사회가 저커버그의 이익을 위해 회사에 손실을 끼치려 했다고 인정할 수 없다는 것이다. 그러나 62쪽 길이의 장문의 판결문에서 법원은 한 가지 사실을 지적했다. 한 사람의 사외이사가 자본구조 재편 추진 과정에서 이사회의 동향을 실시간으로 저커버그에게 알려 주었던 것이다.

법원이 증거자료로 밝힌 사외이사와 저커버그 간의 문자 메시지는 다음과 같았다.

1. 신주 재편은 통과될 것임. 2. 모두가 회장님의 계획(주식을 기부한다는)과 의도를 선호함. 위원회는 회장님이 원하는 핵심 사항의 틀 안에서 일을 추진하고 있으며 회사와 회장님 개인을 보호하고자 함. 몇몇 경영자는 재편 작업이 큰 실수라고 생각하지만 회장님에게 노골적으로 반대하지는 않을 것임.[6]

이 문자 메시지가 페이스북을 유죄로 만드는 스모킹건이 되지는 않았다. 그러나 저커버그가 자신의 비선 인사를 사외이사로 임명하고 그로부터 독립적이어야 할 이사회의 운영을 감시했다는 것이 사실로 드러났다. 법원은 이 사실을 판결문에 적시하고 회사 측의 주의를 요청했다. 이사회는 특정 지배주주나 전문경영자 또는 일부 이해관계자의 영향력에서 벗어나 회사 전체의 이익을 추구해야 한다. 그런 면에서 델라웨어

법원은 이번 자본구조 재편 추진 자체가 회사에 대한 배임이라고 볼 수는 없으나, 과정에 몇 가지 흠결이 있음을 지적했으며 향후 더욱 주의를 기울일 것을 당부하는 선에서 사건을 종결지었다.

SK 이사회에서 질문을 던진 소액주주는 만족스러운 답변을 듣지 못했다. 지배주주가 이사회 의장직을 내려놓고 사외이사가 그 자리를 맡는다는 중요한 변화에도 불구하고 이사회의 독립성은 여전한 숙제다. 정치인들이 '국민의 뜻'이나 '국익'을 거론할 때에도 항상 "국민이 누구인가?"라는 질문이 제기되는 것처럼, '회사'나 '주주의 이익'도 마찬가지다. 기업의 이해관계자는 다양하며 심지어 주주도 대주주에서부터 소액주주까지 입장과 이해관계는 모두 다르다. 이사회의 독립성과 대표성은 "기업의 진정한 주인은 누구인가?"라는 질문으로 이어진다.

기업의 진정한 주인은 누구인가? — 법인의 대리인으로서 회사원

전문경영자의 도덕적 해이, 지배주주의 전횡, 소액주주의 단기 차익 추구 등 많은 문제점에도 불구하고 적어도 현재까지는 주주 중시 경영이 기업 지배구조의 패러다임이라고 할 수 있다. 물론 이에 도전하는 목소리가 점점 커지고 있다. 그중 하나의 큰 흐름은 '이해관계자 중시 경영'이다. 이것은 주주만이 아니라 모든 이해관계자의 이익을 종합적으로 고려해야 함을 뜻한다. 종업원은 물론 지역사회, 협력업체 등 모든 관계자를 생각해야 한다는 것이다. 이는 주주의 이익을 극대화하기만 하면 자연스럽게 그 혜택이 다른 이해관계자들에게 흘러갈 것이라는 생각에 이의를 제기한다. 주주 중시 경영의 문제점을 극복하면서 현대 사회의 다양한 요구에 부응한다는 점에서 의미 있는 접근이지만, 역시 문제는 대안이다. 모든 이해관계자를 중시해야 한다는 것은 그 어디에도 중점을 두기 어렵다는 난관에 부딪친다.[7]

주주 패러다임에 도전하는 또 하나의 노선이 있다. 이는 아직까지 하나의 명칭이나 슬로건으로 집약되지는 않고 있다. '상향 의견 개진speak-up 조직 또는 문화'라고 표현할 수 있을 것이다. 핵심은 한마디로 '임직원 중시 경영'이다.

도쿄 대학 이와이 가츠히토 교수는 회사의 중심으로서 임직원의 역할에 주목한다. 그는 법인으로서 회사를 회사의 소유주인 주주와 구별한다. 앞에서 얘기한 대로 벤츠사의 주주는 회사의 자산을 마음대로 처분할 수 없다. 벤츠사의 자산은 회사의 소유이기 때문이다. 그렇지만 회사라는 법인은 제도상의 실체일

뿐 육체도 의지도 정신도 소유하지 않고 있다. 누군가가 회사를 대리해서 일을 하고 목표를 세우고 전략을 실행해야 한다. 그는 누구인가? 바로 '회사원'이다. 이것은 '전문경영자'를 말하는 것만은 아니다. 경영권을 보유한 최고 의사결정자인 CEO, 또는 이를 포함한 최고경영자팀top management team, TMT만이 아니라, 회사에 소속감을 갖고 장기간 근무하면서 회사의 철학, 문화, 전략을 공유한 다수의 직원까지 함께 지칭하는 개념이다.[8]

전문경영자도 도덕적 해이의 위험에 빠지는데 월급쟁이 마인드를 지닌 일반 사원들에게까지 주인의식을 요구할 수 있을까. 가츠히토가 말하는 회사원이란 고용계약을 맺은 모든 임직원을 가리키는 것이 아니라 회사가 추구하는 비전을 자기 것으로 삼는, 회사에 몰입한 임직원이다. 단기 차익과 배당에 집착하는 주주에 비하면 이러한 회사원이 오히려 더 주인답다는 것이다.

물론 이것만으로 임직원이 회사의 주인이라고 말하거나 임직원 중시 경영이 주주 중시 경영을 대체해야 한다고 주장할 수는 없다. 다만 임직원의 역할과 중요성을 지금보다는 훨씬 더 중시해야 한다는 것만은 분명해 보인다. 이러한 주장을 지지하는 또하나의 논거가 있다.

오늘날 고도로 복잡해진 기업의 기술과 전략에 관한 상황을 외부에서 세세하게 파악하는 데는 한계가 있다. 이것은 단기 차

제2부 이끌어가는 기업, 이끌려가는 기업—전략적 준법관리의 주요 쟁점

익을 노리는 소액주주만의 이야기가 아니다. 기업 이사회 멤버는 물론, 신용평가사, 증권사의 애널리스트조차 기업의 내부 정보를 정확하게 파악하지 못하는 경우가 많다. 그 결과 기업 내부에서 벌어지는 도덕적 해이, 배임을 제도적으로 모니터링하고 적발하기는 극히 어려워졌다.

주주는 기업의 본질 가치, 장기적 성장보다는 단기적 시세차익을 추구하고, 경영자 역시 스톡옵션과 같은 단기 성과 위주의 근시안적 전략을 추구하려는 경향이 심화되지만, 이를 견제할 주체나 수단은 마땅치가 않다. 오늘날 기업의 이윤이 창출되는 과정은 내외부 모니터 기관의 입장에서는 열리지 않는 블랙박스와 같다. 제대로 된 견제와 균형을 위해서는 내부 정보를 구해야 하며 또한 이를 해독하고 이해할 수 있는 역량이 필요하다.

이러한 맥락에서 최근 점점 더 주목을 받고 있는 것이 기업의 내부 정보를 담당하는 핵심인력의 역할이다. 일반적 임직원이라기보다는 조직 내 중추적 역할을 담당하는 엔지니어, 간부, 경영자들에 의한 자체적 감시와 견제가 갖는 의미가 커지고 있다. 독일이나 유럽에서는 근로자 위원회와 같은 근로자 기구 자체가 경영 참여의 형식으로 이러한 유사한 임무를 수행해 왔지만, 최근 미국에서는 공익제보자의 역할을 강화하는 입법이 추진되고 있다.

| 「도드-프랭크법」에 서명하는 오바마 대통령

2008년 금융위기를 계기로 2010년 제정된 「도드-프랭크법 **Dodd-Frank Act**」에는 공익제보자 보호에 대한 법률이 포함돼 있다. '비리제보 제도'라고 불리는 이 조항은 조직 내에 사전보고 의무 없이 바로 증권거래위원회에 제보를 허용하고, 또한 이로 인해 발생한 기업 배상액의 10~30%를 고발자에게 지급하는 내용을 포함하고 있다. 공익제보자의 신원은 국가기밀로 보호된다. 실제로 비리제보가 늘어나고 있으며 1천만 달러 규모의 보상액이 지급되는 사례도 나타나고 있다.

벤츠사의 주주가 전시된 자동차를 몰고 나가는 것은 절도다. 전시장의 한 직원이 차량을 막아선다면 주주의 절도행위를 직원 이 제지한 셈이다. 주객이 전도된 상황 설정이지만, 이는 오늘날

의외로 그리 낯설지 않은 상황이 되어 가고 있다. "기업의 진정한 주인은 누구인가?"라는 질문에는 정해진 답이 없는지도 모른다. 이제 기업을 둘러싼 이해관계자들이 직접 대답해야 한다.

사례 40 엔론의 공익제보자, 셰론 왓킨스[9]

2002년 에너지 대기업 엔론이 파산했다. 혹자는 이 사태가 일으킨 충격이 9·11사태를 훨씬 능가한다고 한다. 미국 역사상 최대의 부실이 엔론 측의 허위 광고와 분식회계에 의해 감춰졌다. 외부의 평가기관은 물론 사내 이사회에서도 사태가 터지기 전까지 어떠한 사전 징후도 감지하지 못했다. 당시 회사 상황에 대한 이사회 보고가 수없이 이루어졌지만 정교한 조작이나 은폐조차 이루어지지 않았다. 그런데도 이사회는 주주 이익을 수호해야 할 대리인의 역할을 전혀 수행하지 못했다. 파리 디드로 대학의 르베리우Rebérioux 교수는 "엔론에 대해 정말 놀라운 것은 이사들의 부정직함이 아니라, 그들의 무지함"이라고 말한다.[10]

이사회의 수수방관을 보다 못해 행동에 나선 것은 경영자였다. 당시 엔론의 부사장이었던 셰론 왓킨스는 이대로는 회사가 무너질 수밖에 없음을 깨달았다. 그는 먼저 엔론의 CEO에게 익명으로 현재 상황을 먼저 제보했다. 회사가 아무런 액션을 취하지 않자 그는 회사의 비리를 외부에 폭로한다.

사태가 발발하기 몇 년 전 엔론의 CEO가 직원들에게 "우리가 중대한 사안에 대해 침묵하면, 우리의 삶은 멸망의 길로 들어선다."라는 마틴 루서 킹의 어록을 전달했다고 한다. 엔론에 시의적절한 조언이었지만, 이 말은 그저 인사치레였을 것이다. 왓킨스는 진심 없이 발언된 이 말을 진심으로 듣고 행동에 옮겼다.《타임》은 2002년 왓킨스를 포함한 세 명의 공익제보자를 '올해의 인물'로 선정했다.

반대의 목소리를 허용하는 조직 풍토

공익제보에 거액의 금전적 유인까지 주어진 것은 그만큼 공익제보자가 져야 하는 위험과 부담이 크기 때문이다. 이것은 마치 범죄 조직에 불리한 증언을 한 사람에게 증인 보호 프로그램이 가동되는 것과 비슷하다. 그만큼 공익제보는 사회 전체의 이익과 해당 조직의 이익이 첨예하게 부딪히는 행위이고, 아직 선진국에서조차 이로 인한 피해자가 나올 만큼 민감하고 까다로운 문제다.

한국의 경우 「도드-프랭크법」 수준의 공익제보자에 대한 보호는 이루어지지 않고 있으며 오히려 그와 정반대의 현상이 벌어지기도 한다. 그러나 이러한 경향은 변화할 수밖에 없을 것이다. 엔론의 사례에서처럼 기업의 실제 상황을 외부에서 모니터링하기가 점점 더 어려워지고 있다. 현대의 자본시장과 기업 지배구조는 점점 더 투명성을 상실해 가고 있다. 기업의 내부 사정을 모니터링하기 어려워질수록, 기업 지배시장의 거래비용은 점점 더 상승할 것이며 이는 기업을 중심으로 한 자본주의 체제 자체를 흔들 수 있다. 기업은 계속해서 복잡한 조직과 불투명한 지배구조의 그늘에 안주할 수 없다. 사회로부터 자원과 지원을 끌어내려면 스스로 투명해질 필요가 있다.

향후 기업이 주식시장에서 높은 평가를 받으려면 기업의 내부를 볼 수 있고 평가할 수 있도록 해야 한다. 더 나아가 기업 조직에서 의견이 자유롭게 교환되고 내부 문제가 있을 때 자체적으로 견제와 균형이 이뤄질 수 있다면 더 높은 평가를 받을 것이다. 이제 한 사람의 오너가 모든 것을 좌우하고 독단적으로 끌어가는 회사는 환영받지 못한다.

따라서 개방적이고 정직한 조직 문화, 그리고 자유로운 의사소통 체제를 갖추는 것이 무엇보다 중요하다. 소비자 보호에서도 사내에서 반대의견, 비판이 자유롭게 제기될 수 있는 풍토가 중요하다고 지적한 바 있다. 지배구조와 투자자 보호에서는 더욱더 그렇다. 피상적인 애사심이나 한 방향의 강조는 집단 사고로 이어질 수 있으며, 이는 회사의 위험 요인을 아무런 견제 없이 증폭시킬 수 있다.

　세론 왓킨스는 행동하기 전에 익명으로 사내 제보를 했다. 그는 회사의 CEO에게 회계 부정에 대한 일종의 투서를 이메일로 보냈다. CEO는 아무런 응답을 하지 않았다. 아마도 어떤 조치를 취하기에는 이미 늦었을 때인지도 모른다. 더 빨리, 사태가 돌이킬 수 없는 지경에 이르기 전에 내부의 반대 목소리를 듣고 이에 반응을 보이는 조직을 만들었다면 한 기업과 국가경제를 휘청하게 만드는 참사는 피할 수 있었을 것이다.

2002년 12월 《타임》 표지. 《타임》은 '올해의 인물'로 FBI 요원 콜린 로울리, 월드컴 내부감사역 신시아 쿠퍼, 전 엔론 부사장 세론 왓킨스를 선정했다. 이들은 모두 조직의 비리를 외부에 알린 공익제보자다.

제 9 장

근로자와 더불어
발전하는 기업

섬세한 고용관리

사용자의 책임이라는 무게

　　　　　　기업은 소비자와 투자자를 보호해야 함은 물론 근로자에 대해서도 막중한 책임을 진다. 사용자가 된다는 것은 경제적·윤리적·사회적·법적 책임의 주체가 됨을 의미한다. 기계나 자원을 대하는 것과 사람을 대하는 것은 근본적으로 다르다.

　시간이 갈수록 근로자 보호 규제가 강화되고 있다. 단순히 적정 수준의 임금, 안전하고 쾌적한 근로환경을 제공하는 데 그치는 것이 아니라 4대 보험으로 대표되는 사회적 안전망의 분담, 차별금지, 임직원의 존엄성 보장, 더 나아가 일과 생활의 균형, 육아 휴직과 같은 가족에 대한 배려까지 한 인간에게 필요한 것이 많아질수록, 인간을 고용하는 사용자의 책임은 무거워질 수밖에 없다.

근본적으로 고용 계약은 시장에서 이루어지는 다른 일반적 계약과 다르지 않다. 이것은 결혼이나 종교단체의 가입과는 다른, 시장에서 자유롭게 이루어지는 계약으로, 계약이 자유로운 만큼 해지도 자유로운 거래의 일종이다. 그러나 이것이 인간의 기본적 삶에 막대한 영향을 미치기 때문에 불가피하게 각종 의무와 제약이 따른다. 책임감과 능력 없이 사람을 고용하는 것은 잠재적 문제의 씨앗을 뿌리는 것과 같다. 다른 모든 것과 마찬가지로 근로자 관련 규제 역시 법적 문제가 발생한 이후의 대응보다는, 문제를 예방하는 인적 자원의 관리가 훨씬 더 중요하다.

어려운 고용 계약 해지

해고는 한국뿐 아니라 전 세계 모든 기업의 뜨거운 감자다. 만남보다 헤어짐이 더 중요하다는 말이 있듯이 고용 계약의 해지는 기업경영에서 점점 더 중요한 이슈가 되어 가고 있다. 저성장 기조의 고착화와 급격한 기술 변화로 기업은 엄청난 압박을 받는다. 과거의 경영 시스템을 답습해서는 살아남을 수 없다. 조직, 전략, 역량 모든 것을 바꾸는 과감한 변신이 필요한데, 이를 위해서는 대규모의 고용 조정이 불가피하다. 따라서 고용 조정을 얼마나 원활하게 해내는가는 기업의 생존에 직결되는 문제다.

해고 문제에서 한국은 세계적으로 규제가 까다로운 나라로 알려져 있다. 따라서 이러한 규제를 완화해야 한다는 경영계의 요구와 이를 지지하는 여론이 분명히 존재한다. 물론 한국의 해고 규제가 엄격한 것은 사실이지만, 다른 나라도 자유로운 것은 아니다. 해고 천국으로 알려진 미국에서도 해고는 잘못 접근할 경우 커다란 징벌적 배상으로 이어질 수 있는 어려운 과제다.

사례 41 회사 행사에서 낯 뜨거운 퍼포먼스 강요는 정부 정책에 위배된다

미국은 EU 및 다른 선진국과 달리 임의해고, 즉 아무런 이유나 사전 통보 없이 근로자를 해고할 수 있다는 원칙을 고수하고 있다. 그러나 이것은 생각만큼 자유로운 해고를 보장해 주지는 못한다.

세 가지 제한이 있다. 첫째, 노조가 있는 작업장에서는 이 원칙이 배제된다. 단, 미국은 노조 조직률이 매우 낮기 때문에 이 조항이 큰 의미를 갖지는 못한다. 둘째, 개별적 노동 계약에서 별도의 규정을 두면 이 원칙은 배제된다. 이것은 형식을 갖춘 서면 계약만을 의미하지는 않는다. 지나가는 말로 "계속 함께 일합시다" 정도의 언질로도 임의해고가 불가하다는 판결이 나온 사례도 있다. 셋째, 특정 해고 행위가 정부의 주요 정책에 위배될 경우 해고는 인정되지 않는다.

정책에 위배된다는 것이 무슨 뜻일까. 애리조나의 한 병원에서 직원들과 함께 캠핑 행사를 진행하던 중의 일이다. 여흥 과정에서 노래 〈달빛이 흐르는 강〉을 율동과 함께 부르는 퍼포먼스가 있었다. 그런데 마지막에 객석을 향해 하의를 들춰 엉덩이를 보이는 퍼포먼스에 대해 한 간호사가 거부 의사를 밝혔다. 그는 행사가 끝난 후 병원으로부터 해고 통보를 받았다.

애리조나 법원은 이 건에 대해 부당해고 판결을 내리면서 '정책 위배'를 근거로 제시했다. 공공장소에서 노출/음란 행위를 억제하는 주 정부의 정책상, 낯 뜨거운 퍼포먼스를 거부한 행위에 대한 징계로 해고하는 것은 정책에 위배된다는 것이다. 법원은 이 판결이 '임의해고 원칙'을 부정함이 아니라는 것을 강조하기 위해 다음과 같이 덧붙였다. "정당한 이유good cause로 해고하거나 아무 이유 없이no cause 해고하는 것은 문제가 없지만, 부당한 이유bad cause로 해고하는 것은 불가하다."[1] 즉, 미국의 임의해고 원칙은 아무런 이유 없는 해고를 인정하지만, 그렇다고 모든 해고, 즉 불순한 동기나 사회적으로 인정하기 어려운 의도를 지닌 해고까지 인정하는 것은 아니다.

정책 위배에 따른 해고 제한이 특히 이슈가 되는 것은 2002년 발효된 「사베인스-옥슬리법Sarbanes-Oxley Act」 때문이다. 이 법은 직원이 회계부정을 무기명으로 고발할 수 있도록 하는 등 공익제보를 적극적으로 보호한다.[2] 공익제보는 아무리 공공의 이익을 위한다고 해도 해당 기업으로서는 일종의 해사害社 행위로 받아들이기 쉬우므로 공익제보 직원은 해고의 위협에 직면한다. 그러나 「사베인스-옥슬리법」에 따라, 이러한 해고는 정부 정책 방향과 정면충돌하는 것으로 볼 가능성이 크다.

공익제보가 영업비밀과 충돌했을 때

공익제보란 한 회사의 직원이 자신이 소속한 회사의 문제를 외부에 폭로하는 것이다. 전통적인 조직 문화에서는 이러한 행동을 애사심이 없는, 조직에 해를 끼치는 배신 행위라고 생각한다. 물론 「사베인스-옥슬리법」으로 대표되는 오늘날의 관점에서, 공익제보는 공공의 이익을 지키는 것이며 앞서 지배구조 관련 내용에서도 살펴보았듯이 회사의 투명성을 높임으로써 이해관계자들로부터 신뢰를 얻는 행동이기도 하다.

그러나 투명성이 항상 기업과 사회 모두에게 이익을 가져다

제2부 이끌어가는 기업, 이끌려가는 기업─전략적 준법관리의 주요 쟁점

주는 것은 아니다. 회사로서는 내부의 문제점을 드러내는 것이 당연히 반가울 리 없다. 더 나아가 만일 공익제보를 통해 드러난 회사 내부 정보가 공공의 이익으로 상쇄될 수 없을 정도의 부작용을 일으킨다면 이 문제를 좀 더 검토할 필요가 있다. 대표적인 것이 영업비밀의 침해다.

영업비밀이란 코카콜라의 원액 포뮬라와 같이 외부에 알려지지 않은 회사만의 숨은 기술이나 지식이다. 만약 내부 문제점을 드러내는 과정에서 영업비밀이 침해된다면 두 가지 법리가 충돌한다. 회사는 주요 영업비밀을 지키기 위한 다양한 관리 대책을 마련하고 있으며, 특히 영업비밀을 취급하는 사원들에게 비밀을 지킬 의무를 부과한다. 영업비밀 누설은 법적으로도 제재를 받게 되므로 공익제보자의 고발 내용에 영업비밀이 포함되어 있으면 문제가 복잡해진다. 최근 한국에서도 이와 관련한 사건이 발생했다.

사례 42 　현대자동차의 공익제보와 리콜

현대자동차 부장으로 재직하던 김광호 씨는 2015년 여러 건의 내부 보고서를 미국 도로교통안전국, 국토교통부, 언론 등에 제보했는데 그 내용은 "현대차가 자동차 제작 과정 결함 32건을 알고도 바로잡지 않았다"는 것이었다. 그는 엔론의 셰론 왓킨스처럼 먼저 회사 내부에 문제를 제기했으나 "회사는 아무런 조치도 움직이려는 시도조차 없었다"고 주장한다.[3]

제보자는 회사의 품질 관리는 물론 전반적 경영 관리에 중대한 문제가 있다고 판단하고, 이대로 가면 더 큰 문제를 초래할 것이라는 우려에서 외부 제보를 결심했다고 한다. 그가 제보한 보고서는 당연히 내부 자료였는데, 회사는 이에 대한 비밀 준수 의무를 직원에게 부과하고 있었다. 「공익신고자 보호법」에서는 직원이 공공의 이익을 침해하는 행위를 공익신고할 경우 비밀 준수 의무를 면제한다. 하지만 공익신고란 법적으로 행정기관, 수사기관, 입법부 등 공공단체에 신고하는 것만을 의미하며, 제보자는 미국의 정부기관과 언론사에 신고했기 때문에 여기에 해당하지 않는다. 언론사는 그렇다고 하더라도 외국의 공공기관이 배제되는 것은 무슨 까닭일까. 어쨌든 그 결과 서울중앙지방법원은 2016년 제보자의 행위가 비밀 준수 의무를 위반한 것이므로 면책받을 수 없다고 판시했다. 이것은 회사가 제보자를 해고할 수 있는 법적 근거가 되었다.•

제보자는 처음부터 사용자에게 여러 차례 문제를 제기했으나 무시되었고 국내의 행정기구인 국토교통부를 찾아갔으나 미온적인 대응에 실

• 이후 2017년 국민권익위원회는 제보자의 해임 처분을 취소하고 복직시키라는 결정을 내렸고 그 결과 제보자는 회사로 돌아왔다. 그러나 회사는 다시 행정소송을 제기했으며 최종적으로 형사고발 취하를 조건으로 제보자는 1년 만에 회사를 스스로 퇴직했다.

망했다. 제보자는 국내 규제기관은 문제 해결에 대한 의지도 역량도 부족하다는 판단 아래 미국의 규제기관과 언론사를 선택한 것이다. 영업비밀 침해로 피소당할 위험으로부터의 유일한 보호막이 공익신고인데 제보자의 선택은 이 보호막을 벗어나는 것이었다. 여기에 법의 허점이 있다. 미국의 경우 명확한 규정 대신 공공정책에 부합하느냐의 여부에 따라 영업비밀 준수 위반 여부를 판단한다. 당연한 권리인 종업원 해고가 공공정책에 위배되면 무효가 되었던 것처럼, 당연한 의무인 영업비밀 준수도 그것이 공공정책에 위배된다면 무효가 되는 것이다.[4]

제보의 결과는 언론을 통해 잘 알려져 있다. 현대자동차는 관련 차량의 전면적 리콜을 실행했다. 동시에 제보자를 영업비밀 준수 위반 혐의로 고소하고 해고했다. 국민권익위원회가 제보자의 해고를 철회하라는 결정을 내림에 따라 제보자는 복직되었으나 제보자에 대한 행정소송은 그대로 지속했다.

이 사례는 공익제보의 협소한 정의가 심각한 제한이 될 수 있음을 보여 준다. 현대자동차는 차량 리콜을 전면 수용함으로써 제보 사실을 인정한 셈이다. 2021년 5월 기준 엔진 결함 은폐에 대한 현대자동차 경영자들에 대한 재판이 진행 중이다.

한 가지 특기할 것은 앞서 언급한 「도드-프랭크법」의 비리 제보자 포상제도가 제보자에게 부여될 가능성이 있다는 것이다. 시행될 경우 막대한 포상금이 주어질 전망이다. 미국에서 자동차를 판매한다면 그대로 미국의 법규가 적용되는, 준법관리의 글로벌화의 또 다른 사례라고 할 수 있다. 법의식을 한시바삐 글로벌화해야 할 이유가 여기에 있다.

커지는 고용관리 리스크

　　　　　　　노동법은 국제적으로 차이가 커서 글로벌 시장을 무대로 활동하는 기업이라면 주의할 점이 많다. 그러나 하나의 분명한 흐름이 있다. 근로자에 대한 보호는 강화되어 갈 것이라는 점이다. 해고 천국으로 알려진 미국에서도 해고에 따른 리스크는 크다. 최근 미국에서는 근로자 해고 과정에서 벌어지는 법적 분쟁과 위험이 크게 증폭되고 있다. 해고를 위해서는 직원의 부정적인 면을 여러 채널로 언급할 수밖에 없는데, 바로 이 발언을 문제 삼은 명예 훼손 소송에서 패배할 경우 엄청난 배상금이 부과된다. 징벌적 배상을 강조하는 미국 법제의 특징이기도 하지만 이러한 경향은 앞으로 점점 더 강화되고 확산될 가능성이 크다.

　텍사스주의 한 보험회사 영업사원이 회사로부터 해고당한 뒤 사람을 고용해서 자신의 전 고용주를 만나게 한 후 자신에 대한 험담을 유도했다. 고용주는 별생각 없이 거의 악담에 가까운 이야기를 털어놓았는데, 이 때문에 명예 훼손으로 190만 달러의 배상금을 지급해야 했다. 이것은 특이한 사례가 아니다. 미국에서 명예 훼손 소송을 제기하는 사람의 3분의 1은 해고 근로자라고 한다.[5]

이것은 고용 관계에서 발생할 수 있는 리스크를 잘 보여 준다. 채용에서부터 해고에 이르는 모든 단계에서 근로자 보호에 관한 다양한 법규가 존재한다. 차별, 괴롭힘, 폭언, 부당해고 등 수없이 많은 법적 시비의 소지가 늘 존재하고 있으며, 이에 대한 규정이 점점 더 강화됨에 따라 리스크도 더욱 커지고 있다. 더구나 징벌적 배상을 채택하고 있는 미국에서 피해 근로자들이 적극적으로 소송에 나섬에 따라 소송 건수는 물론 배상액의 규모도 눈덩이처럼 불어난다.

최근 국내에서도 직장 내 괴롭힘 금지, 각종 차별금지에 대한 규제가 더욱 강화되고 있다. 지금까지 관행적으로 유지되어 오던 직장 내 문화는 이러한 제도 강화에 적응하는 데 시간이 필요할 수 있다. 그리고 이것은 규제와 처벌이 강화됨에 따라 커다란 리스크 요인이 될 수 있다. 더구나 최근 점점 더 확산되는 SNS 등에 의한 구전 효과는 직장 내에서 벌어지는 일들이 단순히 법적 분쟁에 그치지 않고, 사회적 이슈로 증폭되면서 회사의 평판과 브랜드 이미지를 추락시킬 수도 있다.

한발 먼저 근로자 차별을 해소하자

근로자에 대한 성별, 나이, 학력, 지위, 국적에 따른 차별은 현재 노동법의 핫이슈라고 할 수 있다. '동일노동 동일임금 원칙'은 명분상 누구도 부인하기 어렵지만, 현실에 구체적으로 적용하기에는 많은 논란을 동반한다. 물론 기업이 당장의 이익을 위해 법적 분쟁을 벌일 수도 있고, 더욱 친기업적인 법 개정을 위해 로비할 수도 있지만, 여기에서도 향후의 트렌드, 즉 동일노동 동일임금 원칙은 더욱 강화될 것이라는 전제하에 대응할 필요가 있다.

특히 성차별과 정규직/비정규직 차별은 국내에서도 매우 뜨거운 이슈다. 중요한 것은 과거에는 문제되지 않던 관행들이 심각한 문제로 제기되고 있으며, 그로 인한 법적 분쟁에서도 과거의 통념을 깨뜨리는 판례들이 점점 늘어나고 있다는 점이다. 차별 문제에서 한국의 기준은 아직 선진국 수준에 미치지 못하며, 이 부분에서 공정성에 대한 요구가 강화되면서 법적 리스크가 심화되고 있다. 이런 경향은 지속될 것이 확실하다.

차별의 해소는 당장에는 기업에 비용, 관리 부담의 증대로 받아들여지는 것도 사실이다. 그러나 이런 차별 관행을 통해 확보된 인건비 절약은 지속가능하지 않으며 장기적으로 기업의 경쟁력을 부식시키는 독소에 지나지 않는다. 가정을 책임지는 가장

제2부 이끌어가는 기업, 이끌려가는 기업—전략적 준법관리의 주요 쟁점

이 남자라는 이유로 남자에게 더 많은 임금을 용인하던 사회는 이미 오래된 과거의 일이다. 기업은 혁신의 주체로서 일반 사회보다 한발 앞서 미래를 준비해야 한다. 이것은 반드시 물질적 기술에만 국한된 이야기가 아니다. 사회적 통념, 의식, 제도에서도 기업은 한발 먼저 움직일 필요가 있다.

사례 43 굿이어의 남녀 임금 차별 소송과 「레드베터 공정임금법」

임금의 남녀 차별 문제는 미국에서도 뜨거운 이슈였다. 타이어 제조사 굿이어Goodyear의 여성 관리자였던 릴리 레드베터Lilly Ledbetter는 우연한 제보로 자신이 다른 모든 남성 관리자보다 훨씬 적은 급여를 받고 있었음을 알게 되었다. 그는 이에 대한 소송을 제기했으나 기나긴 법정 투쟁 끝에 2007년 연방 대법원에서 패소했다. 대법관 5:4의 아슬아슬한 패배였다.

대법원이 문제 삼은 것은 제척 기간의 문제였다. "법은 잠자는 권리는 보호하지 않는다"라는 말처럼 차별 문제에 대해서도 일정 기간 이내에 소송을 제기해야 한다는 규정이 있다. 임금 차별에 대해서는 차별이 있은 지 180일, 즉 6개월이 지나면 문제를 제기할 권리가 사라진다. 즉, 제척 기간이 6개월이었다. 문제는 레드베터의 임금 차별이 소송을 제기하기 몇 년 전인 1990년대에 이루어졌다는 것이다. 즉, 석연치 않은 이유로 기본 베이스가 되는 임금이 1990년대 중반에 결정되었고 그 이후의 임금 차별은 이 결정에 기초하고 있었다. 따라서 6개월이라는 기간은 이미 오래전에 지났다. 레드베터는 1심에서 승소했지만 결국 대법원에서 제척 기간을 문제 삼아 판결을 번복했고 레드베터는 이대로 패배하는 듯했다.

그러나 당시 이 판결에 참여했던 흑인 여성 대법관이었던 고_故 루스 베이더 긴즈버그Ruth Bader Ginsburg가 소수 의견을 제기했다. 보수가 우세하던 당시 미 대법원에서 긴즈버그의 소수 의견은 판결을 능가하는 무게감을 지니고 있었다. 레드베터 판결이 이루어진 법정에서 그녀는 자신의 의견을 직접 낭독했다. "대법원의 이번 판결은 임금 차별의 일반적 특징을 간과한 것이다. 대부분의 직장에서 급여 사항은 비밀이며 종업원들은 180일 이내에 자신이 차별적으로 낮은 임금을 받았음을 알 수 없다." 그녀는 또 이렇게 덧붙였다. "임금 인상률이 항상 직전에 받은 임금을 기초로 산정되기 때문에 사소한 임금 격차라도 종업원의 직장생활 동안 기하급수적으로 증폭되기 마련이다."[6] 그녀는 마지막으로 공이 의회로 넘어갔다고 말함으로써 노골적으로 법의 개정을 촉구했다. 삼권분립에 저촉되는 언행으로 보일 법도 했지만 그녀는 주저하지 않았다.

긴즈버그의 호소 이후 미국의 정치 지형이 급변했다. 2009년 민주당의 오바마가 대통령으로 취임하면서 민주당은 이에 응답하여 새로운 입법안을 통과시켰다. 그 법안은 「릴리 레드베터 공정임금법Lilly Ledbetter Fair

「릴리 레드베터 공정임금법」에 서명하는 오바마 대통령

자료: Howard Koplowitz, 2020.9.18., "'I lost a dear friend and a champion': Lilly Ledbetter mourns Ruth Bader Ginsburg", AL.com.

Pay Act」이라고 불렸다. 새로운 법은 '차별이 있은 지'라는 문구를 재해석했다. 지금까지 '차별'은 '차별 행위'로 여겨졌고, 그래서 이를 오래전에 일어난 일로 보았다. 그러나 새로운 법은 '차별'이란 차별 행위가 아니라 '차별의 효과'로 보아야 한다고 했으며, 이 경우 제척 기간의 출발점은 레드베터가 차별적인 임금을 마지막으로 받은 시점이 된다. 이 입법은 레드베터 소송으로 소급될 수 있음을 명시했고, 자신의 이름을 딴 법의 최초 적용자로서 레드베터는 대법원의 판결을 뒤집고 승소했다.

이것은 불공정하다고 생각한 판결에 대해 새로운 입법으로 연방 대법원의 판결마저 뒤집은 사례였다. 현행법의 체계 안에서 싸움을 벌여 이기면 된다는 식의 접근은 더 큰 법적 위험을 부를 수 있다. 굿이어가 입은 이미지 훼손을 생각할 때, 기존의 법규를 맹신하는 것이 나쁜 전략이 될 수 있음을 보여 주는 사례다.

직장 내 성희롱에서 사용자 책임

직장 내 성희롱에서 사용자, 즉 회사가 어느 정도의 책임을 져야 하는가는 쉽게 판단하기 어려운 문제다. 한국에서도 이에 대한 규정이 생기면서 최근 사용자 책임을 인정하는 판례가 늘어나고 있다.[*] '특정 직원이 저지른 성희롱에 왜 사용자가 연대 책임을 져야 하는가'라는 문제는 대리인의 법적 지위와 깊은 관련이 있다. 현대의 회사법에서 사용자는 회사라는 법인이고 직장 상사는 이 법인의 대리인에 해당한다. 그렇다면 대리인의 과실에 대해 원 사용자인 회사가 연대 책임을 지는 것을 이해할 수 있다. 문제는 그 세부적 조건이다.

[*] 2018년 4월 서울고등법원은 르노삼성에 성희롱 사건 피해자인 직원에게 4천만 원을 지급하라고 판결했다. 처음 고등법원에서 1천만 원으로 선고했던 것이 대법원까지 올라가 파기되고 재심된 결과이다.(이순규, 2018.9.27., 〈직장 내 성희롱 사건, 사용자 배상액 높여야〉, 《법률신문》)

이에 대해서는 1998년 미국 연방 대법원의 벌링턴 대 엘러스 판례를 참고할 필요가 있다.

사례 44   벌링턴 산업 대 전 직원 엘러스의 판례[7]

1993년 벌링턴 산업Burlington Industries에 입사한 킴벌리 엘러스Kimberly Ellerth는 부사장 시어도어 슬로윅으로부터 노골적인 성적 발언 및 신체 접촉 시도를 당한 끝에 1994년 사표를 제출한 뒤 소송을 제기한다. 여기서 사용자인 벌링턴 산업의 책임 문제가 본격적으로 논의되었다. 회사 측은 ① 엘러스가 성희롱 사실을 회사에 알리지 않았다는 점, 그리고 ② 엘러스가 슬로윅을 거부한 대가로 아무런 불이익을 당하지 않았다는 점에서 회사의 면책을 주장했다. 일리노이주 법원은 회사의 손을 들어주었으나 항소심에서 판결이 뒤집혀 면책은 부인되었다. 그러나 판사들 간에 구체적인 책임 내용에 대해 합의가 이루어지지 않아 결국 미국 연방 대법원이 최종 결정을 내리게 되었다.

회사가 사건을 인지하지 못했다는 것과 불이익을 당하지 않았다는 것은 상황을 상당히 어렵게 만들었다. 연방 대법원은 결국 회사의 책임을 인정했지만 대법관의 표결 결과는 5 : 4였다.

사용자가 모든 직원의 부적절한 행동을 규제하기 위해 어느 정도까지 철저하게 관리해야 하는가, 그리고 부적절한 일이 발생했을 때 무엇을 할 수 있는가라는 관점에서 이 문제는 커다란 논란을 일으켰다.

　중요한 것은 성희롱이 언제 어디서 일어났는가이다. 만약 사업장에서 근무시간 중에 일어났다면 회사가 감독 책임을 면하기는 어렵다. 그러나 퇴근 이후 사적인 장소에서 일어났다면―이를 '고용 범위를 벗어났다'고 한다―회사는 책임을 질 필요가 없다. 그렇지만 미국의 대리인 관련 규정에는 고용 범위를 벗어났더라도 사용자의 책임을 물을 수 있는 조건을 다음과 같이 규정하고 있다.

　피고용인이 사용자를 대신해서 행동하고 말할 때 … 대리인 관계가 존재함으로써 불법행위를 하는 데 도움이 된 경우aided in accomplishing the tort by the existence of the agency relation에는 고용 범위 밖에서 저지른 불법행위라도 면책되지 않는다.

　즉, 슬로윅이 범한 모든 행동은―비록 그것이 사무실이 아닌 호텔 바에서 이루어졌더라도―그가 벌링턴 산업의 부사장이라는 직위를 보유했기에 가능했고, 따라서 슬로윅의 행동을 전혀 몰랐더라도 회사는 책임을 면할 수 없다는 것이다. 그러나 이 논리가 충분히 강하지 못하다고 판단했는지, 법원은 실제 성희롱 피해자가 회사 내에서 불이익을 당하지 않은 경우, 사용자 책임이 바로 인정되는 것이 아니라 회사가 법정에서 자신을 방어하는 변론을 펼칠 수 있다고 판시했다. 즉, 이런 경우 회사와 피해자는 다시 한번 소송을 벌여야 한다는 것이다. 중요한 것은 사전에 알지 못했고, 피해자에게 불이익이 없다고 회사의 면책을 당연시할 수 없다는 점이다.

이에 대해서는 반론도 만만치 않았다. 반대표를 던진 판사들은 회사가 직원 모두의 일탈 행동을 통제하고 감시하는 것은 불가능하며 본 판결은 도를 넘은 것이라고 비판했다. 이 판결 이후로 기업은 직원들 간에 벌어지는 성희롱 사건에 대해 훨씬 더 무거운 책임을 지게 됐다. 이는 미투 운동Me Too movement이 상징적으로 보여 주는 시대정신의 한 흐름일 수도 있다.

한국의 경우 「남녀고용평등과 일·가정 양립 지원에 관한 법률」에서 사용자 책임에 대한 조항이 강화되긴 했지만 그 전제 조건으로 사전에 사실을 먼저 인식해야 한다고 요구하고 있다. 제14조에 "사업주는 직장 내 성희롱 발생 사실이 확인된 때에는 지체 없이 직장 내 성희롱 행위를 한 사람에 대하여 징계, 근무장소의 변경 등 필요한 조치를 하여야 한다. 사업주는 성희롱 발생 사실을 신고한 근로자 및 피해근로자 등에게 불리한 처우를 하여서는 아니 된다."라고 규정되어 있다. 사실을 몰랐을 경우에 대해서는 언급하지 않고 있는 셈이다.

이는 선진국과 격차가 큰 조항이다. 현시대의 흐름을 생각할 때 회사의 평판과 장기적인 발전을 생각한다면 현재 상황에 머무르지 말고 한 걸음 더 나아간 준비가 필요하다. 형식적인 성희롱 예방 교육과 사건 발생 후 무마하기와 수습하기 식의 대처는 사태를 더욱 악화시킬 수 있다.

직무발명 보상 분쟁

기업에서 임직원에 대한 평가와 보상은 중요하다. 서구적 기업 문화가 이식되면서 연공서열, 평생직장, 집단주의 문화 등은 이제 성과주의라는 패러다임에 의해 거의 대체되었다. 이제는 회사 전체의 성과만이 아니라 부서, 팀, 더 나아가 개인별 성과를 분리해서 그에 따라 보상하는 것이 당연시된다. 문제는 개인이 회사 성과에 이바지한 정도를 어떻게 측정할 것인가다. 회사원이 자신의 직무를 수행하는 과정에서 이룬 발명은 바람직한 성과 중 하나이며 크게 보상함이 마땅하다. 이에 대해서는 다른 견해가 있을 리 없다. 문제는 얼마나 보상해야 하는가다.

법은 직원의 발명 성과에 대한 보상에 대해 상세하게 규정하고 있다. 한국에는 「발명진흥법」이 제정되어 있으나, 2005년까지만 해도 직무발명 보상에 대한 명시적인 규정이 없었고, 실질적 보상 수준은 회사의 재량에 맡겨져 있었다. 이런 상황이 개선된 계기는 바로 일본의 노벨 물리학상 수상자 나카무라 슈지가 자신의 회사 니치아화학공업에 제기한 소송이었다.

사례 45 나카무라 슈지의 직무발명 보상 소송

1979년 나카무라 슈지는 대학원 졸업 후 니치아화학공업에 입사했다. 대다수 직원이 농사와 회사 일을 겸하던 지방 중견기업이었다. 연구개발을 위한 투자도 시설도 열악한 상황에서 슈지는 개발 작업을 수행했다. 그는 회사의 지시에 따라 몇 건의 프로젝트를 성공시켰는데 시장에서 큰 성공을 거두지는 못했다. 그는 회사의 지시에만 따라서는 안 되겠다고 생각했다.

그러던 중 일본 학자가 청색 LED 기술을 개발한다. 청색은 파장이 짧아서 LED로 구현하기 매우 어려웠다. 기술은 개발되었으나 이를 상용화하는 것은 전혀 다른 이야기였다. 슈지는 이 작업을 하고 싶었지만 회사는 무리라고 여겼다. 허락을 받지 못하고 있던 슈지는 CEO와 담판을 벌였고 개발 승인을 얻었다. 이후 회사는 태도를 바꿔 거액의 투자를 포함한 지원을 개시했다. 수많은 어려움에도 불구하고 1993년 청색 LED 상용화에 성공했고 일본의 한 지방 기업이 세계적인 회사로 떠올랐다.

이러한 성공에도 불구하고 슈지와 니치아의 관계는 점점 더 악화되었다. 회사는 엄청난 매출을 올리고 있었지만 그의 공로에 대해 불과 2만 엔의 보상금을 지급했던 것이다. 1999년 슈지는 개발을 후원했던 CEO가 사망하자 미련 없이 회사를 떠났다. 그는 단지 회사를 떠났을 뿐만 아니라 일본을 떠나 미국 UC샌타바버라 재료공학과 교수로 자리를 옮겼다.

회사는 슈지에 대한 보상에서 불공정하다거나 미안하다는 생각을 전혀 하지 않았던 것으로 보인다. 오히려 회사를 떠나 미국 대학으로 간 것에 서운함이 있었던 것 같다. 2000년 12월 니치아화공은 미국에서 관련 연구를 수행하던 슈지를 기업 비밀 유출로 제소했다. 이는 참고 있던 슈지의 분노가 폭발하는 계기가 되었다. 그는 2001년 8월 일본 법원에 니치아화학공업을 제소했다.[8]

4년이 걸린 재판의 결과는 당시 일본 기업과 사회에 큰 충격을 주었다. 2004년 1월 도쿄 지방법원은 슈지의 정당한 보상액을 600억 엔으로 결정했는데, 원고가 200억 엔을 요구했으므로 200억 엔을 보상하라고 판결했다. 이 판결은 커다란 화제가 되었으며 기업과 구성원의 관계에 대한 일본의 관념에 큰 충격을 주었다. 그러나 일본 고등법원은 슈지에게 회사와의 화해를 권고했고, 8억 4천만 엔으로 합의가 이루어졌다. 그는 이에 대해 "일본의 사법제도는 부패했다"고 말했다. 결코 원만한 합의는 아니었던 셈이다.

슈지는 이후 그의 저서에서 "스스로 좋아하는 일을 하라"고 역설한다. 이것은 그의 소송과도 관련이 있다. 그가 니치아와의 소송에서 승리할 수 있었던 중요한 근거 중 하나는 청색 LED 프로젝트가 회사가 지시한 것이 아닌 자신이 고집한 결과였다는 사실이었다. 그는 회사 입사 초기에 회사의 지시

│ 나카무라 슈지의 노벨상 수상

를 충실히 따랐지만 성공을 거두지 못한 후 시키는 일만 해서는 안 되겠다는 깨달음을 얻었다. 이 깨달음으로 그는 후일 노벨 물리학상을 안겨줄 일에 고집스럽게 매달릴 수 있었던 것인지도 모른다. 그가 2004년에 출간한 책의 제목이 바로 《가장 좋아하는 것을 「일」로 삼으라 大好きなことを「仕事」にしよう》이다.

일본은 슈지의 소송을 계기로 직무발명 보상에 관한 법률을 정비했고 한국도 그 영향을 받았다. 그 골자는 회사가 사전에 보

상에 대한 규칙을 설정하고 이를 준수하는 것이다. 자율적 합의를 중시하는 것은 직무발명이 그만큼 객관적 규정에 따라 처리하기 어렵기 때문이다. 발명의 가치와 발명에 대한 직원의 기여도를 평가하기가 그만큼 어렵다. 평균적으로는 발명으로 얻어진 회사 매출의 0.05%가 보상으로 쓰인다는 보고가 있지만 이것을 일률적인 기준으로 삼기는 무리다.

회사의 지원과 개인의 기여를 상호 불만 없이 객관적으로 나눈다는 것은 솔로몬의 재판보다도 어려운 일이다. 월급과 보너스면 보상으로 충분하다는 전통적 관념을 벗어나지 못했기에 니치아화학공업은 후일 노벨 물리학상을 받을 뛰어난 인재를 놓치고 말았다.

국내 연구에 따르면 상당수 직원은 직무발명에 대해 금전적 보상도 원하지만 경력상의 가점도 그에 못지않게 바란다고 한다.[9] 만약 직무발명자의 애사심이 높고 회사와 함께하기를 원한다면 금전적 보상을 둘러싼 다툼의 여지는 크지 않을 것이다. 그러나 경영 환경의 변화에 따라 이런 경향은 점점 더 감소할 전망이다. 장기근속은 줄어들고 회사와 개인의 관계도 점점 더 약해져 간다. 특히 최근 기업의 연구개발은 기업 외부의 주체들과 협력하는 '개방형 혁신'이 늘어나고 있다. 이런 상황에서는 연구 기여도와 보상에 대한 명확한 접근이 불가피하며 이것은 기업 내부 직원에게도 영향을 미칠 것으로 보인다. 직원과의 합의를 통해 사전적으로 기여도 평가와 보상의 기준을 설정하고 상호 공감대하에서 이를 실행해야 한다.

기업이 발명을 통해 성과를 거두기는 어려운 일이다. 이처럼 어려운 일을 모처럼 멋지게 성공시키고 나서 분배 과정의 잡음으로 성과를 훼손하고 회사의 이미지를 실추하는 것은 안타까운 일이 아닐 수 없다. 세심하고 진지한 노력이 필요하다.

노동 관련 분쟁을 피하면서 전략적 우위 달성하기

현대 기업 생존의 필수 조건은 변신이다. 시장, 기술, 제도, 모든 것이 급변하고 있다. 사람은 변신의 주체이자 동시에 변신의 한계이기도 하다. 지속적인 변신을 시도하면서도, 탄력적이고 역설적으로 안정적인 고용 관계를 유지하려면 어떻게 해야 할까.

단순히 노동법을 준수하거나 법적 분쟁을 예방하기 위한 조처를 하는 것만으로는 부족함이 있다. 노동법을 어기지 않는 것이 유일한 목적이라면 모든 것이 간단하다. 논란의 소지가 있는 해고나 고용 조정을 일절 하지 않고, 직원들에 대한 임금 삭감, 노동 강도 강화 등의 시도를 포기하면 대부분의 분쟁을 회피할 수 있을 것이다. 문제는 경쟁력과 생존이다. 기업의 경쟁력을 높이고 지속가능한 성장을 하기 위해서는 이런 문제에 부딪힐 수밖에 없는 것이 오늘의 현실이다.

코네티컷 대학의 로버트 버드 교수는 기업의 법적 대응 전략의 가장 높은 수준을 '변혁적 단계'라고 이름 짓고, 이 단계에서는 기업의 전략과 법 대응이 통합된다고 주장한다.[10] 현재의 강화되는 근로자 보호 관련 규제는 기업에 커다란 위협이지만, 만약 이러한 규제를 극복할 수 있는 경영전략을 구사한다면, 이는 독보적 경쟁 원천이 될 수 있다. 법적인 제약을 고려하지 않고 자유롭게 전략을 구사한 후 사후에 법과 충돌하는 문제들을 수습해 나가려는 접근은 이제 통용되기 어렵다.

다른 기업들이 실행하기 힘든 역발상의 전략으로 법의 제약을 포용할 수 있다면, 강물을 거스르는 것이 아니라 흐름을 타고 갈 수 있다. 물론 모든 법적 제약을 이런 식으로 해결할 수는 없다. 방향이 불분명하고 기업 측에도 충분한 명분이 있다면 기존 전략하에서 법적 문제를 해결하려는 방향도 타당성이 있다. 그러나 명분이나 변화의 트렌드상 대세라고 인정되는 흐름이 있다면 전략과 사업 모델을 근본적으로 재검토할 필요가 있다. 링컨 일렉트릭의 사례는 이런 면에서 중요한 시사점을 던진다.

링컨 일렉트릭의 고용 전략

링컨 일렉트릭은 1세기에 달하는 역사를 가진 장수 기업이다. 이름이 말해 주듯이 창업 초기에는 당시 첨단기술이었던 전기 관련 사업을 전개했고 전기자동차 개발을 주도했다. 20세기 초에 전기자동차는 가솔린 자동차와 경쟁을 벌였고 이때 패배한 후 21세기에 와서 부활하고 있다. 전기자동차가 실패하면서 링컨 일렉트릭은 업종 전환을 꽤해 전기용접 분야로 사업을 이전했다. 링컨 일렉트릭의 용접기는 작업자들 사이에서는 명품으로 알려질 정도로 타의 추종을 불허하는 품질을 자랑한다.

이 회사의 고용 전략은 몇십 년 전부터 《하버드 비즈니스 리뷰》의 사례로 소개될 만큼 정평이 있었다. 그것은 바로 고용 보장 전략, 즉 무해고 원칙이다. 사실상 미국에서도 고용 보장은 한때 많은 기업이 채택한 전략이었다. IBM이 종신고용을 상당 기간 회사의 원칙으로 내세운 바도 있다. 그러나 잘 알려진 것처럼 20세기 후반에 들어와 미국 기업의 경쟁력은 감원에 의한 다운사이징에 의해 지탱된다고 할 정도로, 해고가 전가傳家의 보도寶刀가 되었다. 감원을 잘하는 경영자가 최고 몸값을 기록하고, 감원 발표가 나면 회사의 주가가 상승하는 것이 상식이 되었다. 장기 고용을 강점으로 주장하던 회사들도 하나둘 이를 포기하고 고용 조정에 열을 올렸다. 다운사이징downsizing, 디레이어링delayering, 워크아웃workout이 경영의 키워드였다.

"겨울이 되어서야 소나무와 잣나무가 뒤늦게 시듦을 안다"라는 공자의 말처럼, 빙하기에 들어선 미국의 고용시장에 링컨 일렉트릭은 독야청청했다. 이들은 고용 보장 원칙을 굳건하게 지켰고 이 순간에도 건재하다. 어떻게 이 기업은 거꾸로 갈 수 있었을까.

이들의 고용 보장은 결코 공짜가 아니다. 회사는 "고용은 회사가 보장하는 것이 아니라 고객이 한다."라는 철학을 직원들에게 전한다. 보통의 회사라면 이런 말은 은근한 위협처럼 들릴 것이다. 그러나 이 회사에는 신뢰가 있다. 직원들은 2008년 쓰나미 같은 금융위기에서도 해고하지 않은 회사를 신뢰한다. 이 신뢰를 바탕으로 회사는 고용 보장을 구체적으로 정의한다. 링컨 일렉트릭의 고용 보장에는 다음과 같은 몇 가지 원칙이 있다.[11]

① 모든 직원은 고용이 보장된다. 단 이를 위해서는 3년 이상 근무해야 한다.

② 보장되는 고용은 주당 30시간이다.(즉, 회사가 어려우면 일종의 워크 셰어링으로서 임금 삭감을 동반한 근로시간 감축이 있을 수 있다.)

③ 사전에 통보된 계획에 따라 초과 근로가 부여될 수 있다.

④ 보장되는 것은 회사 내 고용이지, 특정 직무나 특정 수준의 급여가 아니다.(직원들은 업무 전환 요구에 응할 의무가 있다.)

⑤ 고용 보장은 회사가 요구하는 성과 기준을 충족시키는 것을 전제

로 한다.

오랜 기간 존속하면서 회사는 많은 일을 겪었다. 업종 전환은 드물었지만 기술과 생산 방식의 변화는 지속적으로 일어난다. 또 크고 작은 불황과 위기가 찾아온다. 많은 회사가 변신을 위해 전체 노동시장을 활용했다. 맞지 않는 직원은 내보내고 필요한 인력을 새로 뽑는 방식이다. 그러나 이 회사는 최우선으로 자체 인력풀로 이것을 달성하고자 했다. 그래서 고용은 보장하지만, 직무와 급여는 보장할 수 없다고 명시했다. 미국의 노동 계약은 직무를 명시하는 것이 보통이다. 직무를 바꾸라고 명령하는 것은 해고 못지않은 충격이 될 수 있다. 그러나 회사에 대한 충성심과 신뢰를 가진 직원들은 직무 전환을 받아들였다. 또한 주당 30시간만을 보장함으로써 사람을 해고하는 대신, 사내에서 워크셰어링을 하는 방식으로 경기 변동의 충격을 견뎌 냈다.

직무 전환이나 워크셰어링은 일반적으로 직원들의 거부감과 저항을 불러일으킨다. 가장 큰 이유는 그것이 보통은 고용 조정을 예고하는 징후이기 때문이다. 그러나 링컨 일렉트릭은 회사가 망하지 않는 한 직원을 해고하지 않는다는 신뢰를 주었기 때문에 이것이 받아들여졌다. 따라서 해고하지 않고도 필요한 인력의 탄력성과 회사의 변신력을 확보할 수 있게 되었다.

이러한 고용 전략이 성공하게 된 데는 중요한 조건이 있다. 앞에서도 언급했듯이 고용 보장은 3년 이상 근무한 직원에게만 주어진다. 이것은 회사가 3년간 직원을 관찰하겠다는 뜻이다. 전체 노동시장을 사용하지 않고 내부 직원 풀만을 이용해서 변혁을 꾀하려면 이미 있는 직원들이 회사에 가치 있는 자산이 되어야 한다. 채용을 아무리 신중하게 한다 해도, 채용에는 오류가 따르기 마련이다. 3년간의 기간을 통해 회사의 사업과 가치에 부합하는 인력을 신중하게 선택함으로써 모집단 자체를 제대로 설정하는 것이다.

이 전략은 모든 기업이 따라야 할 롤 모델은 아니다. 단일 업종을 장기간 유지해 온 전통적 제조업체여야 한다는 것이 전제 조건이다. 중요한 것은 링컨 일렉트릭의 세세한 전략 내용이 아니다. 몇 차례의 엄청난 경영위기, 그로 인해 다른 기업과 마찬가지로 대대적인 고용 조정이 필요한 상황에 처했을 때 이 회사가 택한 독특한 선택이 주목해야 할 포인트다. 링컨 일렉트릭은 즉시 효과를 거둘 수 있는 방법을 선택하지 않고 역발상을 모색했다. 그것은 자사의 강점과, 동시에 환경의 요구를 양립시킬 수 있는 묘책이었다. 이것은 장기근속 직원들을 감원하는 데 따르는 엄청난 분쟁과 갈등, 법적 리스크를 회피하는 방법인 동시에 회사의 강점을 강화하는 방법이었다.

법과 전략의 통합적 이해

법과 전략의 문제를 하나의 틀에서 볼 필요가 있다. 현재 경영자와 변호사는 자주 만나지 않을수록 좋은 사이로 여겨진다. 통계에 따르면 경영자들은 자기 업무에서 법적 문제에 들이는 시간이 많아야 25%, 적게는 5%라고 한다. 그러나 경영 저널에서 다루는 모든 경영 관련 기사의 45% 이상이 법적 문제와 결부되어 있다.[12] 향후의 경영전략은 법적 문제를 통합적으로 다뤄야 한다.

경영자에게 법은 오로지 자유로운 전략 구사를 방해하는 제약 조건으로 여겨질지 모른다. 그러나 제약 조건은 때로는 새로운 발상의 계기가 되기도 한다. 법적 제약 조건을 진지하게 고민함으로써 링컨 일렉트릭은 통념을 뛰어넘는 전략을 구사할 수 있었다. 탁월한 전략이 되기 위한 핵심 조건 중 하나가 '모방 불가'한 것이다. 법적 제약을 전략적 강점으로 연결할 수만 있다면 법은 나에게는 자원이 되지만, 경쟁자에게는 진입 장벽이 된다. 결코 쉬운 일은 아니지만, 크고 작은 문제에서 법과 전략을 연계하는 태도는 전략 역량을 기르는 데 큰 도움이 될 것이다.

제 10 장

지속가능한 기업,
지속가능한 환경

환경 보호 규제 대응

환경 오염이라는 외부효과의 상징

환경 문제는 경제학에서 '외부효과'라는 주제로 다루어진다. 외부효과란 한 개인의 행위가 타인의 효용에 영향을 미치는 것이다. 우리의 삶은 수많은 타인의 영향으로 가득 차 있다. 훌륭한 선생님으로부터 받은 감화나 사기꾼에게 당한 손해도 외부효과다. 그런데 경제학은 시장에 대한 이론을 설명할 때 '외부효과'가 없다고 가정한다.

이것을 시험 성적에 비유할 수 있다. 학생들의 시험 성적은 타인의 영향을 받을까? 수능시험이 실시되는 교실 안으로 제한해 보자. 시험장에서 내가 쓴 답 외에 나의 성적을 다른 학생이 변화시킬 수 있을까? 현실적으로는 분명히 있다. 앞에 앉은 학생이 상체를 자꾸 흔들어서, 옆의 학생이 답안지를 엎어 놓고 엎드려 자서, 뒤 학생의 숨소리가 거슬려서···. 이유를 대자면 끝도 없을 것이다. 그러나 누가 봐도 인정할 만한 과도한 방해나 부정행위가 없다면 이런 모든 외부효과는 인정되지 않는 것이 상식이다.

이처럼 경제학에서도 이상적으로 작동되는 시장에서는 외부효과란 없다고 가정한다. 외부효과가 있다면 시장 이론이 무너지기 때문이다. 어떠한 의도적 개입도 없이 '보이지 않는 손'에 의해 모든 거래가 수급 불일치 없이 원활하게 이루어지고(경제학에서는 이를 '균형'이라고 한다.) 또한 이러한 거래의 결과가 사회적으로도 최선이라는 것이 시장 이론이다. 외부효과가 있다면 시장 이론이 옳다는 명제가 흔들린다.

시험장에서도 사소하게 거슬리는 정도가 아닌 심각한 방해나 부정이라는 외부효과가 있듯이 시장도 그렇다. 그중 대표적인 것이 환경 오염이다. 모든 개인과 집단은, 특히 무언가를 생산하는 경우 환경을 오염시킨다. 사육되는 소들의 트림과 방귀가 온난화의 주범인 메탄가스의 원천이라는 주장이 진지하게 제기되기도 한다.[1] 하물며 대기업의 대량 생산 시설에서 오염원이 유출되어 환경을 해치는 사태는 방치할 수 없는 심각한 외부효과라고 할 것이다.

기업이 환경을 오염시킨 것은 어제오늘의 일이 아니다. 단적으로 오늘날 뜨거운 이슈가 되고 있는 지구 온난화는 제1차 산업혁명 이래 수많은 제조 공장이 석탄을 때면서 뿜어낸 연기로부터 시작되었다고 한다. 그러나 이로부터 약 200년이 흐르도록 이 엄청난 외부효과에 대한 개입은 본격적으로 이루어지지 않았다. 그 계기가 된 사건 중의 하나가 러브 커낼Love Canal의 비극이다.

'러브 커낼의 비극'과 「슈퍼펀드법」

러브 커낼은 19세기 말 나이아가라 폭포를 이용한 수력발전소 건설을 위해 만들어진 배수로로 수력발전소 건설 계획이 포기됨에 따라 방치되었다. 1920년대 이래 인근 도시의 쓰레기들이 버려지다가 제2차 세계 대전 당시 군대의 폐기물, 특히 원자폭탄 관련 폐기물이 버려졌다. 1942년 후커화학이라는 회사가 이 지형을 매입해서 폐기장으로 만든 후 2만 톤이 넘는 유독성 화학 폐기물을 버렸다. 1953년 후커화학이 이 지역을 매각하고 떠난 후 1955년 이후 학교와 주택가가 들어섰다.[2] 이후 이 지역에는 지속되는 악취와 함께 많은 주민들이 장애, 기형, 유산 등의 질병에 장기간 시달리게 된다. 이것이 '러브 커낼의 비극'이라고 불리는 사태로 환경 오염에 대한 정책과 법제를 근본적으로 바꾸는 계기가 되었다.

1978년 한 지역 언론의 적극적 취재로 문제가 드러난 후 당시 지미 카터 대통령은 비상사태를 선포하고 1천만 달러의 예산을 긴급 편성했다. 지역 폐쇄 및 주민 이주 등의 긴급 대책이 시행된 지 2년 뒤인 1980년 미 의회는 「슈퍼펀드법Super Fund Act」이라는 새로운 환경 보호 관련 법안을 통과시킨다.[3]

「슈퍼펀드법」이란 이름은 환경 오염으로 인한 피해에 대해 국가가 끝까지 책임을 진다는 의미를 강조하고 있다. 여기서 '슈퍼펀드'란 국가가 마련한 신탁기금으로 환경 오염 책임자를 적발하지 못하거나 이들로부터 손해배상을 받아 내지 못했을 때도 피해자를 구제하기 위한 수단이다. 즉, 책임자에 대한 처리와 무관하게 국가가 환경 오염 피해에 대한 최종 보상을 책임진다는 의지의 표명이다.

국가의 책임을 명확히 하는 것이 개인에 대한 책임 추궁의 약화로 받아들여져서는 안 되므로 슈퍼펀드의 조성과 함께 엄격한 개인 책임에 대한 규범이 만들어졌다. 그 내용의 핵심은 다음의 세 가지로 볼 수 있다.

① 무과실 책임이다. 이것은 환경 오염이 이루어진 것이 명백하다면 당시 오염과 관련된 시설의 소유만으로도 책임

을 져야 하며 소유자의 오염 행위를 입증할 필요가 없음을 의미한다. 시설 운영상에서 관련 법규를 준수해서 정상적인 영업 활동을 했음이 인정된다고 하더라도 오염 손해에 대해서는 책임을 피할 수 없다. 제조물 책임과 함께 과실 책임의 원리가 부인된 또 하나의 중요한 사례다.

② 소급 책임이 부여된다. 즉, 「슈퍼펀드법」이 발효된 것은 1980년이지만 그 이전에 환경 오염을 범했다고 하더라도 법 적용의 대상이 된다. 환경 오염이 가져오는 장기적이고 회복하기 어려운 피해를 고려한 극단적 조치라고 할 수 있다. 러브 커낼 사건만 해도 오염의 주원인은 제2차 세계 대전과 그 이전에 이르는 근 100년에 걸친 것이었다.

③ 연대 책임이다. 연대 책임이란 오염에 관련된 잠재적 책임 주체들이 공동으로 피해를 보상하고 환경을 원상 복구해야 한다는 의미다. 관련 주체들 간에 책임의 비중을 나눠서 그만큼의 책임을 지면 되는 것이 아니다. 관련자 중 일부가 사망하거나 또는 부도로 인해 책임질 능력이 안 된다면 능력이 되는 책임자가 그 몫까지 책임을 져야 한다.

「슈퍼펀드법」은 환경 오염에 대한 강력한 규제 의지를 천명했고 이것은 다른 나라에도 큰 영향을 주었다. 한국에서도 이 법

제2부 이끌어가는 기업, 이끌려가는 기업— 전략적 준법관리의 주요 쟁점

의 골자는 그대로 유지되고 있다. 가장 중요한 것은 환경 오염을 막고 일단 오염된 환경은 진상 규명이나 책임 소재를 따지기 이전에 피해 보상과 원상 복구를 최우선으로 하겠다는 의지다. 환경 문제에 대한 인류 사회의 공감대와 합의는 강력하다. 기업 또한 이러한 대의명분에 동참하고 적극적으로 협력해야 하는 것은 물론이다. 법이 강제하기 전에 자신들이 과거에 저지른 오염 문제를 선제적으로 책임지고 포괄적으로 배상하며 환경의 원상 복구에 최선을 다할 필요가 있다.

사례 47 환경 오염에 대한 코닥의 대응

현실에서 구현된 이상적인 기업도시를 꼽으라면 코닥의 로체스터를 들 수 있다. 이스트만코닥은 1세기 이상 이 도시에 본사를 두고 이 지역 노동력의 거의 10분의 1 이상을 고용했다. 로체스터 시민들은 이 회사를 '어머니 코닥Mother Kodak'이라고 불렀다.

그러나 1988년부터 코닥의 환경 오염에 대한 폭로가 시작됐다. 코닥이 흘려 버린 유독 화학물질이 토양으로 스며들어 주택가를 오염시켰다는 뉴스가 지역 신문에 보도되고 인근 집값은 폭락했다. 지역 주민들은 "자신을 먹여 주던 손이 동시에 독을 타고 있었음"을 깨달았다.[4]

100년 이상 코닥을 믿고 따랐던 주민들에게 '배신'이라고 불릴 정도

로체스터에 자리한 코닥 본사

자료: Cassie Owens, 2018.1.15., "Can the city of Kodak and Xerox rebuild its workforce for the digital age?", *NEXT CITY*.

의 불신을 받게 된 코닥은 신속하게 수습에 나섰다. 코닥은 이 사태로 인한 주민들의 재산상 피해를 모두 보상한다는 원칙에 따라 일련의 프로그램을 실행했다. 우선 주택을 팔고 떠나려는 주민들에게 할인된 모기지mortgage를 지원하고 주택 개량을 위한 지원금을 제공했다. 그래도 매각을 고집하는 주민에게는 환경 문제 발생 이전의 정상가와 실제 매각 가격의 차액을 지급했다. 팔기 위해 내놓은 집이 거래되지 않은 채로 3개월 이상 지나면 새로운 곳으로 이사할 수 있도록 무이자로 대출해 주었다. 이것은 책임의 법적 한계를 다투는 것이 아니라, 피해가 발생하기 이전의 상태를 원상 복구한다는 원칙을 최대한 구현한 사례로 평가된다.[5]

커다란 균열에도 불구하고 코닥과 로체스터의 관계는 다시 봉합되었고, 건설적인 상생 협력이 지속됐다. 코닥은 로체스터 대학을 지원하고 인재를 유치해서 연구단지를 조성하고 다양한 문화시설을 마련했다. 그 결과 코닥이 파산한 뒤에도 로체스터는 디트로이트의 러스트벨트처럼 몰락하지 않았다. 오히려 기존 코닥의 생산 및 연구단지가 광학을 포함한 다양한 스타트업 회사의 보금자리로 탈바꿈했다. 코닥은 과실을 인정하지 않으려는 변명이나 보상을 둘러싼 다툼 없이 원상 복구 원칙에 따라 주민에게 끼친 피해를 보상하려고 노력했기에 회사의 파산에도 불구하고 '선한 영향력'을 이어 갈 수 있었다.

환경 규제 ─ 순응과 저항의 경제학

환경에 대한 규제를 좋아할 회사는 없다. 거의 1세기 동안 방치된 러브 커낼 배수로는 주변 도시, 군대, 후커화학에는 거대한 공짜 폐기장이었다. 아낌없이 받아 주는 거대한 폐기장이 기업에는 엄청난 비용 절감의 원천이었을 것이다. 「슈퍼펀드법」과 같은 새로운 입법은 기업에 충격에 가까운 비용 상승 요인이 된다. 0.1%의 원가 절감을 위해 온갖 노력을 다하는 기업 입장에서 갑작스러운 규제는 결코 반가운 소식이 아니다.

새로운 규제 도입에 대한 기업의 가장 자연스러운 반응은 규제의 실행을 어떻게든 막는 것이다. 철회시킬 수 없다면 최대한 지연시키거나 규제의 강도를 완화하려고 한다. 이를 위해 여론을 조성하기도 하고 정부 담당자를 대상으로 로비를 하거나 영향력 있는 인사의 협력을 구한다. 이 모든 활동에는 다 비용이 든다. 만약 규제를 철회할 수만 있다면 막대한 비용 증가를 막을 수 있으니, 이러한 저항의 비용은 매우 높은 수준에 이르기도 한다. 때로는 합법의 영역을 넘어선 로비의 유혹이 있을 수도 있다. 이런 면에서 규제를 철회하거나 완화하려는 '저항'의 비용과 이익을 엄밀하게 따져볼 필요가 있다.

📋 사례 48 미국 땅콩버터 전쟁

1959년 미국 정부는 모든 땅콩버터 제품에서 땅콩의 함량을 95% 이상으로 하는 규제를 예고했다. 당시 땅콩버터 제조사들은 대부분 경화유를 20~25% 쓰고 있었다. 95% 기준은 파격적으로 높은 순도를 요구하는 것으로 이를 따른다면 비용 상승은 불가피했다. 땅콩버터 업계는 단결해서 규제 완화를 위한 전방위 로비에 나섰다. 다양한 형태의 탄원, 공청회 등으로 시간을 끌면서 규제 실행이 12년이나 지연됐고 최종안 역시 95%에서 90%로 완화됐다. 정책 실행도 지연시켰고 기준도 낮췄으니 성공한 것처럼 보이지만 과연 기업 측의 승리였을까.

경영법학자인 조지 시델은 이 견해에 찬성하지 않는다. 땅콩버터 업계 모두에 똑같은 혜택을 주는 규제 완화는 특정 기업의 경쟁우위가 되지 않는다는 것이다.[6] 그래도 모든 기업에 이익이 되지 않았을까? 일단 12년간의 지연을 위한 로비와 여론 조성에 상당한 비용이 들었다. 더욱 중요한 것은 법규 완화의 이익이 일시적이라는 것이다. 만약 규제가 그대로 시행되어 95% 비중이 강제되었다면 경쟁력이 뒤처지는 한계 기업들이 도태됐을 것이다. 이들은 모두 살아남아 경쟁 압력을 높였다. 이뿐만이 아니다. 규제 완화는 신규 기업의 진입을 촉진했다. 기존 회사들이 막대한 로비 비용으로 기존의 이익률을 지켰으나 이 비용을 전혀 지급하지 않은 신규 기업들이 진입했다. 한계 기업의 존속과 신규 기업의 진입은 경쟁을 심화시켰고 결국 이윤을 감소시켰다. 규제 완화의 장기적 대가는 심각하다. 간단한 수요공급 모델을 통해 이 점을 확인해 볼 수 있다.

현재의 시장이 [그림 1]처럼 형성되어 있다고 가정하자. 가격은 P, 비용은 C이고 그 결과 하늘색 사각형이 산업 전체의 이익을 나타낸다. 새로운 규제의 도입은 비용을 높이고 그 결과 공급

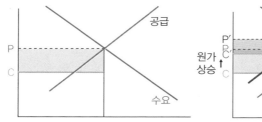

| [그림 1] 규제 이전의 시장 균형

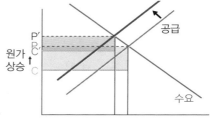

| [그림 2] 규제 시행의 단기적 효과

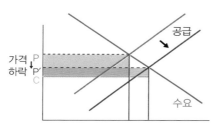

| [그림 3] 규제 저항 성공의 장기적 효과

곡선을 위로 밀어 올릴 것이다([그림 2] 참조). 상당한 로비 비용을 들여 이를 막아 냈다고 하자. 그렇다면 균형은 지금처럼 유지될 것이다.

그러나 규제를 막아 낸 결과 얻어진 높은 이익률은 한계 기업을 잔존시키고 신규 기업의 진입을 자극해 전체적으로 공급을 증가시킨다(공급곡선의 우측 이동). 그 결과 업계의 이익은 [그림 3]의 회색 사각형처럼 줄어든다. 이 중 로비 비용을 많이 지출한 기존 기업들이 더 큰 손해를 본다.

규제를 그대로 받아들이면 공급곡선이 상향 이동하고 가격과 비용이 동반 상승한다. 그 결과 이익은 줄어들 것이다. 그러나 로비 비용을 지출하지 않았다는 점과 함께 이러한 변화가 업계 내 경쟁에 미치는 영향을 고려해야 한다. 원가가 상승하면서 한계 기업 중 버티지 못하는 기업이 나타나고 또한 낮아진 이익률은 신규 기업의 진입을 억제한다. 전반적으로 경쟁이 완화되면서 업계 주도 기업은 경쟁우위를 공고하게 다질 수 있다.

그러나 더욱 중요한 것은 규제의 장기적 효과다. 환경 규제의 비용 효과를 감소하기 위한 혁신을 시도할 경우, 환경도 보호하고 원가도 절감하는 두 마리 토끼를 잡을 수 있다. 무리한 로비보다는 이 방향을 지향하는 것이 사회적으로 인정받을 수 있는 기업의 역할이다. 경쟁이 어느 정도 완화되면 한계 기업과 신규 진입 기업의 저가 공세에 대응할 필요가 적어지므로 새로운 투자에 눈을 돌릴 여유를 가질 수 있다. 이런 투자의 여력은 환경 규제를 더욱 창조적으로 수용할 수 있는 혁신에 투입되어야 한다. 이것은 현상유지에 급급한 업계 중하위 기업보다는 업계를 주도하는 대표 기업의 역할이 되는 것이 마땅하다. 환경 보호와 같이 공공의 가치에 직결되는 규제에 대해 업계 기업들을 한데 모아 저항에 나서는 것은 오늘날의 업계 대표 기업으로서는 지지받을 수 없는 행동이다.

전략적 환경관리 — 순환경제 루프를 관리하라

환경 보호는 단순히 기업 이미지를 높이거나 우호적인 사회 여론을 만드는 차원에 머무르지 않는다. 온난화를 비롯해 지구적 차원의 환경 보호가 인류 생존의 관건이라는 인식이 확산됨에 따라 기업의 비즈니스 모델 자체가 이를 적극적으로 반영해야 한다는 목소리가 높아지고 있다. 이를 위해서는 비즈니스 모델 자체, 더 나아가 경영 철학의 근본적인 재고찰이 필요하다.

이제까지는 기업의 비즈니스를 외부로부터 생산 요소를 구매해서 가공하고 대량 소비시장에 판매하면 끝나는 단선적인 모델로 보았다.[7] 그러나 이러한 세계관으로는 현재 필요한 지속가능 경영이라는 목표를 추구하기에 한계가 있다. 이제 자원은 일정한 비용만 지급하면 무한대로 사들일 수 있는 것이 아니며, 제품은 판매하고 나면 영원히 기업을 떠나 버리는 것이 아니다. 자원은 고갈되고 제품은 사용 후 폐기물로 생태계로 되돌아온다. 이것은 기업들이 생각하던 기존의 밸류체인보다 훨씬 더 큰 세계관을 요구한다.

기업은 이제 생산과 판매에 국한되던 밸류체인을 지구라는 폐쇄적 생태계 내에서 일어나는 순환 과정의 하나로 보아야 한다. 이런 거창한 입장이 생존을 위해 치열하게 경쟁하는 기업에는 과도한 요구라고 느껴질지도 모른다. 그러나 관점을 바꿔 보면 오히려 환경 보호를 위한 혁신의 아이디어를 얻을 수 있고 지속가능경영의 프레임에 적합한 비즈니스 모델과 전략의 토대를 마련할 수 있다.

환경 보호를 오직 경영에의 간섭, 전략의 장애물이자 비용 유발 요인으로만 여기고 규제를 막아 내려는 노력에만 몰두하는 것은 낡은 세계관을 드러내는 것이다. 이제는 기업의 노력을 새로운 방향으로 전환해서 선제적으로 친환경 비즈니스 모델을 만들어 내야 할 시점이다.[8] 여기서 중요한 것이 '순환경제'라는 개념이다. 순환경제 개념은 최근 환경마케팅, 생태마케팅, 그린마케팅, 지속가능마케팅 등의 용어로도 표현되고 있다. 그 의미는 한마디로 기업의 내부만이 아니라 외부까지 포함한 물질의 흐름을 하나의 순환으로 보고 이 순환 전체를 관리하는 것이다. 목표는 자체 완결적인 순환 루프Closed-Loop System를 만드는 것이다. 자체 완결적이라는 것은 기업이 속한 물질 흐름의 순환이 지속적으로 외부로부터 자원을 도입하거나, 또는 외부로 폐기물을 누출하지 않고 재사용·재순환을 통해 일정한 순환을 유지함을 뜻한다. 한 기업이 이러한 역할을 도맡아 할 수는 없다. 당연히 수많은 경제 주체와의 공동체적 협력이 필요하다.

사례 49 칼룬보르 생태 산업단지[9]

2만 명 정도의 주민이 살고 있는 덴마크 북부 도시 칼룬보르Kalundborg는 대규모 생태 산업단지로 유명하다. 이 단지의 기본 원리는 다양한 생산 주체들의 투입-산출을 마치 생태계의 먹이사슬처럼 서로 연결한 것이다.

칼룬보르는 작은 도시지만 덴마크에서 가장 큰 화력발전소를 보유하고 있다. 발전소는 전기 생산 중 얻어진 350도 고열의 증기를 단지 내 기업에 보내고, 폐열과 폐기물(슬러지와 휘발성 재)은 일반 주택과 양식장, 가축 농장 및 경작지로 보낸다. 공장을 가동하면서 이로부터 발생하는 부산물을 주택과 농업, 어업이 받아 주는 구도다.

물론 한 부문의 폐기물이 그대로 다른 부문의 유용한 자원이 되는 경우는 드물다. 독소 등 유해물질과 전달의 곤란 등이 걸림돌이 되기 마련이다. 이를 극복하기 위해 기술, 특히 바이오공학이 활용된다. 이 단지에서는 역시 발전소의 증기로 가동되는 바이오 공장이 있어서 산업 폐기물의 후처리를 담당한다. 폐기물을 가정 및 1차 산업으로 보낼 때 이 공장이 중간의 필터 역할을 한다. 대표적 폐기물인 슬러지는 발효를 통해 퇴비화되고 일부는 돼지 농장의 사료로 쓰인다. 공장, 발전소, 농장, 어장, 가계의 투입과 산출을 한 땀 한 땀 연결해서 전체적으로 순환하는 루프를 만드는 것이다.

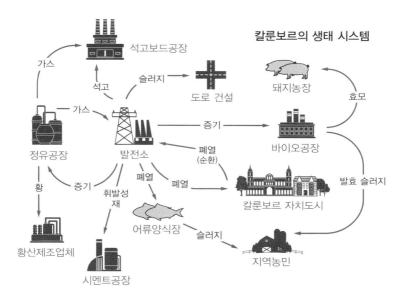

칼룬보르의 생태 시스템

자료: Ricardo Estevez, 2012.4.30., "Kalundborg, example of eco-intelligent industry", *ECO Inteligencia*.

이것은 자연에서 저절로 이루어지고 작동되는 먹이사슬을 인위적으로 디자인하는 것과 같다. 이렇게 정교한 산업 공생 네트워크를 유지하기 위해 '산업 공생단지 연구소'라는 정부 기구가 도시에서 연구 및 지원 활동을 벌이고 있다. 칼룬보르의 생태 산업단지Eco-Industrial Park는 이러한 모델로서는 세계 최초의 성공 사례로 인정받고 있으며 많은 나라가 이 모델의 적용을 검토하고 있다.

이러한 사례는 환경과 관련한 혁신은 기업이 단독으로 수행하는 데 한계가 있음을 보여 준다. 기업 차원의 혁신도 최근에는 '개방적 혁신'open innovation이라는 이름 아래 여러 기업이 전략적 제휴를 통해 추진하는 경향이 나타난다. 마찬가지로 환경 관련 혁신은 다수의 기업은 물론, 정부, 지방자치단체, 지역사회, 농어민과의 공동 노력을 통해 진행될 수밖에 없다. 기업이 이윤에만 전념하면 성장과 고용이 늘고 이로써 모든 경제 문제가 해결될 것이라는 일차원적 사고는 이제 더는 공감을 얻지 못한다. 이윤과 함께 사회에 미치는 영향을 고려한 순환 루프를 생각하지 않으면 기업의 지속성장과 균형은 기대하기 어렵다.

환경 정보 공개와 영업비밀 보호의 충돌

ESG(환경, 사회, 지배구조)가 화두가 되는 오늘날 환경 보호를 위한 혁신은 누구도 부인하기 어려운 교과서적인 해답이다. 그러나 사적 이익을 추구하는 기업이 공적 가치를 위해 양보와 희생을 한다는 것은 현실적으로 한계가 있다. 기업의 발전과 환경 보호가 장기적으로 함께 간다는 논리를 인정한다고 해도 문제는 단기적 맥락이다. 사적인 경영과 공적인 환경 보호 간의 상충은 생각보다 다양한 측면에서 첨예하게 일어난다. 그중 하나의 예가 바로 환경 정보 공개와 영업비밀 보호의 충돌이다.

사례 50 삼성 반도체 공장 환경보고서 공개 논란

삼성전자 온양 공장에서 근무했던 이 모 씨가 백혈병으로 사망한 후 유족은 사망의 원인 규명을 위해 정보 공개 청구 소송을 제기했다. 2014년의 1심과는 달리 2018년 대전고등법원에서 벌어진 2심은 2007~2014년 작업환경측정 결과보고서를 공개하라고 판시했다. 비슷한 정보 공개 청구가 삼성의 다른 사업장을 대상으로도 줄을 이었다. 삼성전자는 "미래 반도체 핵심기술이 집약된 곳의 정보가 무방비로 노출될 위기"라고 항변하며 행정소송을 제기했다.[10] 산업통상자원부 산하 산업기술보호위원회는 공개 대상인 작업환경보고서에 국가 핵심기술에 해당하는 내용이 있다고 판정했다. 이후 2019년 8월 「산업기술의 유출방지 및 보호에 관한 법률」(약칭 「산업기술보호법」)이 국회를 통과했다. 여기서는 "국가 핵심기술에 관한 정보를 공개해서는 안 된다"고 못 박고 이를 위반할 경우 징벌적 손해배상 책임까지 부과했다.

이 법은 기업에 대한 비판세력으로부터 '삼성 보호법'이라 불릴 정도로 회사 측의 정보 공개를 막는 결정적 근거가 될 수 있다. 이것은 국내 주요 기술이 해외로, 특히 경쟁자로 부상하는 해외 기업으로 유출되는 사례가 적지 않게 발생하고 이에 대한 대책이 시급하다는 요청에 부응한 것이다. 그런 관점에서 「산업기술보호법」과 같은 법적 장치가 필요하다는 점에 이론의 여지가 없다. 그러나 환경 및 건강 보호라는 또 다른 관점에서 보면 기업의 내부 공정에 대한 공개가 필요한 것 또한 엄연한 사실이다. 「공공기관의 정보공개에 관한 법률」에 따르면 생명, 건강 등에 관련된 안전진단보고서, 작업환경보고서 등 산재 입증에 필요한 자료는 공개하도록 규정돼 있다. 이 두 가지 법률과 배경이 된 논리는 어느 한편이 정당하거나 더 시급하다고 말할 수 없다. 그 결과 현실에서는 첨예한 딜레마가 발생하고 있다.

교과서적인 해결책은 해당 정보에 대해 어디까지가 중대한 기밀인지를 정확하게 분간해서 경영에 피해가 가지 않는 부분만을 공개하는 것이다. 그러나 전문적인 제조 기술 내용을 이런 식으로 분간한다는 것 자체가 어려운 일이며, 서로 다른 입장의 당사자들이 의견을 모으기도 매우 힘들다. 더 큰 문제는 이런 구획을 하기 위해서는 정보를 상세하게 따져 봐야 하는데 그러기 위해서는 먼저 정보가 공개되어야 한다는 것이다. 해결책이 잘 보이지 않는 상황이다.

딜레마를 더욱 심화시키는 요인 중 하나는 작업환경보고서 공개가 대부분 산업재해의 입증 문제와 얽혀 있다는 것이다. 현재 산재의 입증 책임은 노동자가 부담하는 것이 원칙이다.[*] 이것은 해외 대부분의 나라에

---

[*] 2015년 헌법재판소는 산업재해의 노동자 입증 책임에 대해 전원일치 합헌 판정을

서도 마찬가지다.[11] 작업장 내 사고와 같은 명백한 경우를 제외하면 백혈병 등 질병의 인과 관계를 노동자가 직접 증명하기란 쉬운 일이 아니다. 따라서 대부분의 국가에서 재해자에게 의학적·자연과학적 증명을 요구하지는 않으며 충분한 개연성을 보여 주는 정도로 증명 부담을 완화하고 있기는 하다. 그러나 산재 입증 책임의 소재가 피해자인 노동자에게 있는 것은 불변이며, 따라서 노동자는 어떻게든 작업장 내 정보를 획득하려고 시도할 수밖에 없다. 기업이 영업비밀과 같은 정보를, 분쟁 중인 산재 피해자에게 공개하기를 꺼리는 것은 당연하다.

이런 문제를 완화하기 위해 산재 입증 책임을 노동자가 아닌 근로복지공단에 부여하자는 논의가 있다.[12] 개인이 아닌 정부기관이 관련 정보와 증거를 다루게 함으로써 기밀 유출의 우려를 막고 산재에 대한 객관적 판단을 할 수 있도록 하자는 것이다. 이것은 근본 원칙의 충돌을 해소하는 것은 아니지만, 문제 해결을 조금 더 쉽게 만들어 줄 수 있을 것이다.

환경 정보 공개와 영업비밀 보호의 충돌은 미국 등 선진국에서도 오랫동안 심각한 딜레마로 여겨 왔던 문제다. 미국은 환경 문제가 본격화되면서 1947년 「연방 살충·살균·살서제법FIFRA」

내렸다.(www.law.go.kr/LSW/detcInfoP.do?detcSeq=46738)

에서 해당 제품의 성분 및 제조법을 환경보호국Environmental Protection Agency, EPA에 신고하도록 규정했다. 그런데 이것은 영업비밀을 일종의 지식재산권으로서 보호하는 「수정 헌법」 조항과 충돌한다. 미국의 「헌법」은 어떠한 정부기관도 '정당한 보상' 없이 개인으로부터 재산을 취하거나 또는 개인이 재산으로부터 얻는 이익을 방해할 수 없다고 보장하고 있다. 1984년 연방 대법원은 살충제 등록 업체의 재산권에 대한 심리에서 이것이 업체의 합리적인 수익 기대를 저해했다고 보고 제조 데이터의 제출이 정부의 재산권 침해에 해당한다고 판시했다.[13]

그러나 이것은 많은 조건과 시한으로 제약된 특수한 판결이었으며 영업비밀 보호라는 법리의 최종적 승리를 의미하지는 않는다. 이후로도 정보 공개와 비밀 보호의 원리는 계속해서 충돌하고, 그 결과 사건에 따라 판단이 엇갈리는 경우가 발생한다.

그러나 차츰 논의의 흐름은 환경 보건 리스크를 부담하면서 기업의 영업비밀을 보호하는 것에 대한 문제 제기가 점점 더 힘을 얻는 추세다. 과거 기업이 빠르게 성장하고 혁신하면 그로부터 얻은 부와 역량이 환경 문제의 개선으로 이어질 것이라는 단순한 낙관론은 공감을 얻지 못하고 있다.[14]

이러한 경향은 더욱 강화되어 화학제품 관리제도에 대한 대대적인 법제 변화가 2019년부터 시행되었다. 그 골자는 "모든

| EU REACH 제도 포스터

살생물물질과 살생물제품은 사전에 유해성, 위해성을 검증하여
안전성이 입증된 제품만 시장 유통을 허용한다"는 것이다. 해당
물질을 등록하는 것은 물론 그 물질이 안전하다는 것을 기업이
스스로 입증해야 한다. 이 법의 기본 원칙은 "정보 없이는 시장
에 출시할 수 없다No Data, No Market"이다. 이것은 EU가 선제적으로
도입한 REACHregistration, evaluation, authorization and restriction of chemicals, 즉 등
록, 평가, 승인 및 제한 정책에 부응하는 것이다. 국내 규정과
무관하게 유럽 지역으로 수출하는 국내 기업들은 자동으로
REACH의 규제를 적용받는다. 이것은 "노 데이터, 노 마켓" 원
리를 명확하게 선언함으로써 정보 공개를 비즈니스의 전제 조건
으로 제시한다. 물론 이 법제가 영업비밀의 원리를 폐기하는 것
은 아니다. 비밀 보호를 위한 다양하고 세밀한 제한 조건이 규정

되어 있다. 단, "정보 공개가 시장 참여의 전제"라는 대원칙을 명시했다는 점에서 정책의 우선순위를 확립했다고 해석할 수 있다.

환경 규제는 당분간 기업의 전략에 중대한 제약 요인이 될 것이다. 상당수 학자들이 환경과 보건에 관련해서는 영업비밀을 제한하거나 아예 철폐하는 근본적인 제안을 내놓고 있다. 건강과 생명에 관련된 물질에 대해서는 영업비밀을 인정하지 않거나 모두 특허로 전환하자는 것이다. 특허는 영업비밀과 달리 기술 내용을 모두 공개하며 다만 기술을 무단 사용했을 때 처벌하는 방식이다. 따라서 정보 공개에 아무런 문제가 없다.* 또는 현재 영구적으로 유지되는 영업비밀에 시한을 설정하거나 영업비밀의 조건을 엄격하게 하는 방법도 있다. 한 가지 제안은 "공공의 건강을 위협하지 않는다"라는 조건을 영업비밀의 정의에 포함하는 것이다.[15]

시간이 갈수록 영업비밀의 보호는 약화되어 갈 가능성이 크므로 기업은 이에 대비해야 한다. 영업비밀이라는 방패에 관성적으로 의존할 경우 규제 당국과 분쟁 당사자와의 갈등은 악화

---

* 특허가 잘 보호된다면 문제가 없지만 국경을 넘어선 특허의 보호는 문제를 복잡하게 한다. 반도체의 경우 중국으로 기술 유출 시 특허 보호를 기대하기 어렵다. 영업비밀의 특허화는 특허 보호의 원활한 국제 공조를 전제 조건으로 한다.

될 가능성이 크다. 물론 모방하기 힘든 기업 경쟁우위의 원천으로서 '비밀'의 효용은 기업 경쟁 원리가 존재하는 한 사라지지 않을 것이다.

비밀이란 본래 지키기 힘든 것이다. 이제 비밀을 알고 싶어 하는 주체는 경쟁 회사만이 아니다. 규제 당국과 지역사회, 소비자, 시민단체 등 다수의 이해관계자가 기업의 비밀을 알고 싶어 한다. 이를 둘러싼 힘겨룸은 아마도 오랜 기간 지속될 것이다. 친환경 기업이 되는 길은 순탄한 꽃길이 아니다.

법은 기업경영의 장애물이 아니다

지금까지 다양한 분야에 걸쳐 여러 기업의 법적 대응 사례를 살펴보았다. 이 책의 의도는 구체적인 법적 문제를 분석하는 것도, 법적 문제에 대한 해결책을 제시하는 것도 아니다. 법이 기업에 어떤 영향을 주는가, 그리고 기업들이 어떻게 대응했는가를 보여 주는 것이다. 모든 법적 문제를 다루는 것은 불가능하다. 기업과 관련된 법의 영역이 갈수록 넓고 촘촘해지기 때문이다. 기업경영이 '법률의 바다에서 헤엄치는 것과 같다'는 표현은 과언이 아니다. 더구나 법적 환경은 끝없이 변하고 과거에는 생각지 못한 차원의 문제가 발생한다. 인공지능에 '전자인', 즉 법인격을 부여하는 문제가 진지하게 논의되는 세상이다. 기술이 발달하면서 수많은 법이 제정되고 폐지되며 또한 해석이 달라질 것이다.

법은 앞으로 기업 환경의 중대한 리스크 항목이 될 것이다.

애니메이션 〈니모를 찾아서〉의 주인공 '니모'로 잘 알려진 흰동가리는 독성이 강한 말미잘 촉수 사이에 살면서 유독한 환경을 자신의 보금자리로 삼는다. 면역 반응을 키운 흰동가리에게 말미잘은 천적을 막아 주는 스위트홈이 된다.

법이 두려워서 모든 법적 분쟁을 피해 가겠다는 소극적 자세는 바람직하지 못할뿐더러 지속가능하지도 않다. 새로운 기회는 늘 법적 리스크를 동반한다. 오직 위험 회피만으로 법적 환경에 대응한다면 신사업에의 도전이 원천적으로 불가능해진다. 기존 사업이라고 해도 상황은 크게 다르지 않다. 법은 이제 모든 비즈니스 현장에 빠지지 않는 감초가 될 것이며 때로는 현장을 압도하는 파괴력을 발휘할 것이다.

법적 분쟁은 크든 작든 회사의 자원과 에너지 소모는 물론 경영 위축, 사회적 평판 저하를 동반하는 괴로운 과정이다. 피할 수 없다면 이 과정을 통해 무언가 얻는 것이 있어야 한다. 분쟁으로부터 무엇을 얻을 수 있을까. 본문에서 '시대정신'이라고 거창하게 표현했지만, 더 정확하게는 '옳고 그름에 대한 감각'이 아닌가 한다. 경영이 복잡해지고 수많은 관계자의 이해가 얽히면서 옳고 그름의 감각을 유지하기란 쉬운 일이 아니다. 이제 선악의 기준은 직관적이지 않고 사전에 확신할 수 없다.

법적 지식이 부족해서가 아니다. 새로운 기술과 이로부터 발생하는 사업, 제품, 전략은 새로운 질서와 규칙을 이해관계자 간의 충돌과 마찰을 통해 만들어 간다. 당사자로서 분쟁의 와중에 몸으로 부딪치면서 감각을 키워 가는 것은 대단히 중요하다. 퀄컴과 서울반도체가 지식 기업으로서 시장뿐만 아니라 법정에서도 강자가 되었던 비결은 크고 작은 소송으로부터 축적해 온, '무엇이 옳은가'에 대한 감각이었다.

마지막으로 법의 본질적 측면에 대해 느낀 바를 셰익스피어의 고전 〈베니스의 상인〉을 통해 얘기해 보고자 한다. 이 작품에서 간악한 유대인 고리대금업자 샤일록이 베니스의 상인 안토니오에게 채무의 대가로 살 1파운드를 요구한다. 재판 과정에서 판사는 "살을 베어 낼 때 피가 흘러서는 안 되며 1파운드보다 조금도 많거나 적어서는 안 된다"라는 판결로 안토니오를 구한다.

이 이야기는 오늘날의 법적 환경에서는 처음부터 어불성설이다. 사람의 살을 베어 내기로 하는 계약은 처음부터 무효이며 법의 보호를 받을 수 없다. 일단은 근대 이전의 베니스라는 상황에서 이것이 불법 계약이 아니라는 전제하에 다시 생각해 보자. 이경우 판사의 판결은 정당한가? 계약 조항이 합법이라고 할 때, 출혈이 있어도, 무게가 조금이라도 틀려서는 안 된다는 것이 계약 이행의 타당한 조건인가? 살을 베어 낼 때 피가 난다는 것,

〈판결을 내리는 포샤〉(프랭크 하워드, 1830~1831년)

자료: Folger Shakespeare Library Digital Image Collection.(luna.folger.edu/
luna/servlet/s/lw77fr)

그리고 정확한 무게를 떼어 낼 수 없다는 것은 모두가 알고 있는
사실이다. 따라서 이러한 이행 조건은 계약 자체를 인정하지 않
으려는 무리한 요구라고 보아야 할 것이다.

　그러나 이를 부당한 재판이라고 볼 수 없는 상황이 존재한다.
판사는 이러한 판결을 내리기 전에 샤일록에게 몇 번이나 원금
의 세 배를 받고 합의하라고 종용했다. 판사는 살을 베어 낸다는
무시무시한 문안이 진심이었을 리 없다며 합의를 권유한 것이
다. 하지만 샤일록은 "계약서대로만 해 달라"고 한다. 한 가지

더 결정적인 계기가 있다. 샤일록이 고집을 부리자 판사는 계약서의 이행을 허락하면서 외과 의사를 불렀느냐고 묻는다. 그러나 샤일록은 "계약서에 그런 내용이 없다"고 한다. 외과 의사를 대기시키지 않는다는 것은 곧 샤일록이 노골적으로 안토니오의 목숨을 노린다는 것을 의미한다. 이에 대해 판사는 계약서 문안대로 피를 흘리지 않고 정확하게 1파운드의 살을 베어 내라고 요구한 것이다. 이것은 "눈에는 눈"이라는 법리를 적용하는 동시에, 샤일록이 계약상의 손해를 배상받으려는 것이 아니라 피고를 살해하려 했다는 숨은 의도를 폭로한 것이기도 하다.

이 이야기는 오늘날의 법적 대응에서도 중요한 시사점을 준다. 여러 번 강조한 바와 같이 법은 법조문이 아니다. 법조문은 여러 의미로 해석될 수 있다. 법조문이 손가락이라면 손가락이 가리키는 달은 정의다. 법적 환경이 복잡하고 난해하고 불확실할수록 우리는 법조문에 매달리면 안 되고 정의를 보아야 한다.

텍사스 대학의 상법 교수 프랭크 크로스는 법에는 하나의 정답이 없다고 한다. "기존의 법이 특정 편으로 기울어진 듯 보여도 이것이 불의라고 여겨지면 판사가 창의적인 법적 추론을 통해 반대편에 유리한 판결을 내리는 일은 늘 있어 왔다."[1] 이것이 바로 포샤가 한 일이다. '법잘알', '법꾸라지' 등의 용어가 회자되고 있다. 선의의 '법알못'들이 속수무책으로 당하는 사례들이 목격되지만, 위안이 되는 것은 앞으로는 이런 일들이 점점 더 어려워질 것이라는 사실이다. 법조문만 믿어서는 안심할 수 없는 세상이다. 기술을 중심으로 세상이 급변하다 보니 법이 현실을 따라가지 못하고 판사들은 법 조항이 완비되기 이전에 수많은 사안에 판결을 내려야 한다. 이런 흐름은 법조문에 따른 기계적 판단의 가능성을 더 줄일 것이다.

본문에서도 언급했듯이 준법관리의 본질은 기술적인 법 준수가 아니라 '진정성'이다. 도덕 교과서 같은 이야기지만 교과서적 접근이 현실적으로 최선에 가까워지고 있다. 세상이 교과서대로 된다는 것은 좋은 일이고 반가운 일이다. 샤일록은 살을 베어 낸다는 계약으로 살인을 기도했다. 계약 당시에는 그렇지 않았더라도 법정에서 진의가 드러났다. 몰래 판사 역할을 맡은 포샤는 이를 간파하고 창의적 해석으로 그의 살인 의도를 입증했다. 그는 계약서 문구만을 철석같이 믿고 있다가 함정에 빠졌다.

복잡하고 역동적인 법의 그물 속에서 경영을 해야만 하는 상황이다. 변호사에게 모든 것을 위임할 수 없고 스스로 법적 대응력을 높여야만 한다. 그러나 이 법적 대응력이란 법조문을 외우는 것이 아니다. 법의 기저에 흐르는 입법 정신, 그리고 자기 자신의 진정성을 더욱 깊이 있게 그리고 객관적으로 파악하는 것이 본질이다.

▌참고문헌

법과 경영전략에 대한 연구는 최근 들어 점점 더 활발해지고 있다. 특히 중요한 책과 논문에 대해서는 약간의 소개와 소감을 기재했다.

제1부 기회인가, 족쇄인가 ─ 21세기 기업과 법의 관계

경영과 법의 관계에 대한 탁월한 개설서와 에세이가 여러 권 있다. 제1부에서 참고한 문헌은 다음과 같다.

1 Constance E. Bagley, Diane W. Savage, 2010, *Managers and the Legal Environment: Strategies for the 21st Century*(6th ed.), South-Western Cengage Learning.

　콘스턴스 배글리는 예일 대학 경영대학원 교수로 기업의 능동적인 법적 대응을 강조한다. 그는 '법적 민첩성(legal astuteness)'이 오늘날 기업의 핵심 역량이 되어야 하며, 경영자는 이러한 역량을 바탕으로 '전략적 준법관리(strategic compliance management)'를 실천해야 한다고 주장한다.

　내용 구성은 ① 인적 자원 관리, ② 규제 환경, ③ 기업 지배구조, ④ 증권/금융 거래, ⑤ 국제경영의 다섯 파트로 되어 있다.

2 George J. Siedel, Helena Haapio, 2011, *Proactive Law for Managers: A Hidden Source of Competitive Advantage*, GOWER.

조지 시델은 미시간 대학 경영학 교수로 법적 환경 변화에 대한 기업의 적극적 대응을 강조했다. 법은 기업 활동의 제약 조건이 아니라 경쟁 원천으로 활용할 수 있는 기회가 된다. 그런 면에서 법에 대한 기업의 대응을 단순한 준법에서부터 적극적 활용까지 단계를 나누어 설명하고 있다.

3 Roger LeRoy Miller, Frank B. Cross, 2010, *The Legal Environment Today: Business in Its Ethical, Regulatory, E-Commerce, and Global Setting*(8th ed.), South-Western Cengage Learning.

이 책은 제목에서 말해 주듯 윤리적 기반, 규제, 전자상거래, 글로벌화로 인한 법적 환경의 변화를 강조한다. 저자는 이러한 변화의 직접적 원인을 기술 발전으로 본다. 또한 법의 세부적 규칙만이 아니라 그 윤리적 기반을 강조하고 있다. 주요 내용은 기업을 둘러싼 경영 환경인 ① 상업 환경, ② 지배구조 환경, ③ 고용 환경, ④ 규제 환경의 네 부분으로 나뉘어 있다. 이는 이 책《기업과 정의》의 계약 관련 법제, 지배구조 및 투자자 보호 관련 법제, 근로자 관련 법제, 환경 보호 관련 규제와 대응한다.

4 Frank B. Cross, Roger LeRoy Miller, 2016, *The Legal Environment of Business: Text and Cases*, Cengage Learning.

위의 책의 체제에 맞춰 사례 위주로 분석한 자매편이다.

5 Constance E. Bagley, Craig E. Dauchy, 2017, *The Entrepreneur's Guide to Law and Strategy*(5th ed.), Cengage Learning.

일반 기업과 소규모 혁신 기업을 대상으로 법적 대응 전략의 가이드를 제시하는 책이다.

6 Antoine Masson, Mary J. Shariff, 2010, *Legal Strategies: How Corporations Use Law to Improve Performance*, Springer.

법을 어떻게 경쟁우위 전략으로 활용할 것인가를 본격적으로 다룬 다양한 연구자들의 논문집이다. 콘스턴스 배글리가 서문에서 법적 민첩성의 개념을 언급하고 있다.

7 Philip K. Howard, 2011, *The Death of Common Sense: How Law is Suffocating America*, Random House.

저자는 뉴욕시의 저명한 변호사이자 법학 교수이다. 그는 법을 법조문의 문구대로 기계적으로 적용하는 태도가 만연함으로써 법이 일상생활에서 국민을 억압하는 족쇄로 이용되고 있다고 주장한다. 따라서 영미법의 관습법적 전통, 즉 건전한 상식을 바탕으로 실제 상황을 판단할 수 있는 능력이 복원되어야 한다고 본다.

8 김영란, 2015, 《판결을 다시 생각한다》, 창비.

김영란 전 대법관이 대법관 시절 주요 판례를 상세하게 분석했다. 법의 역동성과 윤리적 시사점에 대해 많은 것을 생각하게 하는 책이다.

9 Kai Jacob, Dierk Schindler, Roger Strathausen(Ed.), 2016, *Liquid Legal: Transforming Legal into a Business Savvy, Information Enabled and Performance Driven Industry*, Springer.

이 책은 변호사들의 위기의식을 출발점으로 한다. 이제 법률적 자문은 기업에 부가가치를 주지 못한다는 것이다. 책 제목인 '법의 유동화'는 합법과 불법의 경계가 점점 더 모호해져 가므로 법조문에 대한 지식만으로는 한계가 있음을 의미한다. 또한 이 책은 이런 상황이 지속될 경우 회사의 법적 자문은 변호사가 아닌 다른 분야의 전문가에게로 옮겨 갈지도 모른다고 경고한다.

10 Jeffrey Ballinger, 1992.8., "The new free-trade heel: Nike's profits jump on the backs of Asian workers", *Harper's Magazine*.

제프리 밸린저는 저명한 노동운동가다. 그는 1990년대 나이키의 노동 착취 공장 문제를 제기한 이래 국제적 차원에서 노동 문제와 기업 불법행위에 대한 저항운동을 벌여 왔다. 이 기사는 글로벌 기업의 아시아 노동자 착취를 저격한 것으로 국제적 반향을 일으켰다.

11 Luciano Floridi, 2017.2.22., "Roman law offers a better guide to robot rights than sci-fi", *Artificial Intelligence and Robotics*.

　저자는 옥스퍼드 대학 디지털윤리연구소장으로 정보시대의 윤리학을 연구하고 있다. 그는 SF적인 과도한 상상력이 현실감각을 혼란하게 할 수 있다고 경고한다. 그는 오히려 노예에게 인격을 부여함으로써 노예주의 법적 책임을 회피하려고 했던 로마법의 사례가 인공지능에 더 큰 시사점을 줄 수 있다고 한다.

12 Stephen J. Frenkel, Duncan Scott, 2002, "Compliance, collaboration, and codes of labor practice: The ADIDAS connection", *California Management Review*.

　해외 사업장에서의 준법경영을 다룬 흥미로운 사례연구다. 실제 사례에 대한 경험적 연구이면서 준법경영과 경영전략의 구체적 연결 메커니즘을 해명한 연구로 현장 관리에 대한 시사점이 풍부하다.

13 Timothy B. Lee, 2018.1.8., "Why Mickey Mouse's 1998 copyright extension probably won't happen again", *Ars Technica*.

　디즈니의 저작권 전략에 대한 에세이로 기업의 법적 대응 전략의 유연성과 트렌드에 대한 감각을 재조명하고 있다.

제2부 이끌어가는 기업, 이끌려가는 기업 — 전략적 준법관리의 주요 쟁점

제5장 법보다 중요한 법이 있다—계약의 중요성

1 Nicholas Argyres, Kyle J. Mayer, 2007, "Contract design as a firm capability: An integration of learning and transaction cost perspectives", *The Academy of Management Review*.

　계약 능력을 기업의 역량으로 명확하게 규정한 연구다. 계약은 기업 간의 시너지나 선한 의도만으로 이루어지지 않으므로 법적 처리가 매우 중요하다. 특히 계약의 법적 측면을 변호사에게 일임하는 것은 위험하며 경영자의 적극적 관여가 필수적이다.

2 Fletcher, J. K., Käufer, K., 2003, "Shared leadership: Paradox and possibility", In C. L. Pearce & J. A. Conger (Eds.), *Shared Leadership*, pp.21-47. Thousand Oaks, CA, SAGE Publications Inc.

리더십은 오랜 기간 고독한 리더의 독점적 역량과 자질이라고 믿어 왔다. 최근에는 리더십의 독점보다는 공유, 즉 수평적·자발적 리더십에 대한 관심이 높아지고 있는데, 이에 대한 본격적인 연구다.

3 Helena Haapio, George J. Siedel, 2017, *A Short Guide to Contract Risk*, Routledge.

전문적인 학자들이 계약의 위험과 요령을 상세하게 전달하는 소책자이다. 오늘날 기업에 계약이 왜 중요한지 그리고 계약이 왜 가장 심각한 경영 리스크의 하나인지에 대해 설득력 있게 설명한다.

4 David Hillson, 2015.11.5., "The IKEA approach to risk", manager.com.au.

기업의 리스크 대응력은 결국 조직 차원의 소통에 달려 있다고 보고, 메시지의 그래픽화를 강조하는 흥미로운 접근을 제시한다.

제6장 경쟁자를 제치는 다양한 法—공정경쟁과 지식재산권 보호

1 Gene C. Schaerr, 1985, "The Cellophane Fallacy and the Justice Department's guidelines for horizontal mergers", *The Yale Law Journal*.

셀로판 오류에 대한 분석을 제시한다. 사법적 판단이 경제학 이론에 깊이 연결되어 있는 흥미로운 사례다.

2 데이브 목, 박정태 옮김, 2007, 《열정이 있는 지식기업 퀄컴 이야기 *The Qualcomm Equation*》, 굿모닝북스.

퀄컴의 역사와 전략에 대한 상세한 해설이다. 지식재산이 단순히 지식의 가치만으로 경쟁 원천이 되지 않는다는 점, 지식재산의 법적 관리 역량이 반드시 필요하다는 점을 설득력 있게 제시하고 있다. 지식재산의 관리와 연구개발 전략에 관심 있다면 꼭 읽어 봐야 할 책이다.

3 Ayelet Israeli, Eugene F. Zelek Jr., March–April 2020, "Pricing policies that protect your brand: How to prevent unauthorized discounting", *Harvard Business Review*.

가격 전략에 대한 흥미로운 논문이다. 제조업과 브랜드의 힘이 약화되고 디지털 유통 채널이 강화되는 상황에서 어떻게 제품 이미지와 가격을 일관성 있게 관리할 것인가에 대한 대책을 제시한다.

4 Jean-Charles Rochet, Jean Tirole, 2003, "Platform competition in two-sided markets", *Journal of the European Economic Association*.

플랫폼 경쟁의 특성을 이론적으로 밝힌 경제학의 노작이다. 티롤은 2014년 노벨 경제학상을 수상한 산업조직론의 대가로서 산업의 변동을 꾸준히 추적한 결과 구글 창립 이후 5년 만에 이러한 결정적 연구를 남겼다. 플랫폼 경제를 이해하기 위해 반드시 읽어야 할 논문이다.

제7장 여전히 소비자가 왕이다─기업의 제조물 책임

1 David M. Cummings, 2016, "Embedded software under the courtroom microscope", *IEEE Technology And Society Magazine*.

소프트웨어에 대한 제조물 책임의 법적·기술적 문제를 심도 있게 논의한 글이다.

2 蒲俊郎, 2018, 『間違いだらけのコンプライアンス経営』(오류투성이 준법관리 경영), イースト・プレス.

회사 준법관리상의 크고 작은 실수를 흥미로운 사례와 함께 정리한 책이다.

1 岩井克人, 2003, 『会社はこれからどうなるのか』, 平凡社.

　도쿄 대학 교수인 저자가 회사 지배구조에 대해 평이하게 서술한 개설서다. 그러나 단순한 개설서가 아니라 기업의 미래에 대한 예리한 예측을 제시한다. 그것이 '일본식 경영'이라는 데에는 논란이 있을 수 있지만, 저자의 논거는 가볍게 여길 수 없다. 2004년 일빛출판사에서 《회사 앞으로 어떻게 될 것인가》라는 제목으로 번역판을 출간했다.

2 톰 하트만, 이시은 역, 2014, 《기업은 어떻게 인간이 되었는가*Unequal Protection: How Corporations became "People"*》, 어마마마.

　법인의 출현 과정과 그 폐해에 대한 비판적 연구이다. 학자라기보다는 진보적 정치논평가인 저자답게 음모론적인 느낌마저 드는 비판은 때로는 과도하다는 느낌을 주지만 우리가 당연시하던 법인의 다양한 측면을 예리하게 드러내고 있다.

3 Antoine Rebérioux, 2007, "Shareholder primacy and managerial accountability", *Comparative Research in Law & Political Economy*.

　기업 지배구조의 현재 패러다임인 주주중시경영에 대한 날카로운 비판론이다. 가츠히토의 회사원과 르베리우의 경영관리자는 서로 겹쳐 보인다. 이는 가츠히토의 논의가 단순히 일본식 경영 옹호론에 그치지 않는 보편성을 지니고 있음을 방증한다. 이 책에서 직접 언급하지는 않았지만 *Harvard Business Review* 2021년 1~2월호에도 거의 같은 취지의 논문이 게재되었다. 캐나다의 경영학자 로저 마틴은 회사의 지식노동자(knowledge workers)가 경영을 주도해야 한다고 주장한다.(Roger L. Martin, Jan-Feb 2021, "It's time to replace the public corporation", *Harvard Business Review*.)

제9장 근로자와 더불어 발전하는 기업 — 섬세한 고용관리

1 L. Leonard Kaster, Simon Chung, 2012, 《미국을 발칵 뒤집은 판결 31》, 현암사.

　　미국 연방 대법원의 판결 중 사회적으로 파장을 불러일으킨 사례 31건을 정리한 책으로 미국의 법과 사회를 일별할 수 있다. 특히 '5부 비즈니스의 규칙'은 이 책과 함께 본다면 더욱 도움이 될 것이다.

2 Robert C. Bird, 2018, "Pathways of legal strategy", *Law and Strategy*.

　　경영전략과 법률 간 관계의 중요성을 강조하고, 서로 동떨어져 있는 두 개의 필드가 어떻게 연결되어야 하는가를 논의한다.

제10장 지속가능한 기업, 지속가능한 환경 — 환경 보호 규제 대응

1 Ricardo Estevez, 2012.4.30., "Kalundborg, example of eco-intelligent industry", *ECO Inteligencia*.

　　덴마크의 에코 도시 칼룬보르의 내부 구조와 순환 방식을 설명한 기사다.

2 Mark Anthony Camilleri, 2017, *Corporate Sustainability, Social Responsibility and Environmental Management: An Introduction to Theory and Practice with Case Studies*, Springer.

　　지속가능경영, 기업의 사회공헌, 환경경영의 개념을 종합한 연구서다. 기업은 단순히 밸류체인의 단면이나 일부에 국한돼서는 안 되며 전체 순환 사이클을 봐야 한다고 주장한다.

들어가는 글—법이라는 게임의 규칙

1 George J. Siedel, Helena Haapio, 2011, *Proactive Law for Managers: A Hidden Source of Competitive Advantage*, Gower Publishing, Ltd, pp.66-67.

2 Robert C. Bird, 2014, "Finding the right corporate legal strategy", *Harvard Business Review*.

3 Sean Silverthorne, 2005.12.12., "Using the law to strategic advantage", *Harvard Business School Working Knowledge*.

4 Constance Bagley, 2006, "Winning legally: The value of legal astuteness", *The Academy of Management Review*.

제1부 기회인가, 족쇄인가—21세기 기업과 법의 관계

제1장 법 앞에 선 경영전략—21세기 기업경영의 법적 리스크

1 Tobias Andersson Åkerblom, 2019, *Modeslavar: den globala jakten på billigare kläder*, Leopard Förlag.

2 Sarah Butler, 2016.8.21., "H&M factories in Myanmar employed 14-year-old workers", *The Guardian*.

3 Michael J. Sandel, 2010, *Justice: What's the Right Thing to Do?*, Farrar, Straus and Giroux, p.43.

4 Philip K. Howard, 2011, *The Death of Common Sense: How Law is Suffocating America*, Random House.

5 John Braithwaite, 1989, "Criminological theory and organizational

crime", *Justice Quarterly*.

6 이상의 논의는 주로 다음의 문헌을 참고했다. 김영란, 2015, 《판결을 다시 생각한다》, 창비.

7 David Mikkelson, 2014.7.21., "End of Domino's Pizza delivery guarantee: Why Domino's Pizza ended their '30 minutes or it's free' delivery guarantee", *Snopes*.

8 "Induction heating pizza delivery systems", Google Patents. (patents. google.com/patent/US6444961B2/en)

제2장 흐르는 물, 흐르는 법─법적 환경의 역동성

1 Kai Jacob, Dierk Schindler, Roger Strathausen (Eds.), 2016, *Liquid Legal: Transforming Legal into a Business Savvy, Information Enabled and Performance Driven Industry,* Springer.

2 김명일, 2020.4.5., 〈네이버 댓글 이력 공개 후 악플 급감… 댓글러들 민낯 드러나〉, 《한국경제》.

3 Frank B. Cross, Roger LeRoy Miller, 2016, *The Legal Environment of Business: Text and Cases,* Cengage Learning, p.50.

4 기업으로서는 법원이 이러한 이슈들을 어떻게 결정할지 예측할 방법이 없으므로, 기업의 의사결정자가 최대한 주의해야 하며 행동과 그 결과를 윤리적 관점에서 평가할 필요가 있다. (Because a business has no way of predicting how a specific court will decide these issues, decision makers need to proceed with caution and evaluate an action and its consequences from an ethical perspective.) Frank B. Cross, Roger LeRoy Miller, Ibid, p.49.

5 Timothy B. Lee, 2018.8.1., "Why Mickey Mouse's 1998 copyright extension probably won't happen again", *Ars Technica*.

제3장 로마든 아니든 로마법을 따르라─글로벌화 시대의 준법관리

1 일부 자료에서 4만 달러의 벌금이 부과되었다고 하지만 이는 주다스 프리스트에게 부과된 것이 아니라 음반사인 CBS의 자료 제출 거부에 대한 것이다. CBS는 오리지널 마스터테이프를 제출하라는 재판부의 요구에 응하지 않았는데, 이러한 석연치 않은 행동 때문에 잠재적(subliminal) 메세지가 담겨 있음을 인식하고 있었다는 의심을 불러일으키기도 했다.(임진모, 2011.11. 25., 〈영국 메탈의 새 물결을 몰고 온 메탈의 신(神) ─ 주다스 프리스트〉, 채널예스)

2 이런 점에서는 한국도 유럽을 따르고 있다. 한국은 독일법과 유사한 「부정경쟁방지 및 영업비밀보호에 관한 법률」을 통해 불공정경쟁 행위를 제재한다. 영미법도 불공정경쟁(unfair competition)을 규제하고 있지만 그 내용은 가변적이다.(정호열, 1998.12., 〈주요 불공정거래행위법제와 불공정성 판단〉, 《비교사법》)

3 권우철 외, 2015.1, 〈Compliance Management: 컴플라이언스 경영은 모두의 경쟁력〉, 《Deloitte Anjin Review》.

4 Office of Public Affairs, 2019.11.22., "Samsung Heavy Industries Company Ltd agrees to pay $75 million in global penalties to resolve foreign bribery case", official website of the United States government.

5 장대현, 2020.7.23., 〈[장대현의 컴플라이언스] 세계는 법률전쟁 중〉, 《페로타임즈》.

6 석광현, 2020.4.29., 〈국제사법 제2조 제2항을 올바로 적용한 2019년 대법원 판결의 평석: 일반관할과 재산소재지의 특별관할을 중심으로〉, 《Dong-A Journal of IBT Law》.

7 정수정, 2010.7.26., 〈한국에 영업소 있는 외국항공기가 국내서 사고, 한국에 재판관할권 있다〉, 《법률신문》.

8 Jeffrey Ballinger, 1992.8., "The new free-trade heel: Nike's profits jump on the backs of Asian workers", *Harper's Magazine*.

9 유엔 글로벌콤팩트 홈페이지(unglobalcompact.kr/about-us/intro/).

10 스티븐 프렌켈 교수는 이렇게 말한다. "기업 측의 자발적 규범 준수는 글로벌 차원에서 필요한 규제의 공백을 메우고 제3세계 국가의 근로조건을 개선하는 중요한 수단이 되고 있다.", Stephen J. Frenkel, Duncan Scott, 2002, "Compliance, collaboration, and codes of labor practice: The ADIDAS connection", *California Management Review*.

11 Stephen J. Frenkel, Duncan Scott, Ibid.

12 2000년대 초부터 시작된 아디다스 및 운동화 제조업체의 이러한 노력은 완벽하지는 않아도 꽤 성과가 있었던 것으로 보인다.(Elizabeth Segran, 2018.12.14., "Did a slave make your sneakers? The answer is: probably", *Fast Company*.)

제4장 자율주행차 사고의 법적 책임은 ― 디지털 기술 발전과 법적 환경 변화

1 서명훈, 2013.6.12., 〈'드라마' 같던 SK하이닉스-램버스 '14년 특허전쟁'〉, 《중앙일보》.

2 황민규, 2020.12.18., 〈'아이폰 쓰지 말라'는 페이스북… 격해지는 미 '빅테크 전쟁'〉, 《조선비즈》.

3 Peter Wayner, 2020.10.8., 〈주목할 만한 암호화 혁신 4가지〉, 《IT World from IDG》.

4 Frederik J. Zuiderveen Borgesius, 2019, "Strengthening legal protection against discrimination by algorithms and artificial intelligence", *The International Journal of Human Rights*.

5 Luciano Floridi, 2017.2.22., "Roman law offers a better guide to robot rights than sci-fi", *Artificial Intelligence and Robotics*.

6 이하의 내용은 주로 다음의 논문을 참조했다. 임석순, 2016, 〈형법상 인공지능의 책임귀속〉, 《형사정책연구》, 27(4).

7 Marco Gillies, "Machine learning for all", COURSERA 강의 중에서.

제2부 이끌어가는 기업, 이끌려가는 기업─전략적 준법관리의 주요 쟁점

제5장 법보다 중요한 법이 있다─계약의 중요성

1 Constance E. Bagley, Diane W. Savage, 2010, *Managers and the Legal Environment: Strategies for the 21st Century*(6th ed.), South-Western Cengage Learning., p.311.

2 김영만, 2020.3.12., 〈[자막뉴스] 사상 세 번째 팬데믹… 역대 사례는?〉, 연합뉴스TV.

3 김화진, 2020.6.10., 〈코로나19로 계약을 해지할 수 있는가〉, 《The Bell》.

4 코로나 사태가 계약에 미치는 영향을 판단할 때 정부 등 관련 기관들이 우선적으로 강조하는 것은 계약서 조항이다.(Duane Morris LLP, 2020.4.13., 〈신종 코로나바이러스(COVID-19): 현재까지의 법적 영향 및 향후 전망〉, 《LEXOLOGY》)

5 Nicholas Argyres, Kyle J. Mayer, 2007, "Contract design as a firm capability: An integration of learning and transaction cost perspectives", *The Academy of Management Review*.

6 코즈의 거래비용 이론은 이 이야기를 엄밀하게 표현한 것이다. Coase, R. H., 1937, "The nature of the firm", *Economica*.

7 Fletcher, J. K., Käufer, K., 2003, "Shared leadership: Paradox and possibility". In C. L. Pearce & J. A. Conger (Eds.), *Shared Leadership*, pp.21-47. Thousand Oaks, CA: SAGE Publications Inc.

8 이 사례에 등장하는 회사의 이름은 모두 가명이다. Nicholas Argyres, Kyle J. Mayer, Ibid.

9 Helena Haapio, George J. Siedel, 2017, *A Short Guide to Contract Risk*, Routledge.

10 David Hillson, 2015.11.5., "The IKEA approach to risk", projectmanager. com.au.

제6장 경쟁자를 제치는 다양한 法―공정경쟁과 지식재산권 보호

1 장승화, 2004, 〈공정거래법상 "끼워팔기"의 위법성 판단기준 ― 서울고등법원 2004.2.10. 선고2001누16288 시정명령 등 취소 사건〉, 《서울대학교 법학》, 45(4).

2 이상승·장승화, 2002, 〈공정거래법상 컴퓨터 소프트웨어의 끼워팔기 규제 ― 윈도 XP와 윈도 메신저의 통합이 경쟁에 미치는 효과에 관한 법경제적 분석〉, 《서울대학교 법학》, 43(3).

3 C. Paul Rogers III, Stephen Calkins, Mark R. Patterson, William R. Anderson, 2013, *Antitrust Law: Policy and Practice*, Carolina Academic Press, p.25.

4 Gene C. Schaerr, 1985, "The Cellophane Fallacy and the Justice Department's guidelines for horizontal mergers", *The Yale Law Journal*.

5 박시준, 2011.4.4., 〈판결 큐레이션 ― 최저 재판매가격유지행위와 합리성의 원칙〉, 《법률신문》.

6 Mark Terry, 2015.5.5., "Costco accuses Johnson & Johnson of price fixing", *BioSpace*.

7 코스트코 소송 외에도 존슨앤드존슨은 메릴랜드 주법 위반으로 재발 방지 약속 및 벌금을 납부하고 조정 절차에 합의했다. Mark Huffman, 2017.4.4., "Johnson & Johnson Vision Care settles price-fixing suit", *Consumer Affairs*.

8 Ayelet Israeli, Eugene F. Zelek Jr., March-April 2020, "Pricing policies that protect your brand: How to prevent unauthorized discounting", *Harvard Business Review*.

9 R. Schmalensee, 2014, "An instant classic: Rochet & Tirole, platform competition in two-sided markets", *Competition Policy International*.

10 김희진, 2020.1.21., 〈'단순 점유율로만 독과점 판단해서는 안 된다'… 스타

트업계, '배민＋DH' 조건부 합병 기대〉,《뉴데일리경제》.

11 데이브 목, 박정태 옮김, 2007,《열정이 있는 지식기업 퀄컴 이야기 *The Qualcomm Equation*》, 굿모닝북스.

12 이수호, 2020.4.8.,〈배달의민족은 정말 독점사업자? 카카오 쿠팡 위메프도 있는데…〉,《Tech M》.

13 Polly Mosendz, 2014.5.13., "Is broadband internet a public utility?", *The Atlantic*.

14 김현경, 2020.7.29.,〈넷플릭스법' 함의와 과제〉,《KISO Journal》.

15 Saif Shahin, 2017, "Facing up to Facebook: How digital activism, independent regulation, and mass media foiled a neoliberal threat to net neutrality", *Information, Communication & Society*.

16 신기성, 2017.12.16.,〈망 중립성(Net Neutrality) 원칙은 정의의 문제이다〉, 《NEWS M》.

17 2021년 6월 기준 국내 대법원에서 최종심이 진행 중이다. 최근 진행 상황에 대해서는 다음 기사를 참조하기 바란다. 김영민, 2020.9.10.,〈화웨이의 굴복… '과징금 1조' 퀄컴 소송 돌연 손 뗐다〉,《중앙일보》.

18 이 책의 사례 45를 참조하기 바란다. 이우광, 2014.11.,〈아무도 못한다던 청색 LED 산업화에 성공, 용접하며 지킨 '필드정신' 세상을 밝혔다〉,《DBR》.

19 임화섭, 2012.8.25.,〈애플-삼성 한미 엇갈린 쟁점〉② 프랜드(FRAND)〉, 《연합뉴스》.

20 데이브 목, 박정태 옮김, 2007,《열정이 있는 지식기업 퀄컴 이야기 *The Qualcomm Equation*》, 굿모닝북스.

21 이희진, 2020,《표준으로 바라본 세상 — 일상에서 만나는 표준의 정치경제학》, 한울아카데미, p.143.

제7장 여전히 소비자가 왕이다 —기업의 제조물 책임

1 Tara Culp-Ressler, 2013.1.3., "Kellogg's must pay \$4 million after falsely advertising mini-wheats' health benefits for kids", *Think Progress*.

2 David M. Cummings, 2016, "Embedded software under the courtroom microscope", *IEEE Technology And Society Magazine*.

3 이한기, 2019.11.16.,〈소독법의 선구자 이그나스 제멜바이스〉,《의약뉴스》.

4 蒲俊郎, 2018,『間違いだらけのコンプライアンス経営』(오류투성이 준법관리 경영), イースト·プレス.

제8장 믿을 수 있는 투명한 기업으로―기업 지배구조와 투자자 보호

1 岩井克人, 2009, 『会社はこれからどうなるのか』, 平凡社, p.81.

2 Jennifer Ying, 2009.6.7., "Guth v. Loft: The story of Pepsi-Cola and the corporate opportunity doctrine", *SSRN*.

3 신홍철, 2011, 〈회사의 사업기회 유용금지의 법리와 기업의 대응〉, 《상장협연구》, 64.

4 김화진, 2020.11.18., 〈오너와 친한 사외이사의 독립성〉, 《뉴스1》.

5 김화진, 2020.11.17., 〈회장님의 비선 사외이사〉, 《The Bell》.

6 Gail Weinstein, Steven Epstein, and Warren S. de Wied, 2020.11.22., "Risks of back-channel communications with a controller", Harvard Law School Forum on Corporate Governance.

7 이준석, 2014., 〈이해관계자 이론의 주주중심주의 비판에 대한 이론적, 실증적 고찰〉, 《상사법연구》, 33(1).

8 '회사원'은 일본어에서 유래한 말이다. 「상법」상 '사원'이란 사단법인의 구성원으로서 회사의 경우 주주를 가리킨다. 岩井克人, Ibid, 제5장 「会社を背負って立つ日本のサラリーマン」.

9 Frank Pellegrini, 2002.1.18., "Person of the week: 'Enron whistleblower' Sherron Watkins", *TIME*.

10 Antoine Rebérioux, 2007, "Shareholder primacy and managerial accountability", *Comparative Ressearch in Law & Political Economy*.

제9장 근로자와 더불어 발전하는 기업― 섬세한 고용관리

1 George J. Siedel, Helena Haapio, 2011, *Proactive Law for Managers: A Hidden Source of Competitive Advantage*, Gower Publishing, Ltd, p.47.

2 Constance E. Bagley, Diane W. Savage, 2010, *Managers and the Legal Environment: Strategies for the 21st Century*(6th ed.), South-Western Cengage Learning, p.426.

3 진상훈, 2016.10.18., 〈'현대차 내부 제보자' 김광호 부장 "배신자 낙인 각오했다… 뿌리부터 바꿔야 산다"〉, 《조선비즈》.

4 설민수, 2018.12.14., 〈공익과 충돌 시 영업비밀 보호의 한계: 공익신고와 직장 내 유해물질에 대한 정보공개를 중심으로〉, 《법제논단》.

5 George J. Siedel, Helena Haapio, Ibid, p.48.

6 Linda Greenhouse, 2007.5.29., "Justices limit discrimination suits over

pay", *The New York Times*.

7   L. Leonard Kaster, Simon Chung, 2012, 《미국을 발칵 뒤집은 판결 31》, 현암사.

8   이우광, 2014.11., 〈아무도 못한다던 청색 LED 산업화에 성공, 용접하며 지킨 '필드정신' 세상을 밝혔다〉, 《DBR》.

9   정연덕, 2012.8., 〈직무발명 보상기업 확인제 도입 방안 및 발명진흥법령 개정방안 연구〉, 특허청.

10 Robert C. Bird, 2018, "Pathways of legal strategy", *Law and Strategy*.

11 Frank Koller, 2010, *Spark*, Public Affairs.

12 Robert C. Bird, op. cit.

제 10 장 지속가능한 기업, 지속가능한 환경―환경 보호 규제 대응

1   신영근, 2009.4.7., 〈소 '방귀'도 지구 온난화 '범인'〉, 《한겨레》.

2   Matthew R. Fisher, 2019, *Environmental Biology*, Open Oregon Educational Resources.

3   소피아, 2016.5.16., 〈환경 오염, 몸의 기억: 러브 커낼(Love Canal) 비극과 슈퍼펀드법〉, 《보스톤코리아》.

4   Lisa W. Foderaro, 1989.3.8., "Polution by KODAK brings sense of betrayal", *The New York Times*.

5   Constance E. Bagley, Diane W. Savage, 2010, *Managers and the Legal Environment: Strategies for the 21st Century*(6th ed.), South-Western Cengage Learning, p.633.

6   George J. Siedel, Helena Haapio, 2011, *Proactive Law for Managers: A Hidden Source of Competitive Advantage*, Gower Publishing, Ltd, p.66.

7   Mark Anthony Camilleri, 2017, "Case study 5: Closing the loop of the circular economy for corporate sustainability and responsibility", *Corporate Sustainability, Social Responsibility and Environmental Management: An Introduction to Theory and Practice with Case Studies*. Springer.

8   Constance E. Bagley, Diane W. Savage, 2010, *Managers and the Legal Environment: Strategies for the 21st Century*(6th ed.), South-Western Cengage Learning, p.615.

9   Ricardo Estevez, 2012.4.30., "Kalundborg, example of eco-intelligent

industry", *ECO Inteligencia.*

10 박수련, 2018.4.9., 〈[이슈추적] 삼성반도체공장 환경보고서 공개 논란, 왜?〉, 《중앙일보》.

11 근로복지연구원, 2017.3.7., 〈산업재해 인정기준·방식에 대한 해외 사례〉, 《Global Trends》.

12 천관율, 2018.4.18., 〈삼성반도체 보고서 영업비밀 아니다〉, 《시사IN》.

13 "Disclosing environmental data without trade secrets law", Lombard & Geliebter.

14 Mary L. Lyndon, "Trade secrets and information access in environmental law", from Rochelle C. Dreyfuss, Pauline Newman, 2012, *The Law and theory of trade secrecy*, Edward Elgar Publishing, p.445.

15 Julie E. Zink, 2018, "When trade secrecy goes too far: Public health and safety should trump corporate profits", *Vanderbilt Journal of Entertainment and Technology Law.*

나가는 글─법은 기업경영의 장애물이 아니다

1 Roger LeRoy Miller, Frank B. Cross, 2010, *The Legal Environment Today: Business in Its Ethical, Regulatory, E-Commerce, and Global Setting*(8th ed.), South-Western Cengage Learning, p.12.

찾아보기